畿辅哲学研究

（第四辑）

主　编　程志华
副主编　张燕京　周浩翔

河北大学出版社
·保定·

出 版 人：马 力
责任编辑：王殊宁
装帧设计：王占梅
责任校对：蔡文涛
责任印制：常 凯

JIFU ZHEXUE YANJIU *DI-SI JI*

图书在版编目（CIP）数据

畿辅哲学研究．第四辑 / 程志华主编．-- 保定：
河北大学出版社，2025．5．-- ISBN 978-7-5666-2641-7
Ⅰ．B215
中国国家版本馆 CIP 数据核字第 2025BF4994 号

出版发行：河北大学出版社
地址：河北省保定市七一东路2666号 邮编：071000
电话：0312-5073003 0312-5073029
网址：www.hbdxcbs.com
邮箱：hbdxcbs818@163.com
经 销：全国新华书店
印 刷：保定市北方胶印有限公司
幅面尺寸：170 mm × 240 mm
字 数：240 千字
印 张：14.75
版 次：2025 年 5 月第 1 版
印 次：2025 年 5 月第 1 次印刷
书 号：ISBN 978-7-5666-2641-7
定 价：39.00 元

学术委员会

目 录

先秦哲学思想研究

汉唐哲学思想研究

先秦哲学思想研究

《中庸》两称“仲尼”现象考释*

曹树明**

（陕西师范大学　哲学学院，陕西　西安　710119）

摘　要：从避讳制度考察，《中庸》在第二章和第三十章两称“仲尼”，并不能否定其作者为子思。关于该书为何两称“仲尼”，中外学者提出了多种富有启发意义的看法。然而，该问题只有联系上下文而统观《中庸》，才能得到更为深入的剖析。第二章“仲尼曰”的字眼，恰可证明此章非《中庸》原本的首章，否则开头就不会是“仲尼曰”，而应为子思在《坊记》《淄衣》等篇惯用的“子言之”。由此可以推断，原始的《中庸》文本就是以朱订第一章为开篇，下接“仲尼曰”为第二章，今本《中庸》未对这一部分进行改编。

关键词：《中庸》；仲尼；避讳；作者；文本

《中庸》中有两条文字带“仲尼”字样，一是第二章的“仲尼曰：君子中庸，小人反中庸。君子之中庸也，君子而时中；小人之中庸也，小人而无忌惮也”，二是第三十章的“仲尼祖述尧舜，宪章文武”。而如所周知，仲尼

* 本文是教育部人文社会科学研究规划基金项目“哲学史脉络中的《中庸》章句学”（24YJA720003）的阶段成果之一。

** 曹树明，哲学博士，陕西师范大学哲学学院教授、博士生导师，研究方向为北宋儒学、近现代中国哲学、佛教哲学。

是孔子的字，中国古代又有避讳制度，避讳包括国讳和家讳，家讳要求子孙为长者讳，不能直呼父祖之名。据此，如果《中庸》的作者是孔子之孙子思，那么，书中就不应该出现“仲尼”，反之，如果出现了“仲尼”，就有理由反驳作者为子思之说。宋代的王十朋最早发出这种疑问：“岂有身为圣人之孙，而字其祖者乎？”① 然而，事实往往不是如此简单。

一

想找到这个问题的答案，至少需要知道，有些情况可以不避讳。《礼记·曲礼上》就强调：“不逮事父母则不讳王父母，……诗书不讳，临文不讳。”这里的第一句容易理解，指没有来得及侍奉父母，就可以不避祖父母的名讳；后面两句，本于《论语·述而篇》“《诗》《书》、执礼，皆雅言也”。今人多译《礼记》之文为“读《诗》《书》时可以不避讳；写文章时可以不避讳”。② 可是，历史上的注释却不是这样。孔颖达疏曰：“诗书，谓教学时也；临文，谓礼执文行事时也。”③ 比孔更进一步，宋末元初的理学家陈澔分析了这两种情形下不用避讳的原因：“不因避讳而易《诗》《书》之文、改行事之语，盖恐有惑于学者、有误于承用也。”④ 这是从下层民众的角度做出的判断。无独有偶，郑玄在注解上引《论语·述而篇》之语时，也曾说：“读先王典法，必正言其音，然后义全，故不可有所讳。礼不诵，故言执。”⑤ 此乃从尊崇上层先王的角度给出的理由，可移解《中庸》。尽管角度

---

① ［宋］王十朋：《王十朋全集》之文集卷 8《策问》，梅溪集重刊委员会编，上海：上海古籍出版社，1998 年，第 705 页。

② 杨天宇：《礼记译注》，上海：上海古籍出版社，2004 年，第 30 页。

③ ［汉］郑玄注，［唐］孔颖达疏：《礼记注疏》卷 3《曲礼上一》，南昌府学重刊宋本《十三经注疏》本，清嘉庆二十年（1815），第 14 页。

④ ［元］陈澔：《云庄礼记集说》卷 1，司礼监刻五经本，明正统十二年（1447），第 44 页。

⑤ ［清］宋翔凤辑：《论语郑氏注》卷 4《述而》，《浮溪精舍丛书》本，清道光咸丰间刻，第 3 页。

不同，但试图消解避讳造成的负面影响，则是二人的共同认知。《礼记·玉藻》有与《曲礼上》近似的说法："教学临文不讳。" 东汉末经学家卢植注曰："教，《诗》《书》典籍教训也；临文，谓礼文也。《诗》《书》、执礼皆雅言，故不讳。礼执文行事，故言文也。"① 孔颖达疏："教学为师长也，教人若讳，疑误后生也；临文，谓简牍及读法律之事也，若讳则失于事正也。"② 至此可知，没有侍奉过父母，教学过程中诵读《诗》《书》，以及涉及礼文时，可以不避讳。然而，从《中庸》中带"仲尼"二字的两条文字看，它们既不属于《诗》《书》，也不是礼文，因而不合乎这两条免避讳的原则。但子思却被普遍认为"不逮事父母"。钱穆就曾说，"或谓（伯鱼）遗腹生子思"。③ 果真如此，他就可以不避"仲尼"讳。还有一种可能，即子思是在跟鲁穆公交流时直呼"仲尼"，这符合《礼记·曲礼上》之"君所无私讳"的规定。《孟子·公孙丑下》记载，"昔者鲁缪公无人乎子思之侧，则不能安子思"，从中可见，"往者鲁缪公尊礼子思"。④ 班固《汉书·艺文志》也说，子思"为鲁穆公师"。《孔丛子·杂训篇》更为具体地指出，鲁穆公是在即位三年时就教于子思。1993 年在湖北荆门出土的郭店楚简里，确有一篇《鲁穆公问子思》，则在某种程度上坐实了前人的记载。如是，尽管子思是老师，但鲁穆公是君，在君面前，就不能有私讳，必须直称"仲尼"。综上，《中庸》的两称"仲尼"，并不能否认其作者为子思。

二

然而，需要进一步思考的是，《中庸》为何两次直呼"仲尼"？关于此，

---

① ［唐］杜佑：《通典》卷 104《礼六十四》，武英殿刻本，清乾隆十二年（1747），第 16 页。

② ［汉］郑玄注，［唐］孔颖达疏：《礼记注疏》卷 30《玉藻十三》，南昌府学重刊宋本《十三经注疏》本，清嘉庆二十年（1815），第 12 页。

③ 钱穆：《子思生卒考》，载氏著：《先秦诸子系年》，北京：商务印书馆，2015 年，第 199 页。

④ ［汉］赵岐：《孟子赵注》卷 4，《微波榭丛书》本，清乾隆间，第 16 页。

学界的看法大致有以下几种：

第一，“古人称字者最不轻”。这种观点源于南北朝时期的颜之推，宋代的陆游继承其说，明确提出这一论断并将之与子思称仲尼关联起来的是魏了翁，后来，宋罗大经、明蔡清和清顾炎武皆秉持此说。魏晋经学家杜预较早指出，“书字者，伸父母之尊”。[①]《颜氏家训·风操第六》则进一步将之用于解释孔子弟子称仲尼的现象：“古者，名以正体，字以表德，名终则讳之，字乃可以为孙氏。孔子弟子记事者，皆称仲尼。”字代表一个人的品德，甚或可以作为孙子辈的氏，故而，孔子弟子“称仲尼”绝非轻慢之举。陆游亦曰：“字所以表其人之德，故儒者谓夫子曰仲尼，非嫚也。”[②] 魏了翁至少有四次提及子思称仲尼事，两次持肯定态度，[③] 分别在《答张大监》和《师友雅言》中，文字稍有不同，今引其一：“古人称字者最不轻。《仪礼》：子孙于祖祢皆称字。孔门弟子多谓夫子为仲尼，子思孙也，孟子又子思弟子也，亦皆称仲尼。至汉魏后只称仲尼。虽今人亦称之，而人不为怪。游、夏之门人皆字其师。”[④] 此处的“最不轻”在《师友雅言》中作“最尊”。魏氏之意，古人称尊长之字非但不是轻慢，而且恰好相反，乃是表示尊敬。就此，罗大经评论道：“观鹤山此说，古人盖以称字为至重。今世唯平交乃称字，稍尊稍贵者，便不敢以字称之，与古异矣。”[⑤] 可知，宋代时风已变，一般

① ［西晋］杜预：《春秋经传集解》卷2《桓公》，武英殿刻《仿宋相台五经》本，清乾隆四十八年（1783），第20页。

② ［宋］陆游：《老学庵笔记》卷2，虞山张氏刻照旷阁刻《学津讨原》本，清嘉庆十年（1805），第14页。

③ 第三次：“子思作《中庸》，始称仲尼，字其祖。《中庸》‘君子之道四，丘未能一焉’，亦不讳其祖之名。”（魏了翁：《重校鹤山先生大全文集》卷109，吴凤高翀刻本，明嘉靖三十年〔1551〕，第5页）仅指出现象，未评论。第四次说：“若用孔门弟子与子思、孟子称仲尼例，则字先贤已过矣。”（魏了翁：《重校鹤山先生大全文集》卷65《题杨慈湖所书韩贯道墓后》，吴凤高翀刻本，明嘉靖三十年〔1551〕，第16页）

④ ［宋］魏了翁：《重校鹤山先生大全文集》卷34《答张大监》，吴凤高翀刻本，明嘉靖三十年（1551），第9页。

⑤ ［宋］罗大经：《鹤林玉露》卷7，稗海本，明万历间，第7页。

的交往关系才会称字。王十朋对子思称仲尼提出疑问，即是以宋代考量先秦的结果。此后，明代的蔡清以子思称仲尼为例去证明古人重字："古人重字，如子思之于孔子，亦称仲尼云。"① 顾炎武依据魏了翁之说归纳出"古人敬其名，则无有不称字者"② 的历史知识，则皆与颜之推之论属于一系。日本学界也有类似主张。荻生徂徕（1666—1728）注"仲尼祖述尧舜"章即曰："盖古者人死而止讳其名，有谥则称其谥，无谥则称其字。如诸侯薨而复曰'某甫复'矣，此时始薨而未有谥，故虽诸侯亦止称其字。可见，称字者尊之至也。"③ 徂徕的解释更为详细，但仅限于推测，而没有提供强有力的例证。

此种观点照应了"仲尼"的出场，但何以同为敬称的"子""夫子"等没有被这两处采纳，却无法得到合理的说明。再者，认为古人重字，似也存在理解上的偏颇。《仪礼・士冠礼》《礼记・郊特牲》皆云"冠而字之，敬其名也"，表明取字的目的是敬名。上引顾炎武"古人敬其名，则无有不称字者"，亦是此义。也就是说，称字的原因在于，尊贵的名不能随意被称呼。故而，称字是敬其人，而非敬其字或重其字。也正是在这个意义上，隋刘炫才说"称字轻于称名矣"。④

第二，"古人未尝讳其字"。此乃朱熹之说。《朱子语类》卷六十三载，当有人问及"子思称夫子为仲尼"时，朱熹告诉他这是因为"古人未尝讳其字"，且举明道直称"周茂叔"、伊川"尝呼明道表德"之例为证，又以《仪礼》中所见"古人祭祀，皆称其祖为'伯某甫'"为经典依据。这里需要说明一下，古代男子的字一般由三部分组成：第一部分指排行，即伯、仲、

① ［明］蔡清：《四书蒙引》卷3《中庸》，明嘉靖六年（1527）刻本，第63页。

② ［清］顾炎武著，［清］黄汝成集释：《日知录集释》下册"以字为讳"，石家庄：花山文艺出版社，1990年，第1034页。

③ 荻生徂徕：《中庸解》，载荻关仪一郎主编《日本名家四书注释全书》正编，东京：凤出版，1973年，第58页。

④ ［日］林秀一：《孝经述议复原研究》"开宗明义章第一"，乔秀岩等编译，武汉：崇文书局，2016年，第111页。

叔、季之类，这一部分在男子五十以后才加上的：“年至五十，耆艾转尊，又舍其二十之字，直以伯仲别之”；[①] 第二部分是字的核心，即与名意义相关的字，表德行，或相反，或相成；第三部分作“甫”或“父”，是对男子的美称，也表示此男子已经具有父权。所以，字一般表述为“伯某甫”“仲某父”等，举例言之，“伯禽父”即周公长子的字的全称，“仲尼父”即孔子的字的全称。于此可知，朱熹所见《仪礼》中的“伯某甫”是字的全称形式。《中庸或问》中，回答“孙可以字其祖乎?”时，朱熹引申其说：“古者生无爵，死无谥，则子孙之于祖考，亦名之而已矣。周人冠则字而尊其名，死则谥而讳其名，则固已弥文矣，然未有讳其字者也。故《仪礼》馈食之祝词曰：‘适尔皇祖伯某父’，乃直以字而面命之。况孔子爵不应谥，而子孙又不得称其字以别之，则将谓之何哉？若曰孔子，则外之之辞，而又孔姓之通称，若曰夫子，则又当时众人相呼之通号也，不曰仲尼而何以哉?”[②] 很显然，这种解释难以服人。仅就《中庸》而言，就足以推翻他的推论，因为《中庸》大量引用孔子的话，但使用“仲尼”只区区两处。不过，朱熹的“古人未尝讳其字”，的确可以作为子思称“仲尼”现象的有力支撑，但他仅以宋代为例，则是有局限性的。后来，陈淳问及为何不在《四书章句集注》里把“仲尼”改为“夫子”，朱熹说：“若如《中庸》第二章所辨，则恐在当时为可耳。”[③] 此中的“恐”字，含有不十分确定之意，表明朱熹对《中庸》时的避讳制度未能详究，这也能解释他为何仅以宋代为例。其实，先秦儒典中，不乏此类例证，如《论语·子张》即记有子贡“仲尼不可毁也”之语，《孟子》则有“仲尼”凡六次。[④]遗憾的是，对于古人为什么“未尝讳其字”，

---

① ［汉］郑玄注，［唐］孔颖达疏：《礼记注疏》卷 7《檀弓上三》，南昌府学重刊宋本《十三经注疏》本，清嘉庆二十年（1815），第 23 页。

② ［宋］朱熹：《四书或问·中庸或问上》，上海：上海古籍出版社、合肥：安徽教育出版社，2001 年，第 60 页。

③ ［宋］朱熹：《文集》卷 57《答陈安卿》，载《朱子全书》，上海：上海古籍出版社、合肥：安徽教育出版社，2002 年，第 2725 页。

④ 杨伯峻：《孟子词典》，《孟子译注》，北京：中华书局，1960 年，第 371 页。

朱熹没有做出充分的说明。

第三，“非当面之称也”。此说乃针对颜之推的说法而立，是南宋文学家王楙（1151—1213）的主张。他说：“颜之推谓字以表德，古者无嫌，岂其然乎？且孔门弟子称仲尼者，是退而记其所言，非当面之称也。”① 依王氏之见，孔子的弟子称呼仲尼，并非像颜之推所言，是用字来表示其德行。他着力于分析当时的生活语境，认为孔子弟子不是当着他的面称呼仲尼，而是退下来后记录他的言论时所为。然而，这种辩驳实属牵强。不需避讳则已，一旦需要避讳，就不该有什么当面不当面的区别，而是任何时候都应遵守，甚至可以说，不当面时的直呼其字，才是更为不敬的。当然，无论这种观点的合理性有多大，用于解释孔子弟子称仲尼尚可，而一定不能用于解释撰于孔子之后的《中庸》文本。

第四，“非一家之私也”。元代诗文家、词人王义山宣称，子思“字其祖”，是因为在他的观念中，仲尼不能为他一家所私有：

> 子思，孔子之孙也，为人之孙而字其祖，何也？子思盖谓仲尼者六经之仲尼也、千万世之仲尼也，吾岂敢私之以为己祖哉！
>
> 或问：《中庸》何以称“仲尼”者再也？《中庸》第二章“仲尼曰君子中庸，小人反中庸”，子思所以系仲尼于中庸之上者，盖以夫子集中庸之大成者也。是以总括前数章天地造化之大，而归于夫子之身，况敢私夫子以为己祖哉！嗟夫，仲尼之为仲尼，非孔氏一家之仲尼也，六经之仲尼也，千万世之仲尼也。呜呼盛哉夫子！呜呼盛哉夫子！此夫子之所以为夫子也。②

① ［宋］王楙：《野客丛书》卷 4《公子非暴胜之字》，上海：商务印书馆，1939 年，第 31 页。

② ［元］王义山：《稼村类稿》卷 17，明正德十一年（1516）刻本。

仲尼代表六经之道,[①] 理应造福千秋万代，子思不能只把他当作自己的祖父；而之所以在“君子中庸”前用“仲尼曰”，是因为要刻意揭示孔子集中庸之大成的特殊地位。

清代经学家龚元玠与王义山不谋而合。他说：“首引仲尼之言，此言仲尼之行，皆举其字，明非一家之私也。”[②] 意即，《中庸》之所以直呼孔子的字“仲尼”，是为了表明孔子的学问不能仅属于某一家，而应成为人类共用之道；理由在于，“仲尼之行，无非中庸，直与尧舜文武合而为一，上契天地、四时、日月；即前章君子中庸，统括千古圣帝明王，而仲尼居其后，所谓集大成，生民未有者也”。[③] 这就是说，仲尼的人格与尧舜文武等圣王相合，其境界与天地日月相契，他是集大成者，不应属于一时一地，而是具有跨时空的普遍感召力，当为万世之师。进言之，直举“仲尼”，即意在展示其言行的普遍性、超越性。

毋庸讳言，王、龚的观念中充斥着强烈的崇古崇圣意识，而在这种意识下做出的判断，虽然独树一帜，但很难被视为客观公允之论。

第五，“所引书之本文”。此乃王阳明嫡传弟子季本之说。他主张：“此章首二句圣人之言，下四句子思释之也，故以首二句著仲尼字，盖必仍所引书之本文也。以后凡引圣人之言，皆止称‘子曰’，亦用当时所记之文。”[④] 也就是说，第二章“仲尼曰君子中庸，小人反中庸……”乃引自书籍的本

---

① 事实上，早在宋代，这就成为一种比较普遍的看法，如陈襄说：“孔子没，六经之道不明于世。”（《古灵先生文集》卷 11《送章衡秀才序》，章贡郡斋宋绍兴刻本，第 9 页）欧阳修云：“昔者圣人已没，六经之道几熄于战国，而焚弃于秦。”（《欧阳文忠公集·居士集》卷 41《诗谱补亡后序》，《四部丛刊》景元刻本，1920 年，第 5 页）苏辙曰：“自仲尼之亡，六经之道遂散而不可解。”（《栾城应诏集》卷 4《进论五首·诗论》，《三苏全集》本，清道光十二年〔1832〕，第 6 页）

② ［清］龚元玠：《仲尼祖述尧舜至末章》，载氏著：《四书客难》卷 1，清道光二十六年（1846）县学文昌祠考棚公局刻本，第 33 页。

③ ［清］龚元玠：《仲尼祖述尧舜章》，载氏著：《四书客难》卷 1，清道光二十六年（1846）县学文昌祠考棚公局刻本，第 32 页。

④ ［明］季本：《四书私存·中庸私存》，台北：“中央研究院”中国文哲研究所，2013 年，第 59—60 页。

文，而后文引孔子的话仅用“子曰”，则是因为所引为子思时记录的文字，非原书。这种说法纯属猜测，没有充足的证据。

第六，“尊祖德，表家传”。此乃王阳明门人耿定向的弟子管志道的主张。在他看来，“仲尼祖述尧舜”章系从第二十八章之“吾从周”和第二十九章之“其寡过矣乎”推来，此章的出现大概是因为不想拘泥于仅谈论孔子穷居时的事情，从而扩展到其“得时行道”之时，意在表明如果孔子真的“王天下”，“其作用当如此矣”，而“前章凡仲尼之言，皆书‘子曰’，而此独与君子中庸章为一例者”的原因何在呢？管氏认为，这是因为要“尊祖德，表家传也”。① 不过，此说也没有充分的证据，猜想的成分居多，它需要解释，为什么“子曰”开头的句子就不能有这样的功能。

第七，“极致归美尊崇之意”。明代经学家郝敬如是主张。其《礼记通解》朱订第二章注曰：“自此至‘子路问强’章，历引夫子之言明中庸之德。诸章皆称‘子曰’，此独称‘仲尼’，以中庸发自仲尼。上章推本天命，此首揭仲尼以圣继天，开斯道之传也。篇内两称仲尼，极致归美尊崇之意。”② 朱订第三十章（郝敬定为第二十七章）亦曰：“此章特称‘仲尼’者，承上数章之意，归德于夫子也。”③ 郝敬还从仲尼和子思的思想关联加以阐发：“仲尼言中庸，罕言性命；子思言性命，必称仲尼。盖性命以中庸为实际，中庸以仲尼为宗师。故言必称仲尼者，亦虑学者歧而之他也。”④ 总之，对孔子首倡中庸之功的赞美，以及对其“以圣继天、开斯道之传”的地位的推崇，是《中庸》两称仲尼的原因。然而，这一说法仍然不甚妥当。郝氏难以回应，《中庸》为何不用“孔夫子”“孔子”等尊称，以及何以仅此两处使用“仲尼”等问题。

第八，“天下人之公称”。清代学者刘沅（1767—1855）《中庸恒解》注

---

① ［明］管志道：《重订中庸章句注释》卷下，明万历三十四年（1606）刊本，第 25 页。

② ［明］郝敬：《礼记通解》卷 18，明万历四十四年（1616）本，第 25 页。

③ ［明］郝敬：《礼记通解》卷 19，明万历四十四年（1616）本，第 50 页。

④ ［明］郝敬：《礼记通解》卷 18，明万历四十四年（1616）本，第 14 页。

“仲尼曰”谓：“其称仲尼则固天下人之公称，而以为此理发于仲尼，亦天下人之公论也。后文‘祖述’章，拟孔子于天地，亦称仲尼，意亦如此。两论书法，于门人记述则称子，于君大夫问答及他邦则称孔子。兹独称仲尼，固非漫然。”① 事实上，从《论语》《礼记》等文献看，天下人更多的是称孔丘为孔子或子，而非仲尼。在这个意义上说，刘氏之说缺乏根据。

第九，“中庸之名，自仲尼定之”，“中庸之德，惟仲尼备之”。此乃清代语言学家、文字学家王筠（1784—1854）的主张。他著有《四书说略》。对于《中庸》“通篇皆子曰”，仅第二章和第三十章称“仲尼”，王筠分开解释。王氏认为，第二章称仲尼，是因为“中庸之名”即由仲尼所定：“独言仲尼者，中庸之名，仲尼定之也。”而第三十章再称仲尼，则是由于只有他才配得上中庸之德：“祖述尧舜节又言仲尼者，则谓中庸之德惟仲尼备之也。”那么，“仲尼何以备中庸之道哉”？王筠指出，根据就在于“所祖述者尧舜也，所宪章者文武也”。此前，尧说“允执其中”，舜“用中”，汤“执中”“建中”，“列圣相传只是一‘中’”，然而，中只是一个“空名”，“传久则差”，故而孔子“加‘庸’字，以作‘中’字定盘星也”。② 其实，王氏之说很难成立。首先，仲尼首次使用“中庸”的史实，与“仲尼曰：君子中庸，小人反中庸”，并无实质的关系。其次，《论语·雍也篇》有“中庸之为德也，其至矣乎，民鲜久矣”之叹，隐含中庸是对普通民众的普遍期盼，这与王氏所说只有孔子才具备中庸之德，显然是相悖的。

第十，“明下文皆夫子之语也”。这是日本学者伊藤仁斋（1627—1705）和中井履轩（1732—1817）的看法。伊藤仁斋注“仲尼曰”一条说：“此称仲尼者，明下文所引‘子曰’者，即皆夫子之语也。”③ 中井履轩之注的文字稍异，语义则同：“此特称‘仲尼曰’者，以明下文所引‘子曰’者，皆

---

① ［清］刘沅：《槐轩全书》，成都：巴蜀书社，2021年，第57—58页。

② ［清］王筠：《中庸说略》，《四书说略》本，清道光至咸丰间刊，第6、28页。

③ ［日］伊藤仁斋：《中庸发挥》，载［日］关仪一郎主编《日本名家四书注释全书》“学庸”1，东京：凤出版，1973年，第12页。

仲尼之言，非他人也。”[①] 众所周知，“仲尼曰”一章被朱子定为第二章，是《中庸》里第一次引用孔子的话，其上的第一章是议论体；而“子”是尊称，可以指代任何有身份有地位的人，非专指一人，“仲尼”则特指孔子。文中首次出现，用特指的方式，的确可以达到后文的“子曰”免于被误解的效果。可是，当《中庸》第三十章“仲尼祖述尧舜，宪章文武”中“仲尼”再次露面时，伊藤仁斋和中井履轩却均未置一言。分析地说，他们对“仲尼曰”的注解，确实发人所未发，然而，对于《中庸》为什么采用孔子的字“仲尼”，而放弃孔子之名“孔丘”，或“孔子”“孔夫子”等同样可以避免被误解的称呼，恐怕是他们难以回答的。《礼记》中，同被视为子思之作的《表记》《坊记》《淄衣》[②] 等皆以“子言之”开篇，除《表记》在下文有几处“子言之”或“子言之曰”、其他均作“子曰”外，《淄衣》下文均作“子曰”，[③]《坊记》下文均作“子云”。对于此三篇“开端皆称‘子言之’”，邵晋涵、黄以周及顾实等以为，“盖子思语而弟子述之也。称‘子云’‘子曰’者，引孔子语也”。[④] 而这诚如梁涛所言，“忽视了子思思想的特点”。[⑤] 以“子言之”开篇，显然是在强调文中所记皆为孔子言论。那么，为何偏偏《中庸》首引孔子之语时，表达方式不再是子思习惯使用的“子言之”而改为“仲尼曰”，这是否提示该书的作者不是子思？似乎也应得到合理的说明。

第十一，“自填讳”。袁枚如此主张：“况子贡、子思称仲尼，子路称孔

---

① ［日］中井履轩：《中庸逢原》，载［日］关仪一郎主编《日本名家四书注释全书》“学庸”1，东京：凤出版，1973 年，第 24 页。

② ［南朝梁］沈约《修订乐书疏》曰：“《中庸》《表记》《淄衣》皆取《子思子》。”（沈约：《沈隐侯集》卷 7，七十二家集本，明末刻，第 13 页）《隋书·音乐志》引沈约的话时，则多了一篇《坊记》：“《中庸》《表记》《坊记》《淄衣》，皆取《子思子》。”

③ 楚简本《淄衣》以“夫子曰”开篇，下文均作“子曰”。这大概是较早的书写方法，汉代编纂的版本则被统一改为“子言之”。

④ 顾实：《汉书艺文志讲疏》“诸子略·儒”，上海：商务印书馆，1929 年，第 101 页。

⑤ 梁涛：《郭店楚简与〈中庸〉公案》，《台大历史学报》第 25 期，2000 年 6 月，第 35 页。

丘；乐正子称孟轲；……皆自填讳也。”① 在他看来，《中庸》中的“仲尼”乃自填讳而来，不是子思本人所写。所谓填讳，亦名题讳，指子孙为祖先撰写行状、碑志等文字时，请人代写祖先名号。但是，袁枚之说实难成立。首先，子思是在著书，不是写行状或碑志；再者，填讳现象出现较晚，清人钱大昕所云“是宋人已称填讳矣”，② 虽非确考，但将这一现象推至先秦，无论如何都是过头的。

第十二，“两书仲尼，特笔也”。这是清代文坛桐城派之殿军人物马其昶（1855—1930）的观点。他在《中庸谊诂》里指出，《中庸》两次直书仲尼，乃是一种特殊的笔法：

> 夫性之体至大，而其用则至实。前章（引者按：指“唯天下至诚”至“盖曰文王之所以为文也，纯亦不已”）既言尽性者，必尽其性之量如天地。此（引者按：指“大哉圣人之道”至“苟不固聪明圣知达天德者，其孰能知之”）又言欲尽性之量如天地，必实致其尽性之功如夫子。赞化育，参天地，皆有其实事，祖述宪章是已。首引仲尼之言以发端，篇终复述仲尼之行以实之。两书仲尼，特笔也。盖舜、文、武、周（公）皆以大德受天命，不难知；夫子不得位，其参赞未易知矣。此子思所以作《中庸》以昭明圣祖之德也。③

“特笔”本是春秋学的术语。杜预分春秋笔法为正例和变例，南宋吕大圭《春秋五论》将之析为达例和特笔，元代赵汸则指出特笔的功能：“特笔者，所以正名分、决嫌疑也。……凡特笔，皆谓有所是正者也。……恒辞不

① ［清］袁枚：《随园随笔》卷二十一《填讳非礼而周益公行之》，《袁枚全集新编》第7册，杭州：浙江古籍出版社，2018年，第420页。

② ［清］钱大昕：《十驾斋养新录》卷十六《题讳填讳》，上海：商务印书馆，1935年，第400页。

③ 马其昶：《三经谊诂·中庸谊诂》，《马其昶著作三种》，合肥：安徽大学出版社，2009年，第87页。

足以尽义，而后圣人特笔是正之。”[①] 在马其昶看来，孔子有实实在在的参天地、赞化育的尽性之功，但他有德无位，因而其功绩不像“以大德受天命”的舜文武周公等那么容易被人知晓，职是之故，子思用直呼仲尼的特殊笔法来刻意彰显孔子之德。反观历史，《中庸》两次直书仲尼的确引起了后人的注意，但这种做法并未达到“昭明圣祖之德”的效果，反而引发了对子思作《中庸》的看法的问难。这一事实，在一定程度上从反面构成了对马其昶之说的证伪。

三

如上诸说皆有一定的道理，但却面临一个共同的问题：《中庸》他处引孔子之言皆称“子曰”，何以仅此两处例外？实则，只有联系上下文而统观《中庸》，这个问题才能得到更为深入的剖析。第三十章“仲尼祖述尧舜，宪章文武”以“仲尼”为主语，比较容易理解：称字可以表示尊敬，且比“孔子”“孔夫子”等“外之之辞，而又孔姓之通称”[②] 更能避免误解；而若延续上文体例，冠以“子”字，作“子祖述尧舜，宪章文武”，则又不太合乎语言习惯。可见，“仲尼”是第三十章的最佳选择。那么，第二章以“仲尼曰”引入的理由是什么呢？这主要取决于其上的第一章。第一章讲述“天命之谓性，率性之谓道，修道之谓教”等高度抽象的哲理，体裁是议论体，而第二章却忽然转为语录体，这自然就需要标明语录的言说者。标明的方式，应力求准确但又不失敬意，因此“仲尼”仍是最合适的。在首条语录指明作者的情况下，下文再引他的话，为了省文而简称“子曰”就完全可以。而假如径直以“子曰”衔接第二章的引文，则具有通用性质的尊称“子”具体指

① ［元］赵汸：《春秋属辞》卷 13《特笔以正名第六》，《通志堂经解》本，清康熙十九年（1680），第 1 页。

② ［宋］朱熹：《四书或问·中庸或问上》，上海：上海古籍出版社、合肥：安徽教育出版社，2001 年，第 60 页。

向何人，就不甚明确。

引人思考的是，正如上文已提及的，亦在《礼记》中、同被视为子思之作的《表记》《坊记》《淄衣》等皆以“子言之”开篇，为何偏偏《中庸》选择了不同的著述体例？是否可依据“子言之”和“仲尼曰”的相似性，而认为《中庸》的原本乃以第二章为开篇呢？当然不能。事实上，“仲尼曰”的字眼，恰可证明此章非《中庸》原本的首章，否则开头就不会是“仲尼曰”，而应为子思惯用的“子言之”。由此可以推断，原始的《中庸》文本就是以第一章为开篇，下接“仲尼曰”为第二章，今本《中庸》未对这一部分进行改编。有见于此，武内义雄《子思子考》、冯友兰《中国哲学史》等把《中庸》第一章视为后人所加的观点，就需要重新审视。

中行必自狂狷始[*]

——论先秦儒家的道德境界与修养次第

王治军[**]

（廊坊师范学院　马克思主义学院，河北　廊坊　065000）

摘　要：行为合乎中庸、践履中道谓之中行，这是儒家所追求的理想道德境界。达至这一境界，需要极大的智慧、勇气和长久的事上磨炼，并非一般人所能企及。仅次于这一境界的是有所作为有所不为的狂狷，可以称之为第二好的道德境界，也是达至理想之中道境界必经的起始阶梯。中行必自狂狷始，道德修养若是求捷径，则将落入乡愿的伪善境界。

关键词：中行；狂狷；乡愿；理想道德境界；修养次第

在《论语》中有诸多君子与小人的对举，在《孟子》中有大人与小人的研判，在《大学》和《中庸》中同样有对君子、贤人、圣人之道德层次的划分。这些论述，不仅彰明了儒家的不同道德境界，也揭示了道德修养的进阶

* 本文是廊坊师范学院河北省高校基本科研业务费专项资金项目“先秦儒家与早期基督教生命伦理比较研究”（XBQ202058）和廊坊师范学院教育教学改革课题“传统经典导读融入思想政治教育专业课程教学的实施策略研究”（CGJG2024-41）阶段性成果。

** 王治军，男，中央党校哲学博士，香港中文大学访问学者，廊坊师范学院马克思主义学院副教授，从事生命哲学、政治哲学、中西政治思想史的教学与研究。

次第。最为理想的状态就是中庸，或曰中行，或曰中道，是拿捏好分寸、掌握好火候，在取与进退之间，时时处处合适合宜、合理合义、当为则为、当止则止。这样一种理想道德境界，表现在某些事情上是积极进取有所为，而在另外一些事情上则是有所操守有所不为。以往的研究过多关注中庸中道这一完美境界，而忽视了对于狂狷人格的肯定，也没有对从狂狷臻入中行的路径给予足够关注。

有关中道和狂狷的论述，其文本主要分布在《论语·子路》第 21 章、《论语·阳货》第 13 章和《孟子·尽心下》第 37 章，《中庸》中也有相关表述。下面从解读这些文本出发，来探讨儒家所奉行的中道理想境界，以及必经由狂狷才能达至这一境界的修养次第。

一、中庸（中行、中道）：理想的道德境界

程子对中庸的解释是："不偏之谓中，不易之谓庸。中者，天下之正道；庸者，天下之定理。"朱熹对中庸的解释是："中者，不偏不倚、无过不及之名。庸，平常也。"①这个中，表现在日常中，就是中庸；从人的行为上讲，就是中行；从道德行为所应当遵守的原则和规矩来讲，就是中道。可见，中庸、中行、中道，表述虽然有异，其内涵则相同。李泽厚先生也认为，中、中行、中道、中庸是同一意思，都是指进退有度。② 李景林则指出，中行、中道都可以说为中庸，其核心就在一个中字。③《中庸》把"中"当作天下之大本和达道，认为古今天下皆遵循此道，除非是德行修养的君子，普通民众鲜能达到此境界，其难度远远大于爵禄的获得和国家的治理，"天下国家可均也，爵禄可辞也，白刃可蹈也，中庸不可能也"。

《中庸》以射箭之譬喻言说中庸之道："射有似乎君子，失诸正鹄，反求

① ［宋］朱熹：《四书章句集注》，北京：中华书局，2012 年，第 17 页。

② 李泽厚：《论语今读》，北京：中华书局，2015 年，第 254 页。

③ 李景林：《孟子通释》，上海：上海古籍出版社，2021 年，第 323 页。

诸其身。”射箭要想射中鹄的先得正己；射不中不能怪别人，也不能怪靶子，而要怪自己，要反身而诚。因为要经过长期的操练，才能娴熟把握射箭的姿态、步骤、技巧。不然即使偶然射中，以后也不会老有这种运气。在掌握好姿势以后，还要综合考虑弓、箭、风向以及自身因素等诸多影响，在动态的过程中选择最佳时机把箭发出去。这就要求在一个非常不容易掌握的环境中瞄准目标，并捕捉到击中目标的最好时机。这不仅需要有自知之明，而且需要有对于内外诸多因素的通盘考虑与把控技巧。可见，“中”是对动态过程的把握，落实在个体的行动中，体现为做人做事上，要达到无过无不及，必须掌握好恰到火候的“度”。从实践智慧上讲，在一个人际关系相当复杂的社会中，在待人接物、进退取与之间，做出最合情合理的抉择，选取最合宜的解决问题之途径与方法，着实不是一件容易事。

孟子赞美孔子一生坚守中道，“无过无不及”。他认为古代圣贤伯夷、伊尹、柳下惠等都欠缺这种实践智慧，而唯独孔子具备。在孟子看来：伯夷是圣之清者，可以独行其道，不受环境的污染；伊尹是圣之任者，有责任担当，有使命意识；柳下惠是圣之和者，能够协调各种关系，使各种矛盾冲突达成有机和谐；而孔子则是“圣之时者”，因而境界最高。孟子自谓私淑孔子，高度赞扬孔子的道德人格，称之为“集大成”，“生民未有”，“圣之时者”。孔子所具有的这种生命境界，若用音乐来比喻，就是各种不同的乐器演奏出一个完整统一的旋律，综合成一个“金声而玉振”的交响乐。这是人生应当不断追求的道德理想。

孟子不仅秉持行为遵从中道的原则，还特别强调在取与进退之间通权达变。“人有不为也，而后可以有为。”（《孟子·离娄下》）孟子敏锐地发现，人生贵在取舍，一个人不能什么都干，什么都干可能什么都干不成。在取与授受之间，同样存在一个适宜的度。“可以取，可以无取，取伤廉；可以与，可以无与，与伤惠；可以死，可以无死，死伤勇。”（《孟子·离娄下》）在道德实践中，不仅需要主体做出非此即彼的决断，更离不开一种自我反省自我修持的工夫，一种尽心尽性的省察克制。但是现实中的人，才智有高低之别，生活环境有优劣之分，生命夭寿也因人而异，所以克己修身的工夫也具有极强的个体性，甚至在不同年龄段的侧重点和针对性也有所不同。因而在做人做事中，凡事做到不偏不倚、中庸中和，拿捏好分寸，掌握好火候，达到合情、合理、合宜，这既是一种修养工夫，也是修养应该追求的最高境界。

由此可见，从道德境界上来讲，中庸、中行、中道是个体道德修养所应追求的最为完美的道德境界，并不是一种简便易行的方便法门，也绝不是人人轻易可以做到的。若是没有足够的实践智慧，不能权衡诸多的因素，反而容易陷入泥潭，沦落为乡愿，变成一个好好先生。在此情况下，不妨先做次一等级的狂狷。

二、狂狷：第二好的道德境界

孔子慨叹当时没有符合最高境界的中道之人，故以狂狷为次一等的善。“不得中行而与之，必也狂狷乎？狂者进取，狷者有所不为也。”（《论语·子路》）东汉赵岐注曰：“中道，中行之大道也。狂者能进取，狷者能不为不善，时无中道之人，以狂狷次善者，故思之也。嘐嘐，志大言大者也。重言‘古之人’，欲慕之也。考察其行，不能掩覆其言，是狂也。既不能得狂者，欲得有介之人，能耻贱污行不洁者，则可与言矣。是狷人次于狂者也。”[①]朱熹对此注解是：“狂者，志极高而行不掩。狷者，知未及而守有余。盖圣人本欲得中道之人而教之，然既不可得，而徒得谨厚之人，则未必能自振拔而有为也。故不若得此狂狷之人，犹可因其志节，而激厉裁抑之，以进于道，非与其终于此而已也。”[②] 由此可见，狂者志向高远有所进取，狷者有所操守有所不为，是仅次于中庸的一种道德人格境界。

孟子进一步指出了狂狷之行为特征：“如琴张、曾皙、牧皮者，孔子之所谓狂也。其志嘐嘐然，曰：‘古之人！古之人！’夷考其行，而不掩焉者

① ［清］刘宝楠：《论语正义》，北京：中华书局，1990 年，第 542 页。

② ［宋］朱熹：《四书章句集注》，北京：中华书局，2012 年，第 148 页。

也。狂者又不可得，欲得不屑不洁之士而与之，是狷也，是又其次也。”（《孟子·尽心下》）朱熹对此注解是：“狷，有所不为者，知耻自好，不为不善之人也”，“狂，有志者也；狷，有守者也。有志者能进于道，有守者不失其身”。① 钱穆先生注曰：伊尹圣之任，狂者也。伯夷圣之清，狷者也。狂狷皆得为圣人，惟不如孔子仕止久速之时中。时中，即时时不失于中行，即时而狂时而狷，能不失于中道。故狂狷非过与不及，中行非在狂狷之间。② 关于中行，钱穆先生注曰：中行，行得其中。孟子所谓中道，即中行。退能不为，进能行道，兼有二者之长。后人舍狂狷而别求所谓中道，则误矣。③

由上述注家之诠释可见，达不到中行之理想境界的狷者，其有所不为乃是提升生命向上的起脚点。圣贤深谙此中之奥秘，故孔子孟子都教诲弟子要有所不为。孔子告诉颜渊要“非礼勿视，非礼勿言，非礼勿听，非礼勿动”（《论语·颜渊》），就是告诫他要有所不为；孟子说“行一不义，杀一不辜而得天下，弗为也”（《孟子·公孙丑上》），也是要人有底线操守，不善者坚决不为。可见有所不为，就是要挺立道德主体，彰显坚守道义而不动摇的一种原则立场，这是向上提升生命的第一步。一个人若是无所不为，就是没有行事为人的原则，没有操守，没有道德的底线。颜回“一箪食，一瓢饮，在陋巷，人不堪其忧，回也不改其乐”（《论语·雍也》），就是鄙弃通过不当手段获得的富贵，就是有所不为的狷，他表现在行为上的无伐善无施劳，也是有所不为；他竭尽自己的才力向孔子学习，孔子只是看到他的进步而看不见他的停止，则是颜回的狂和积极进取。所以他能像孔子一样，用之则行，舍之则藏。曾子也同样是能狂能狷，三省吾身、临终易箦、启予手足，反映出他狷者的品格；而“士不可以不弘毅，任重而道远”（《论语·泰伯》），“自反而缩，虽千万人吾往矣”（《孟子·公孙丑上》）所反映的则是

---

① 同上，第 383 页。

② 钱穆：《论语新解》，北京：生活·读书·新知三联书店，2012 年，第 311—312 页。

③ 同上，第 311 页。

他的狂的品格。

狂者进取向善有所作为，而狷者持守端正有所不为；换一个角度来看，则是狷者缺乏进取，狂者缺乏持守，两者都偏于一端，都有不合流俗不守常规的特征。但是，两者都是以率真的性情来修养自己的德行，没有心口不一言行不一的伪饰。如果狂者能够矫饰和剪裁其佚荡峻伟，如果狷者能够振拔起拘谨慎重，也可以达到中道的境界。狂者言论高远，志向宏大向慕古人，比之于自暴自弃的自甘堕落者，则是已经走在了通往中庸的路上；狷者鄙视行为卑污之辈，不苟且随众流俗，能洁身自爱，比之于与世俗同流合污之辈，自然更靠近中行之道。简言之，狂者具有倾慕圣贤、向往高远、奋发有为的品格，狷者具有坚守理义洁身自好的品格，二者都有着纯真的性情，都期望达到高明的圣人境界。

三、乡原："德之贼"的伪善境界

行为要走上中道，成就理想人格，必须和鱼目混珠的乡愿划清界限。无论孔子还是孟子，都特别强调这一点。孔子说："乡原，德之贼也。"（《论语·阳货》）孟子则进一步指出，乡愿外表显现出一副严谨厚道的形貌，而心中内怀人欲之私，表面上看似君子，却是地道的小人作风。如果不仔细辨别，看起来和中道之人没有什么区别，具有很大的隐蔽性和欺骗性。"非之无举也，刺之无刺也。同乎流俗，合乎污世。居之似忠信，行之似廉洁。"（《孟子·尽心下》）但是这些人对道德的败坏腐蚀，却如紫之夺朱，如郑声之乱雅乐，如利口之覆邦家，如莠乱苗，如佞乱义，如利口乱信。朱熹则进一步指出，圣人之所以赞美狂狷痛恶乡愿，最为根本的原因就在于"狂者志大而可与进道，狷者有所不为，而可与有为也。所恶者乡愿，而欲痛绝之者，为其似是而非，惑人之深也"。① 在一乡之老百姓看来，乡愿是好好先生，是严谨厚道的人。但是在圣人看来，他们没有深厚的心性修养，处处伪

① ［宋］朱熹：《四书章句集注》，北京：中华书局，2012年，第384—385页。

装掩饰，自欺欺人以图自己之私利，是地道的伪君子。在现实生活中，真小人容易被识别，而这种伪君子则鱼目混珠，不容易被识别和察觉，更容易对社会产生危害，甚至比真小人所产生的危害还要大，所以圣人深恶痛绝之，称之为“德之贼”。乡愿之所以是伪善，就在于他似是而非，容易给人造成错觉。你若是非议和讽刺他，却找不到事实把柄。他们苟同于下流的俗情，混合于污浊的世间，他们的操守好像忠厚诚信，他们的行为好像清廉高洁，自己也很自得。他们还批评狂者言不顾行、行不顾言，不能做到言行吻合心口一致，他们批判狷者不屑于为社会做事而处于孤孤单单的境界。李泽厚先生指出：“乡愿即好好先生，唯唯否否，含含糊糊；左右既逢迎，摇摆又不倒；名誉归，人缘好；大家都喜欢，自己也完满。”① 这种虚伪的行径，对道德具有极大的败坏作用。

中庸、中行、中道，是与过和不及相对而言的，是对于行为偏激、偏颇、走极端的矫正，是对过分偏狭人格的一种提升。人要成就自我的主体性，成就自己的独特人格，必须做出取舍，在面对是非善恶时做出非此即彼的选择。李景林先生指出，按照孟子的分析，孔子极端厌恶和拒斥乡愿的原因，要在一个“似”字。“乡愿”最根本的特点，是缺乏内在的价值原则，对流俗社会曲意逢迎，借以获得美誉善名。这个“似”，使之淆乱是非善恶，对社会是非和善恶价值尺度起着“浸润之谮”的腐蚀作用，甚于大盗巨蠹的公然为恶。乡愿之“善”，实为淆乱是非之伪善，故称之为“德之贼”。②

美国现代伦理学家威廉·K. 弗兰克纳指出“无论愿望和自我意识是怎样的，道德都不能满足于仅仅遵从准则，除非它对于准则的精神毫无兴趣，而只是注意它的字面意思。另一方面，如果不是作为在某种情况下以某种方式去行动的习惯和趋向，那么一个人就不可能具有某种品质。”③ 在道德实

---

① 李泽厚：《论语今读》，北京：中华书局，2015 年，第 311 页。

② 李景林：《孟子通释》，上海：上海古籍出版社，2021 年，第 324 页。

③ ［美］威廉·K. 弗兰克纳：《伦理学》，关键译，北京：生活·读书·新知三联书店，1987 年，第 135 页。

践中，一个人恰恰是通过做善良的行为而成为一个具有品德的善人，通过积习恶劣的行为而成就一个品德恶的人。简言之，一个道德人格的成就取决于自我的内在决断。如果没有内在的决断，而只有对外在规范的顺从，对待什么事情都不置可否，根本没有自己的善恶判断，没有自己的价值立场，那他就是一个地道的乡愿，就是一个地地道道的伪善者。事实上，任何一种优秀的道德品质首先源于人们对于某种道德原则的遵从，从一开始的被动服从到逐渐服膺，而后发展到主动的服从，道德原则也从一种外在于主体的他律，逐渐变成主体内心的一种道德自律。“对于每一条原则来说，都有一种道德的善品质，它通常与原则同名，它是由根据原则而行动的习惯或趋向所组成；而对于每种道德意义上的善品质来说，都有一条限定该品质体现于其中的行为的原则。借用康德的一句名言，即没有品质的原则是软弱的，没有原则的品质是盲目的。”①

如何避免乡愿产生呢？在儒者看来，唯有用圣贤之道作为自己行事为人的标准，让尧舜之道的真诚风范涵养熏陶化育自己，使自己的言行合乎仁义道德，除此之外别无他途。明末东林学者顾泾凡最为痛恨乡愿。他说：“此一种人，占尽世间便宜，直将弑父与君种子，暗布人心。学问须从狂狷起脚，然后能从中行歇脚。近日之好为中行，而每每堕入乡愿窠臼者，只因起脚时，便要做歇脚事也。”（《明儒学案·东林学案三》）顾氏所言主旨在于，圣贤学问必须始于狂狷，逐步调适上遂，最后才能实现中行。若是一开始便想实现中行，却没有厚实的道德修养根基，往往会装模作样，必定落于乡愿的格局套路之中。

四、狂狷为达至中行之阶梯

古来圣贤都通过秉持中道而达到行事平正，避免出现偏差。持守这个不偏不倚的正道，就是执中。这个中，是天下的大本，是源于本心的道德法

---

① 同上，第136页。

则，又是大公无私的天理天道天心。西方汉学家认为，孔孟儒家所意向的作为理想人格的“君子到达的是一种境界，而不是一个处所，是一种从容中道的境界。他达到身心安宁、平静无纷扰的状态，这种状态来自求道或行道的深切体会，并且认识到求道或行道本身就具有终极和绝对的价值”①。

执中就是对天理的遵循，而执守这个天道，必须发挥权变的作用，根据当下特殊的情境进行变通，使中道不凝固不滞塞。《论语·尧曰》记载尧舜禹禅让帝位，皆以“允执其中”相告诫，就是要求信守中道，遵循不偏不倚的法则，因时因地制宜，才能成就博施济众的仁政。《中庸》说大舜“执其两端，用其中于民”，并对此做出更为详细的解释：这不是一种静态的智慧，而是一种动态的行事方法，要经过道德行为主体审慎考虑衡量，时时遵循天道法则，时时体现中道，实现动静不失其时。如程子所言：“中字最难识，须是默识心通。且试言一厅，则中央为中；一家，则厅非中而堂为中；一国，则堂非中而国之中为中，推此类可见矣。”又曰：“中不可执也，识得则事事物物皆有自然之中，不待安排，安排著则不中矣。”②

孟子批判杨墨二家学说都有所偏执而不合乎中道：“杨子取为我，拔一毛而利天下，不为也。墨子兼爱，摩顶放踵利天下，为之。子莫执中，执中为近之。执中无权，犹执一也。所恶执一者，为其贼道也。举一而废百也。”（《孟子·尽心上》）朱熹注曰：“此章言道之所贵者中，中之所贵者权。”③在孟子看来，杨朱所主张的“为我”是一个极端，墨子所主张的“利天下”同样是一个极端，都不是中行之道，都不符合中庸的法则。所以孟子说杨朱墨氏是无父无君的禽兽，其过失在于犯了“执一”的过错，没有对事情做出通盘的考虑，当然更没有采取最为适切的应对措施。他们的做法既没有考虑人情，也没有顾及实际情况的需要，因而是行不通的。《传习录》记载有弟

① ［美］赫伯特·芬格莱特：《孔子：即凡而圣》，彭国翔、张华译，南京：江苏人民出版社，2002 年，第 19—20 页。

② ［宋］朱熹：《四书章句集注》，北京：中华书局，2012 年，第 364 页。

③ 同上。

子向王阳明问孟子所言“执中无权犹执一”何义，王阳明说：“中只是天理，只是易，随时变易，如何执得？须是因时制宜，难预先定一个规矩在。如后世儒者，要将道理一一说得无罅漏，立定个格式，此正是执一。”（《传习录上52条》）天理是固定恒常不变的，但是具体事务则随时在变，必须因地制宜才能不落俗套。而且凡事只有秉持真诚之心来适应，才能把天理落到实处，才能合乎中道，才是真正的“执中”。孟子认为，舜的“不告而娶”（《孟子·万章上》）与“窃父而逃”（《孟子·尽心上》），说明他具有这样的大智慧大品德，能在人生两难中做出决断，而成就人之大伦。

此一道理，恰如亚里士多德在界定道德德性时所指出：德性既不是感情，也不是能力，而是一种品质，“是既使得一个人好又使得他出色地完成他的活动的品质”，他进而指出：“德性是一种选择的品质，存在于相对于我们的适度之中，这种适度是由逻各斯规定的。……德性是两种恶即过度与不及的中间。”① 黑格尔在谈到善与恶的辩证关系时指出，人有了自由意志，才能够自由地为善或为恶，“恶的根源一般存在于自由的神秘性中”。他还说“唯有人是善的，只因为他也可能是恶的。善与恶是不可分割的。”② 威廉·K. 弗兰克纳则指出：“德性是品格或品质，它们都不是天生的，都只有通过教育和实践或感化才能得到，至少是部分得到。德性是品格特征，而不是魅力和害羞这样的个性特征，而且它们都具有在特定境遇下采取特定行为的倾向，而不是仅仅以特定的方式去思考或感觉。”③ 所有上述观点都指出了德性这样一种道德品质是通过道德修养而形成的。众所周知，道德品质和道德人格的转化不能离群索居，而是在现实的人际关系中，在与他人的交往中形成的，是在自由选择为善或为恶的过程中形成的。所以，修养自身就是学

---

① ［古希腊］亚里士多德：《尼各马可伦理学》，廖申白译注，北京：商务印书馆，2003年，第45—47—48页。

② ［德］黑格尔：《法哲学原理》，范扬、张企泰译，北京：商务印书馆，1961年，第143—144页。

③ ［美］威廉·K. 弗兰克纳：《伦理学》，关键译，北京：生活·读书·新知三联书店，1987年，第130页。

习做人做事，就是在不断扩展的人际关系中发展完善自我。

儒家认为每个人都是生命内涵极其丰富的个体，具有一种内在的精神性动力，具有无限发展的可能性。但是作为具体的人，我们又受到各种条件的限制。因此所谓的修养，就是要突破人生的各种限制和束缚，培养自己的仁慈、正义、忠诚、守信等品质；就要通过对道德原则的体认将其内化为自己的良心，培养自己在特定情境下做出是非善恶抉择的能力。但是也确实如西方汉学家所指出，西方人沉浸在由选择和责任这样的词语所构成的世界之中，而孔子的学说中没有对有关选择或责任这样的语言加以详细描述，孔子把礼想象为道的地图或具体的道理系统，把正确遵循真实大道的其他选择看成步入歧途、迷失或放弃那真实的道路。所以这样一来，就不存在真正的选择：人们不是遵循大道，就是偏离大道。走上偏离大道这条路线的，就意味着失败，就意味着人性还存在着弱点和缺陷。① 这是在道德抉择和道德人格养成问题上，中西方的最大差异所在。

儒家主张在现实世界中，穷也好，达也好，富贵也罢，贫贱也罢，在什么位置就有什么使命，就应该体现什么价值，“素富贵行乎富贵，素贫贱行乎贫贱，素夷狄行乎夷狄，素患难行乎患难”（《礼记·中庸》）。因此，一个人无论在何时何地，都不应该放弃自己的责任，都不可以自暴自弃，而应该是立定积极进取的志向，培养有所不为的操守，踏上追求中道的阶梯。换言之，狂狷也是圣贤，只不过是低一个等位的圣贤，是达到最高境界的一个阶梯。明儒顾泾凡指出，学问功夫“上不从玄妙门讨入路，下不从方便门讨出路”（《明儒学案·东林学案三》）。如果图方便，就会从中行进去而从乡愿出来。正确的法门是必须从狂狷进去，才能从中行出来。他反思自己的缺点是“妄意欲作天下第一等人，性颇近狂；然自反尚是硁硁窠臼，性又近狷，窃恐两头不着。”其实，顾泾凡所言反映了一般人的共性：有想成就圣人的高远志向，这近乎狂者的性情；但是又操持坚定，不逾越规矩，这近乎

① ［美］赫伯特·芬格莱特：《孔子：即凡而圣》，彭国翔、张华译，南京：江苏人民出版社，2002年，第17—20页。

狷者的性情。但还是恐怕两不着边，所以自我检讨功夫粗疏火候不够。他的哥哥顾泾阳告诉他："此是好消息，粗是真色，狂狷原是粗中行，中行只是细狂狷，练粗入细，细亦真矣。"（《明儒学案·东林学案三》）粗疏虽然不完美，却是真性情的流露，最忌讳遮遮掩掩欲盖弥彰；能够觉察到自己的粗疏就是好的征兆，因为可以慢慢洗练，以期望最终达至于精妙的中行境地。顾泾阳所指出的确实是学问功夫的正道：狂狷与中行的不同，只是粗细之间。狂狷是尚在粗疏中的中行，而中行则是经过细磨过的狂狷。如果不断细磨洗练粗疏，就可以进入精细，就可以达到纯真无瑕的中行境界。

一个人要狂，要具有希圣希贤的远大志向——这是绝不能缺少的。但是还必须走正义的路，要听闻圣贤教诲，以圣贤言行规范约束自己，要有所不为，要有自我约束的道德底线，这就是狷。若能再进一步使自己的言行无过无不及，合于礼的约束，遵循执中而不执一，在内在的修身和外在的事功上，时时处处践行中庸之道，就有望达至圣贤人格和中庸境界。毫无疑问，一个人首先应该做到有所为和有所不为。有所不为就是有所守，有所守才能立得住，才能行得通。一个人如果感觉自己能力有限，那就首先做一个狷者，先做到有所不为、有所执守。这是一个人立身行道所应坚守的底线。诚如西方汉学家所指出，与西方强调意志自由、道德抉择与责任等截然不同，孔孟儒家"核心的道德问题不是一个人要对出于自由意志选择的行为负责，而是他所面临的这样一种实际问题：一个人是否适当地得到'道'的教育，以及他是否愿意勤奋地学习行道？对于不能遵守道德秩序（礼），恰当的回应不是因为一种虽然邪恶但却自由的负有责任的选择而自我谴责，而是自我的再教育，以便克服一种单纯的缺陷、一种力量的不足——总之是人在'塑造'过程中的缺陷和不足"。① 在传统儒家的语境中，一个人道德的修养和道德境界的提高，是一个"如切如磋，如琢如磨"的过程，也是一个逐渐做到"毋意，毋必，毋固，毋我"的过程，既是"博学于文"的过程，也是

① ［美］赫伯特·芬格莱特：《孔子：即凡而圣》，彭国翔、张华译，南京：江苏人民出版社，2002年，第35—36页。

“约之以礼”的过程。这一过程，无论从哪一侧面来讲，都离不开主体的决断，离不开守经达权，离不开当为则为的勇气，离不开当不为而不为的智慧，尤其需要仁爱的精神作为价值导向来指引决断的方向。中国台湾新儒家蔡仁厚则进一步指出：由狷而狂而中行，这是人生上升之路的三阶，但却不一定是一贯地循阶而上，而常须因时因地因事而制宜。就一事而言，可能此时需要狂，彼时需要狷；就一时而言，可能此事需要狂，彼事需要狷；就人而言亦复如此，可能此时此事须狂，而彼时彼事须狷。儒家之所以特别注重“时中”，注重“执中用权”，正以此故。①

概言之，狂者向慕高远，狷者有所不为，二者虽然与中道有差距，但是他们的率真性情，他们的为与不为，都是通过自由自主自愿的抉择而做出的。虽然在有些时候，在某个特定的场景之下，这一选择可能不是很适度合宜，但是只要经过历练磨洗，便能够由低劣粗俗而进入高妙雅致，能够达到无过无不及的恰到好处。所以，狂狷是进入中道的阶梯。但是事实上，我们一般人大多都不具有时时处处能够行中庸之道的聪颖资质，也不具有与时偕行的敏锐感知与智慧，所以我们要走狂狷的路。在当今时代，用狷来守住我们的志向，用狂来恢弘人间大道；应当狂时则狂，应当狷时则狷，不合乎礼义道德的坚决不为，用我们的生命守护住做人的底线；应该有所作为的，以最艰苦卓绝的意志勉力而为；尤其是在某种特定的境遇中，努力去做什么可能很难，但是勇敢地选择不作为，守住自己的底线，还是可以做到的。

① 蔡仁厚：《新儒家的精神方向》，台北：台湾学生书局，1984 年，第 119—120 页。

荀子宗教性之阙如及其威权主义倾向

张晚林　岳燕如*

（湘潭大学　哲学系，湖南　湘潭　411105）

摘　要：荀子建立了以外在的礼为中心的人文世界，这个人文世界依靠“为学日益”之“积伪”方式而成。这样，使得荀子之淑世之道难契高明之道，最终结果是宗教性之阙如。因宗教性之阙如，又使得荀子之礼治思想抹杀了人的主体性与自由，且不可避免地具有威权主义乃至专制主义倾向。

关键词：荀子；宗教性；威权主义

一、荀子建立礼为中心的人文世界

《荀子》一书，前面的五篇文章《劝学》《修身》《不苟》《荣辱》《非相》，俱与存养修身相关，这表明了荀子的人文主义理想，而其存养修身的中心当然亦是礼，故曰：“凡治气养心之术，莫径由礼。”（《荀子·修身》）这样，荀子之劝学，其学亦收效在礼处见，“故学也者，礼法也”（《荀子·劝学》）。甚至圣人亦是由礼而见，荀子认为学习之数（方法）“终乎读礼”，其义则“终乎为圣人”，盖圣人即是娴熟且竭力践行于礼者。圣人当然是一

---

* 张晚林，湘潭大学哲学系教授，博士生导师。岳燕如，湘潭大学哲学系中国哲学方向硕士研究生。

个理想的模型，很难达到，但只要笃实学习践行、专心致志，一定会有所深入。对于礼之学习与践行之专心致志，荀子认为这是产生圣人的条件：

> 此其道出乎一。曷谓一？曰：执神而固。曷谓神？曰：尽善浃治之谓神，万物莫足以倾之之谓固，神固之谓圣人。（《荀子·儒效》）

“神”就是能用最好的方法治理国家的人，且什么东西都无法倾覆这种信念，就是“固”，既神且固的人就是圣人，而这一切端赖对礼之学习与践行的专心致志。可见，在荀子那里，圣人乃依靠外在的学习而来，“今使涂之人伏术为学，专心一志，思索孰察，加日县久，积善而不息，则通于神明，参于天地矣。故圣人者，人之所积而致矣”（《荀子·性恶》），所以，在荀子看来，学习只有“为学日益”一条路，不可能有“为道日损”这种方式。

> 故有师法者，人之大宝也；无师法者，人之大殃也。人无师法则隆性矣，有师法则隆积矣，而师法者，所得乎积，非所受乎性，不足以独立而治。性也者，吾所不能为也，然而可化也。积也者，非吾所有也，然而可为也。（《荀子·儒效》）

“积”就是外加，就是“为学日益”，师法的作用全部体现在“积”这里。荀子以“故不积跬步，无以致千里；不积小流，无以成江海。骐骥一跃，不能十步；驽马十驾，功在不舍”（《荀子·劝学》）为喻，就是要强调“积”的重要性。何以为积？曰：以礼为积也。“礼之中焉能思索，谓之能虑；礼之中焉能勿易，谓之能固。能虑能固，加好者焉，斯圣人矣。”（《荀子·礼论》）荀子以礼为底据，以“为学日益”的方式说圣人，确实是别具一格。这别具之一格便是：圣由内而转向了外，由根基于人之自身德性养成的内圣外王之学，走向了纯粹依据于外在之礼的治理之学。荀子曰：

> 君子言有坛宇，行有防表，道有一隆。……言道德之求，不二后王。道过三代谓之荡，法二后王谓之不雅。高之下之，小之巨之，不外是矣，是君子之所以骋志意于坛宇宫庭也。……百家之说不及后王，则不听也。（《荀子·儒效》）

“后王”就是指现实中的君王，道德不应该背离现实政治，这是君子驰骋用武之地。君子之学是否切实于现实的政治治理，是其高下大小的标志，若诸子百家之学根本无益于现实的政治治理，则完全没有必要去学习。可见，荀子太过经验与现实的学术性格，直接把学问及体现学问之大成的圣人拉到了现实中，从而失去了学问与圣人的超越性与先验性。荀子把圣人内在的德性根基给拉空了，只剩下一个无光源的现实机括，这个机括是由礼所填充而成，并在现实中呈用的庞大系统，抽掉了德性的根基，实际上就无所谓人，这就是主体性的丧失与自由之被抹杀。圣人，并不由纵向的主体的德与力显，而是横向的平面的礼之统摄力而显，故荀子曰：“圣人也者，道之管也：天下之道管是矣，百王之道一是矣。”（《荀子·儒效》）这样，圣人之义完全从孔孟原有之本义中叉出去了。但圣人之所以为圣人，乃在于人固有之本心之充实与沛然，非外铄于礼之积也，故孟子曰：“君子所性，仁义礼智根于心。其生色也，睟然见于面、盎于背。施于四体，四体不言而喻。”（《孟子·尽心上》）圣人，其根本在养本心，是以“学问之道无他，求其放心而已矣”（《孟子·告子上》）。只有在这个意义上，才可以讲存养与修身，因为存养与修身根本是逆觉体证本心，为道日损，使其充实与沛然，至充实不可已、沛然莫之能御，则圣人生焉。

二、荀子淑世之道的基本特征及其宗教性之阙如

荀子以“为学日益”的方式讲圣人之生成，故并不适合讲存养，因无所存也，只适合讲“隆积”。实际上，《荀子》一书数次讲到“隆”或“积”，足见荀子所认为的圣人乃外铄于礼，而非逆觉体证本心也。圣人，乃淑世的

最高成果，荀子既然如此看待圣人，则其淑世之道具有如下几个特点。

（一）隆礼义而杀《诗》《书》

《诗》与《书》本是儒家的基本经典，乃君子或圣人养成之必经阶段与基本教材，孔子曰："入其国，其教可知也。其为人也：温柔敦厚，《诗》教也；疏通知远，《书》教也。"（《礼记·经解》）《诗》之教，养成人温柔敦厚之德性；《书》之教，养成人疏通知远之精神。君子或圣人，若无温柔敦厚之德性，则无感通神明之力量；若无疏通知远之精神，则无博厚高远之心志。所以，《诗》《书》之教，乃是神圣超越之教，其之于人之教化来说，为不可少者。儒学作为天人性命之教，《诗》《书》之教自为教中本有之义。《论语》中数次提到《诗》《书》，且"子所雅言，《诗》《书》执礼，皆雅言也"（《论语·述而》），可见孔子非常重视诗书之教，故子思尝对其子子上曰："厉必由砥，所以致其刃也，故夫子之教必始于《诗》《书》而终于礼、乐，杂说不与焉。"（《孔丛子·杂训》）可见，《诗》《书》、礼、乐俱为教化之利器，且《诗》《书》较之于礼、乐是更为根本的。

同时，相对于《书》之教而言，《诗》之教更具有神圣性与超越性，因为与《书》之陈述历史事实不同，《诗》有赋比兴之艺术手法，其中以兴为最高手法，其精神性更强，故孔子更重《诗》之教。诗，并不只是对现象世界的描述与抒写，而是带出一个形上之世界，这就是"兴"。马尔库塞说："诗歌执行着伟大的思想任务：努力使不存在的东西存在于我们之中。"[①] "使不存在的东西存在于我们之中"，就是让没有显现出来的东西出场，这就是"兴"的意思。朱子释兴为："兴者，先言他物以引起所咏之词也。"（《诗集传》卷一《关雎》）可以说，诗的本质就是"兴"的。因此，孔子多次提到诗之兴的功能："兴于诗，立于礼，成于乐"（《论语·泰伯》），又，"小子！何莫学夫诗？诗，可以兴，可以观，可以群，可以怨。迩之事父，远之事君。多识于鸟兽草木之名"（《论语·阳货》）。程伊川释前一句时曰："兴

---

① ［美］马尔库塞：《单向度的人》，刘继译，上海：上海译文出版社，2008年，第55页。

于诗，立于礼，自然有着力处；成于乐，自然见无所用力处。”（《论语精义》卷第四下）“兴于诗，立于礼”是教化的两个重要阶段，若缺其中之一，则不能“成于乐”；若二者工夫笃实坚毅，则不知手之舞之足之蹈之也，不费力而自然天成。那么，什么是“兴于诗”呢？还是程伊川的解释最得其义：

> 兴于诗者，吟咏性情，涵畅道德之中而歆动之，有“吾与点”之气象。（《论语精义》卷第四下）

很多人释“兴于诗”为“感发人之善心”，此固不错，但失之浅近也。程伊川此解，则彰显了“兴于诗”的宗教性。“歆”，《说文》训为：“神食气也”，即祭祀时鬼神享用祭品的香气。可见，“歆”是与宗教活动相关的。明乎此，则“涵畅道德之中而歆动之”就是《中庸》所说的“天命之谓性，率性之谓道，修道之谓教”，也就是人之本心对天命之回应与承受，由此，才是真正涵畅道德之中而感发人之善心；若不能“歆动之”，则人心没有神圣性与超越性之震策，动力不足而无法达到感发之效也。“吾与点”，朱子亦释之为宗教境界，此正与“涵畅道德之中而歆动之”相契合也。可见，诗之教确实是宗教性的，是对没有出场的形而上者有所回应与愤发。

但荀子的经验性格，使得其对形上之颖悟甚缺，他完全不能在这个高度认识诗教。荀子对于《诗经》不可谓不熟悉，在先秦诸子中，《荀子》一书是引用《诗经》最多的一部书，但荀子确实不是在诗教的立场上来理解《诗经》的，更多的是把《诗经》作为一种掌故或证据，来加强自己说理之分量，故《荀子》一书数次出现“《诗》曰……此之谓也”这样的句式。我们且来看荀子对于《诗》与《书》的看法：“《诗》《书》之博也。”“《诗》《书》故而不切。”（《荀子·劝学》）可见，荀子对于《诗》与《书》的看法就是“博”与“故而不切”。“博”就是广记民俗、人情、风物及政事；“故而不切”就是久远的旧闻故事而不切近现实。显然，荀子只是把《诗》与《书》看成是博物学或者历史学之著作了，孔子虽然也讲学《诗》可以“多识于鸟兽草木之名”（《论语·阳货》），但这只是《诗经》最低限度之功能，《诗》

的主要功能还是“兴”，即兴发人之心志，开启人之形上领悟；但荀子既如此看待《诗》《书》，则绝对看不到《诗》《书》这样的功能，当然，荀子自身的生命形态也接不上形上领悟。这样，《诗》《书》在荀子的眼里，就只是一些历史材料了，由此，荀子便主张“隆礼义而杀《诗》《书》”。荀子认为，若一个人能够做到“法后王，一制度，隆礼义而杀《诗》《书》”，那么，他就是雅儒；若一个人“不知法后王而一制度，不知隆礼义而杀《诗》《书》”（《荀子・儒效》），那么，他就是俗儒。俗儒在荀子眼里，就是广见博识而混迹于诸侯之间求取衣食的无耻文人，这种人当然与荀子所追求的善治毫无关系，也就是说，《诗》《书》只能成就与社会治理无关的俗儒。因此，礼义与《诗》《书》之于学习或教化的作用是完全不一样的。

> 学之经莫速乎好其人，隆礼次之。上不能好其人，下不能隆礼，安特将学杂识志，顺《诗》《书》而已耳，则末世穷年，不免为陋儒而已。将原先王，本仁义，则礼正其经纬蹊径也。若挈裘领，诎五指而顿之，顺者不可胜数也。（《荀子・劝学》）

在荀子看来，《诗》《书》只不过是学杂博识之学，人若只是攻于此，即使再努力，也只能学成一个浅陋的儒者，与先王之道、仁义之统根本无与焉，故荀子斥之为“陋”也。礼才是达到先王之道、仁义之统的根本途径，就像以五指捋裘领，毛发随之而整齐顺适了。

本来，儒家之教，《诗》《书》《礼》《乐》《易》《春秋》俱是其教中的应有之义，但荀子特别彰显礼的作用，而唱“隆礼义而杀《诗》《书》”，这并非教化路径选择的问题，而是荀子的生命形态根本接不上《诗》《书》之教的高义，而仅把《诗》《书》理解为杂博的历史材料。这样，在荀子的淑世之道中，因缺少了“兴于诗”的阶段，直接“立于礼”，则必不能走向“成于乐”之圆成，因形上之道阙如而礼至于胶固僵化故也。由此，荀子之淑世之道偏离了教化者而走向了整治者，是以康南海批评荀子曰：“荀子言《诗》

《书》之博也浅。”①

（二）重言辩而轻体证

儒学作为天人性命之学，其本质修养工夫是逆觉体证，而不是言语之辩说，是为无言之教也。孔子尝自问：“默而识之，学而不厌，诲人不倦，何有于我哉?”（《论语·述而》）可见，“默而识之”是为学之根本。那么，什么是“默而识之”呢？朱子释之曰：“是得之于心，自不能忘了，非是听得人说后记得”，“默，不言也，不言而此物常在也。”（《朱子语类》卷第三十四）正因为神圣者永驻于心而不能忘，常提撕警策心志，故使人常惺惺以至于“不厌”“不倦”也。又，孔子谓其与颜渊言终日，而颜渊则“不违如愚”，然孔子深知，颜渊似“愚”之中“亦足以发”明其所教也。何谓“不违如愚”呢？宋儒尹焞释之曰：“回之学默识心通，何事于辩问。其于孔子之言无所不悦，故曰‘不违如愚’。”（《论语精义》卷第一下）所谓“愚”就是与神圣者作存在的感通，此是逆觉体证之事，非言语辩说之事也。另外，子贡谓“性与天道，不可得而闻”，孔子自云“予欲无言”，皆表示默识心通、妙契神圣之意，此般境界，非言语所能尽也。

孟子以弘扬孔子之道自任，但孟子与孔子异，颇有好辩之名，然孟子自解曰：“予岂好辩哉？予不得已也。”（《孟子·滕文公下》）则说明孟子本不欲辩，乃至可以说，孔子之道绝非言辩所可以尽者，是以孟子曰：“故观于海者难为水；游于圣人之门者难为言。”（《孟子·尽心上》）朱子谓“‘游于圣人之门者难为言’，此兴也。”（《朱子语类》卷第六十）兴，即意味着以难言引出在言之外的神圣者，正因为神圣者难言。由此可见，弘教之本质工夫其实不在言辩，这是孟子所深切地把握到了的。但孟子确实又在言辩，然其辩也，当以“众人辩之以相示”视之，在孟子，自有更高的“圣人怀之”之境界，非寡头之一好辩者也，如名家者流。故孟子之辩，非其学之本质也，其正欲以其辩而指其所不辩者，此不辩者方是其学之本质也，是以唐君毅

---

① 姜义华等编校：《康有为全集》第二卷，北京：中国人民大学出版社，2007年，第184页。

说："孟子之辩，要在使人自反而求之于心，或举事喻以使人由此事喻，以得其心。此即孟子尽心篇所谓'言近而旨远，不下带而道存'之善言。"①

综上所述，孔孟固有言辩，然言辩非其学之本质，言辩乃权法耳，权法尽而实法显，由此开践行体证之路，所谓"默而成之，不言而信，存乎德行"也。此路不开，言辩终不过是雨打之浮萍，风吹之飘絮，无根而不实，则教何以成？故孔子曰："二三子以我为隐乎？吾无隐乎尔。吾无行而不与二三子者，是丘也。"（《论语·述而》）教，乃至最高之教不在言辩之中，孔子之不言，非隐也，善会者当足以发，且有立卓也。孟子亦云"知言"，但其"知言"乃从养"浩然之气"来，若无此，则亦不能知言也，是以孟子谓告子不知言，因其徒从外而知之也。

但荀子之学却与此异，它根本切断了向上之一关，所有的价值指向只是形下的建构性的礼义之统，而绝没有形上的实体的证悟，于是，荀子必重视言辩：

> 法先王，顺礼义，党学者，然而不好言，不乐言，则必非诚士也。故君子之于言也，志好之，行安之，乐言之。故君子必辩。凡人莫不好言其所善，而君子为甚。故赠人以言，重于金石珠玉；观人以言，美于黼黻文章；听人以言，乐于钟鼓琴瑟。故君子之于言无厌。鄙夫反是，好其实，不恤其文，是以终身不免埤汙傭俗。故《易》曰："括囊，无咎无誉。"腐儒之谓也。（《荀子·非相》）

言辩，成为君子的根本标志之一，故君子当言而无厌，若一个人只是"法先王，顺礼义，党学者"，但不喜欢言辩，就是迂腐之儒者。荀子之所以如此重视言辩，乃因为君子负有教化百姓安宁天下的责任，而妄人以其邪说乱世，又足以际会风云，搅扰时局，则言辩焉能少焉？孟子亦感于邪说乱世，故怒而与之辩。然前文讲过，孔孟之言辩乃权法，其根本处不在言辩。

---

① 唐君毅：《中国哲学原论——导论篇》，北京：中国社会科学出版社，2005 年，第 173 页。

但荀子言辩之价值指向是建构性的礼义之统，既然其所维护之对象为语言所建构者，则其维护之手段，亦只能是言辩。荀子专门辟有《正名》篇，就是为了言辩的需要而去正“名”，这与孔子的“正”名迥异；孔子之重点落在“正”字上，其正名乃为伦理践行服务，故重“君君、臣臣、父父、子子”，但荀子的重点落在“名”字上，其正名乃为了名实相符以利于辩说。荀子虽然极其厌恶名家之逻辑名理意义上的纯粹之言辩，但他的言辩亦只是为了维护建构性的礼义之统，是以也要求概念确定、边界清晰，实则与名家之言辩为同一层面，只是名家止于概念确定、边界清晰，不再往前走，而荀子则继续往前而至于维护礼义之统也。这样，言辩就成了维护礼义之统的圣人的必有之义，亦是淑世之道中的应有之义：

> 心合于道，说合于心，辞合于说。正名而期，质情而喻，辨异而不过，推类而不悖。听则合文，辨则尽故。以正道而辨奸，犹引绳以持曲直。是故邪说不能乱，百家无所窜。有兼听之明而无矜奋之容，有兼覆之厚而无伐德之色。说行则天下正，说不行则白道而冥穷，是圣人之辨说也。（《荀子·正名》）

依荀子，心在道外，心以辩说与言辞去认识道，故言辩是不可免的，圣人亦只是在言辩处作为，只不过圣人之辩能够做到“发之而当，成文而类”（《荀子·非相》）而已。这样，言辩之有“统”或“类”成了是否圣人的根本标志：“故多言而类，圣人也；少言而法，君子也；多少无法而流湎然，虽辩，小人也。”（《荀子·非十二子》）人与人之间的区别不在是否言，而在言之是否成类，这样，荀子就把道德问题转化为知识问题，因为言之成类毕竟依赖于外在的学习。圣人只是在言辩而成统类之知识上高于一般人，荀子这样的说法很多：

> 其言有类，其行有礼，……是大儒之稽也。（《荀子·儒效》）
>
> 君子之言，涉然而精，俛然而类，差差然而齐。（《荀子·正名》）

多言则文而类，终日议其所以，言之千举万变，其统类一也，是圣人之知也。（《荀子·性恶》）

荀子甚至认为，“若夫志以礼安，言以类使，则儒道毕矣。虽舜，不能加毫末于是矣”（《荀子·子道》），即行于礼义，言有统类，儒家之道不过如此而已。孔子之所以是圣人，就在于其言有统类，“若夫总方略，齐言行，壹统类，而群天下之英杰而告之以大古，教之以至顺”，而子思与孟子之所以不符合圣人的标准，乃因为其说“甚僻违而无类”（《荀子·非十二子》）也。准乎此，言辩俨然圣愚贤不肖之判准也。

庄子曰：“辩也者，有不辩也。”（《庄子·齐物论》）世间固有可辩者，亦有根本不可辩者。经验世界的知识即为可辩者，而形上世界之道为不可辩者，二者不可混一，不然，形上之道即隐退，因人们常能见其可辩者而难悟其不可辩者，故庄子告诫我们当“以其知之所知以养其知之所不知，终其天年而不中道夭者，是知之盛也”（《庄子·大宗师》），即以人之所知而通达于人之所不知，才是知的最高境界，也就是以可辩者而透显不可变者，人之知才是圆满的；若只限于一层之言辩，则庄子告诉我们：“辩也者，有不见也。”（《庄子·齐物论》）这些话虽然出自道家之庄子，但孔孟既然不认为言辩为弘教之本质相关者，则亦必首肯庄子上述诸义。然荀子彻底的经验性格使其不能见及此，故他以一层之言辩作为淑世之道，则其所开启的人文世界必然不能见诸天道也。

（三）天之隐退与宗教性之阙如

荀子太过经验的学术性格，使得他完全不能开圣证之路，一切来自观察性的辩说。人生活于经验世界，言辩固不可少也，但人作为一种理性存在者，亦不能不追求超越与神圣性，故圣证亦为不可少者。举凡能开圣证之路者，俱不否定天之宗教性；举凡不能开圣证之路而只有辩解之路者，则一定把天理解为知识的对象而不是宗教的对象，荀子的《天论》就是如此。我们知道，孔孟信仰天，但却没有以专门的章节去论天，因为天就在他们圣证的行动中，且人亦必须在圣证的行动中方可得之，非可强论之也。但荀子却完全在言辩中论天，则必然会把天的这种宗教性的存在下拉为知识性的存在。

> 雩而雨，何也？曰：无何也，犹不雩而雨也。日月食而救之，天旱而雩，卜筮然后决大事，非以为得求也，以文之也。故君子以为文，而百姓以为神。以为文则吉，以为神则凶也。（《荀子·天论》）

为求雨而举行祭祀，现在看来，属于巫术或迷信的范畴，荀子以为这只是文饰政事，根本并不具有神圣性，如此做也未必真的应验，荀子即希望如此来消解天的神圣性。其实，孔孟所说的天从来不是在这个意义上说的。在孔孟那里，天与人是可相互通达的终极性存在，人开始时固对之存有敬畏，然最终必可开启内在的德能而亲近之，这俱是圣证的结果。但荀子只是观解地视天为威力强大之一物，对其威力因不可解而怪之可也，却不必因惧怕而畏之，此乃天地间之自然现象也。荀子消解了宗教性的天，又给人确立了一个人文性的天——礼，荀子的整个人文世界端赖此而建立起来。即使最具宗教仪式的祭礼，荀子亦把它仅仅还原为一种纯粹的人文之情：

> 祭者，志意思慕之情也，忠信爱敬之至矣，礼节文貌之盛矣，苟非圣人，莫之能知也。圣人明知之，士君子安行之，官人以为守，百姓以成俗。其在君子以为人道也，其在百姓以为鬼事也。（《荀子·礼论》）

依据荀子的理解，祭祀是为了表达人之思慕爱敬之情，这种情感通过礼节文貌的方式表现出来，这就是祭礼，官吏以此作为治理之道，百姓以此作为风俗习惯，这完全是人之道，与宗教没有丝毫的关系。荀子的所谓“人道”，就是在世之人表达情感的一种方式，他坚决反对这是鬼事，因生者与死者是无法感通的。正是基于此，冯友兰才认为荀子“对待死者之态度，是诗的，艺术的，而非宗教的”。[①] 诗的、艺术的只是人道的一种人性化的审美表达，这种审美表达只有情感慰藉的作用，“若纯自理智之观点观之，则一切送死之礼节，皆是无意义”。[②] 果如是，则人祭祀时的虔敬感由何而来？若无虔敬感，则礼岂不尽成虚套？无论如何，荀子切断了人与天的关联，宗教性完全退隐，尽管他复给人竖起了人文性的天——礼义之统，但因礼义之统完全是平面的知识性的治理上的必需建构，缺乏神圣性的震彻与照拂，则人的虔敬感必不能威临。虔敬感既阙如，则作为淑世之道的礼如何在人那里发生力量呢？荀子曰：“有后而无先，则群众无门。”（《荀子·天论》）荀子显然是把礼作为在前的引导，而法则是在后的惩罚，且唯有由礼激起人的虔敬感之后，人们才能进入文明之门，纯粹依靠法的惩治，万不可使人进入文明之门。可见，荀子亦深知虔敬感对于社会之文明是相当重要的，但荀子的经验性格又不允许宗教性的存在，虔敬感在他那里成为无源之水。有学者指出了荀子的这种内在困境：

> 为了予人行动的理由和自由，他毫无保留地申言“天”的自然特性，将“道”完全归于人。虽然他很小心地将礼的制作权力仅赋予智虑超群的“圣人”，然“涂之人可以为禹”，“圣人”与常人之间并不存在一条不可逾越的鸿沟，并且“圣人”的制作在根本上仅仅是一种谋划。但是，人怎么可能对他们有望成为的人产生敬畏感？又如何可能尊敬一种地面上的谋划？可如果没有这些，人何以能够怀抱着一种隐秘的自豪感遗世独立？荀子将人从不可及的权威那里彻底解救出来，只能把他们留给了地上的权威，在相当程度上消弭了虔敬感所要求的适当距离，而这一距离，对于激励那些对迥异于地面景色的风光感到好奇的人，本来是不无裨益的。[③]

---

① 冯友兰：《中国哲学史》上册，北京：生活·读书·新知三联书店，2009 年，第 380 页。

② 冯友兰：《中国哲学史》上册，北京：生活·读书·新知三联书店，2009 年，第 379 页。

③ 陈文洁：《荀子的辩说》，北京：华夏出版社，2008 年，第 233 页。

这些学者把荀子的淑世之道称之为“地上的教育”，相应地，荀子的人文世界亦可称之为“地上的世界”。这种“地上的世界”是平面的一层的，人与人之间是一种原子式的个体（但却不是主体站立起来的个人）之间的关系，所有个体都是平齐的，且这种平面的一层的关系性是有限的，是经验世界之所及的范围。于是，“地上的世界”的人与人之间的关系完全不同于神圣的天与人的关系，这是一种创造者与受造者之间的关系，具有神秘性，且是所有人终身都必须面对的，又具有无限性。“地上的世界”的人与人之间的关系由事与理来贯穿，事与理之于人是一种认知，亦是一种限制关系，人固须尊重事与理，然亦可能疲倦于事与理，庄子所说的“与物相刃相靡，其行尽如驰，而莫之能止”（《庄子·齐物论》）就是这个意思。创造者与受造者之间是一种神秘的关系，故人对之须有畏，但只要人全身心地交付给神圣者，信仰神圣者，则神圣者又可向人敞开，甚至整个地融入人、覆载人；是以人与神圣者的关系一定是在敬畏感之中相互融覆乃至合一。如实说来，“地上的世界”的事与理，只有与纵向的神圣者贯通，人才能持久地尊重事与理，否则就会厌倦，最后舍弃。因此，真正要建立“地上的世界”，眼睛不能只是盯着地上的人与事，一定要通达于神圣者，“地上的世界”才是温润可期的世界，即人之为人的世界，也就是人自身作为人而站立起来的世界；若不能通达神圣者，以虔敬之心守护人之本质，则人很可能在“地上的世界”中的事的牵引中被拉空了，即人只是一种物化的存在，而不是作为人而站出来。这样看来，“地上的世界”之建立，是不能切断神圣的天的关联的，老子曰：“故道大，天大，地大，人亦大。域中有四大，而人居其一焉。人法地，地法天，天法道，道法自然。”（《老子》第二十五章）这是说，人作为人，必须是在天—地—人之关联中，人不可从这种关系中析离出来而存在。但荀子过强的经验性格使得他无法体会到上述这一点，他只是就性恶的人从事“地上的教育”，建立一个“地上的世界”，而礼成了主要的淑世工具，而亦君亦师的君主成了主要的外在推动力，以治吞没教，荀子君师连用，且谓其乃治之本，即是这种用心的显证。尽管荀子君师连用，但其重点是落在“君”那里，“师”并不能与“君”并列平齐，而是附属于“君”的；虽说“治”中亦含有“教”，但在以“治”为主导目的的“教”一定会被遮蔽。这样，荀子尽管希望以礼为工具，在君师—治教的间架中，把四者的功能与作用全部开发出来，建立一个温润和煦的人文世界。但因为荀子切断了人与天的关联，人失去了由虔敬感而来的自觉力量，故只能是依靠一个外在的强制力量，而拥有外在强制力量最大的人，当然是站在政治最高点的君主，即依靠君主把礼贯彻下去。“天之立君，以为民也”（《荀子·大略》），荀子这里所说的“为民”主要是治理民的意思，特别是遭遇乱世，“君子非得势以临之，则无由得开内焉”（《荀子·荣辱》）。这样一来，君师—治教的四维间架，其实只剩下了君—治之二维，礼也主要执行的不是教化功能而是整治功能。由此，荀子以礼为淑世工具而建立起来的人文世界，就不免有些冷酷与阴森，从而与其门弟子李斯、韩非宣扬的法家比邻而居，乃至暗中往来了。

三、荀子思想中的威权主义倾向

因荀子淑世之道宗教性之阙如，必然会导致对人之主体性与自由之抹杀，乃至最终导致威权主义甚至是专制主义。

（一）荀子的礼法整治抹杀了人的主体性与自由

人的本质是什么？孔孟与荀子做了不同的回答。在孔子与孟子那里，人之所以为人，是有其内在的规定性的，即人自身有内在的力量彰显人之主体性。《中庸》引孔子之言曰：“仁者，人也。”孟子曰：“仁也者，人也；合而言之，道也。”（《孟子·尽心下》）这就是说，仁是人之为人的根本规定性，通过仁这种力量，人之主体性得以彰显。又，孟子曰：“人之所以异于禽兽者几希，庶民去之，君子存之。”（《孟子·离娄下》）这是说，人与禽兽的差别不大，但这不大的地方却很重要，显示了君子与小人的区别，这不大的几希就是仁这种内在力量。仁作为人之本质，是先天固有的，只有仁把这种固有的本质表现出来的时候，人的主体性才显现出来。孟子更是把这种本质称之为四端，“无恻隐之心，非人也；无羞恶之心，非人也；无辞让之心，非人也；无是非之心，非人也。恻隐之心，仁之端也；羞恶之心，义之端也；辞让之心，礼之端也；是非之心，智之端也。人之有是四端也，犹其有四体也”（《孟子·公孙丑上》）。人之四端就像四肢一样，是先天而固有的，若谁认为自己没有这四端，无异于不承认自己为人。这样看来，仁与人的本质，是分析关系而不是综合关系，即人的本质在人之内。人只有来到本质而呈现主体的时候，才始为人，人才有圆满与自由可言，而一切把非本质的东西给予人的做法，“无异于按照鱼能够在岸上干地生活多久来评价鱼的本质与能力”①，人不但没有自由，更遑论圆满了。故孟子曰：“夫仁，天之尊爵也，人之安宅也。”（《孟子·公孙丑上》）这意味着，仁作为人的本质与主体性，足以使人安居、自由与圆满。

孔孟讲礼，更多的是在成就人的本质的立场上，而不是在国家治理的立场上。如，孔子曰：“兴于诗，立于礼，成于乐。”（《论语·泰伯》）又曰：“不学礼，无以立。”（《论语·季氏》）而孟子则曰：“辞让之心，礼之端也。”（《孟子·公孙丑上》）而若人无辞让之心，孟子则判之为非人，这些都是讲礼之于成就人之为人的意义，而不仅仅限于治理之意义，也就是说，礼作为一种手段，乃在于成就一个圆满而自由的个人，即孔孟虽然把礼作为人之基本修养，但并不抹杀整全的个人，故余英时说：“礼虽然有重秩序的一面，但其基础却在个人，而且特别考虑到个人的特殊情况。从这一点说，我们正不妨称它为个人主义。”② 下面一段话最能体现礼之于人之特殊性：

> 子路问于孔子曰：“伤哉贫也，生而无以供养，死则无以为礼也。”孔子曰：“啜菽饮水，尽其欢也，斯为之孝乎。敛手足形，旋葬而无椁，称其财，为之礼，贫何伤乎？”（《孔子家语·曲礼子贡问》）

---

① 孙周兴选编：《海德格尔选集》，上海：上海三联书店，1996 年，第 360 页。

② 余英时：《中国思想传统的现代诠释》，南京：江苏人民出版社，1995 年，第 30 页。

孔子这里告诉我们，贫穷对于礼没有丝毫的损伤，只要人的主体性凸显出来，则礼是活的，物质上的贫穷完全不能限制礼之功能的发挥。我们应以生命之德性激活礼之功能，而不应以僵固之礼去限制人之主体性的发挥，不然，人即成了“器”，孔子曰：“君子不器”（《论语·为政》），就是告诫我们不要让主体性而僵固为器物，而孔子谓子贡为“瑚琏”（《论语·公冶长》），则显然是对子贡的批评。

荀子与孔孟迥异，他并没有确立人之主体性，那荀子是如何定义人的呢？

> 人之所以为人者，何已也？曰：以其有辨也。……故人之所以为人者，非特以其二足而无毛也，以其有辨也。……辨莫大于分，分莫大于礼。（《荀子·非相》）

显然，人之所以为人，在于人能够认识到人与人之间有名分等级之区别，而区别的根本标志就是礼。那么，礼是不是就是人的主体性呢？显然不是。无论是就区别而言，还是就礼而言，都是基于外在的效果而言，而不是基于人的内在主体性而言。这样，荀子并没有从人之主体性看人，而只是从外在之效果看人，这样一来，实际上是把人自身之主体性给掏空，进而把人之主动性给抹杀了，由此，作为个体的自我必然消失。荀子以礼之效果作为人之为人的根本标志，必然如有的学者所指出的那样：

> 礼仪犹如一张社会之网，而个人则是网中之结；礼连接起了人与人之间的关系，而个人则处于各种礼仪关系之中。因此，人与他人的关系是通过礼联系起来的。这样，就产生了中国古代独特的关于个人的思想，即反对“原子”式的个人，认为“人”是处于各种礼仪关系中的社会之人，“我”与“他人”的社会关系无法分开；也就是说，没有完全

独立的“我”，“我”是通过与他人的“关系”表现出来的。①

上述这段话本是就整个先秦礼学而言，但实际上，只有就荀子之礼学而言才是准确的，孔孟虽然也重视礼，但他们更重视作为主体的个人，故孔子告诫我们，若作为人的主体性之仁没有确立起来，则礼乐尽为虚套，所谓“薄于德，于礼虚”（《礼记·仲尼燕居》）也。因此，美国学者胡克斯认为，孔子恰恰通过礼“发现了个体”，这个词意味着“人能在人际关系中反省自身并依此完善自我”。② 但荀子却与此不同，他所见到的人只是欲望的综合体，自身并无理之客观性，若人要成就其客观性，只能在外在的礼之限制中去成就，荀子或许根本没有人的主体性概念，他只有人之生活之有效性概念，或者说，以治理之有效性吞没了人的主体性，人自身之性德完全在礼之限制性中被拉空了。一个被拉空而没有主体性的人是不可能有真正的教化可言，也是不可能有真正的道德可言的，一切均归之于治理的有效性。在孔子那里本是“仁者，人也”，在荀子那里则变为“礼者，人也”。“仁者，人也”，人的主体性站立了出来，最终以主体性融摄政治，虽云政教合一，但乃以教去融摄政，教与政可相互独立，且教高于政；但“礼者，人也”，人自身无所谓主体性，政治之治理就是人的全部，虽亦可云政教合一，实则无所谓教，政自身即是教，政教同一，教的独立性被取消了，只有政的统摄性，是以萧公权说：

在孔孟仁本之政治思想中，私人道德与政治生活虽先后一贯，而内外可分。有道则见，无道则隐。达则兼善，穷则修身。纵使天下大乱，犹可避世为贤。故政治生活之外，个人得有独立之道德生活。荀子欲以君子之礼义，救人性之偏险。……故立政以前，无以修身，而政治生活之外，不复有私人道德生活之余地。……然则荀子之所以为孔门异端

① 刘丰：《先秦礼学思想与社会的整合》，北京：中国人民大学出版社，2003年，第137页。

② 转引自芬格莱特：《即凡而圣》，彭国翔等译，南京：江苏人民出版社，2010年，第72页。

者，正其所以为法家先进也。①

私人道德领域完全被政治领域吞没，人真正成了单向度的政治的存在，镶嵌在政治的机括中，主体之润泽开不出，完全没有个体人格的自由。这样，荀子虽云礼治，实则是礼之法度与折旋之强力限制，人的世界成了一度的政治世界，真正的道德与宗教阙如，这一切端在荀子以礼为首出，人之主体不出，内在之动力开不出故也。林语堂说："儒家整套的礼乐哲学只是'正心'而已，而神的国度正是在人心之中。"② 但荀子别开主体之纯礼治主义，则从这一套礼乐哲学中岔出去了，成为纯粹的政治套数，而这一政治套数，则极有可能从外在的权威主义而走向专制主义。

（二）荀子的礼法整治必然由权威主义走向专制主义

礼治，本是儒家之通义，但孔孟之礼治，盾其后的高明之道，即源自德性生命之内在动力，而不仅仅是寡头的礼治主义，这样，礼治之后有德性的润泽与力量的支撑，故孔孟的礼治是软化的礼治，它有权威但却是生命自身固有的权威，即不是外在的威权，因其没有走向权威主义，故亦很难走向专制主义。但荀子的隆礼重法却不然，没有开启内在动力，故是寡头的礼治主义，这种寡头的礼治主义必因其依靠外在的威权而走向权威主义，最后走向专制主义。

亨廷顿说："人当然可以有秩序而无自由，但不能有自由而无秩序。必须先存在权威，而后才谈得上限制权威。"③ 人类社会，当然首先要有秩序，然后才能奢望自由，若是之无有，则自由就是为所欲为的混乱。荀子讲的正理平治就是秩序，而偏险悖乱就是没有秩序后的混乱。秩序，当然来自对权威的遵从，先必须遵从权威，然后才讲限制权威以防止其走向权威主义或专

---

① 萧公权：《中国政治思想史》上册，北京：商务印书馆，2011年，第113—114页。

② 林语堂：《孔子的智慧》，黄嘉德译，西安：陕西师范大学出版社，2006年，第10页。

③ ［美］亨廷顿：《变化社会中的政治秩序》，王冠华等译，北京：生活·读书·新知三联书店，1989年，第7页。

制主义。一个社会，无秩序固不可能有自由，但有秩序而无自由的社会亦非人之所欲，那么，有没有可能秩序与自由兼得呢？这要看秩序所遵从之权威，若权威来自生命自身，其秩序乃人之自觉地对生命自身权威的遵从，则秩序与自由可兼得也；若权威来自外部，其秩序依靠强力而对权威之遵从而来，则秩序与自由不可能兼得。此盖孔孟与荀子之分界线也，在孔孟那里，因秩序与自由可兼得，故在社会秩序中可以成就个人的自由；但在荀子那里，秩序与自由不可兼得，荀子当然只能舍自由而取秩序，故最终走向了权威主义乃至专制主义。下面进一步分析其所以然之故。

礼治，当然来自对权威的遵从，且礼治既是儒学之通义，则儒学本应不排斥权威。孔孟与荀子的差别并不在要不要权威，而在于权威来自哪里。孔子曰："五十而知天命"（《论语·为政》），又曰："君子有三畏：畏天命，畏大人，畏圣人之言"（《论语·季氏》）；孟子曰："存其心，养其性，所以事天也。夭寿不贰，修身以俟之，所以立命也。"（《孟子·尽心上》）这些都是表示对天命权威的遵从乃至敬畏，天命作为权威，看似外在，但儒学之所以为儒学，就在于其能开发人性自身的力量以回应与承受天命，此为孔孟儒学之精义，故天命作为权威，终为内在者，这在前面之诸多章节中屡有论述，在此不再赘言也。权威并非全然来自外在，若权威最终要有价值，最后必然只能来自人性自身。这样看来，人作为人而来到本质的时候，人自身就有一种权威，"仁者，人也"，这说明"仁"就是每个人所必须面对的权威，且这种权威是人作为人自身每时每刻所觉悟到的，所谓"君子去仁，恶乎成名？君子无终食之间违仁，造次必于是，颠沛必于是"（《论语·里仁》）也，这意味着：若人不能自觉并遵从仁这个权威，那么，他就不可能是真正的人。人与权威是分析的关系，即一旦是人，人自身即给予了自己一个必须遵从的权威，也就是说，每个人作为一个理性存在者，都是权威的立法者；亦即，人天然就是一个权威自立者，在此，权威并不是限制，而是自由。

人作为理性存在者，自身就是权威之确立者，这种权威只能是来自人性自身之善或心之四端所给予的命令，这是人之为人先天的必然的命令与法则，也就是以法则性所体现出来的权威，康德简称之为法权：

> 作为系统的学说，法权划分为自然法权和实证法权，前者建立在全然的先天原则上，后者则来自于一个立法者的意志。①

建立在全然先天原则之上的法权，康德称之为生而具有的法权；来自一个立法者意志的法权，康德称之为获得的法权。生而具有的法权就是每个人作为理性存在者自身所确立的法则性权威，而获得性法权则是由一个立法者的意志所确立而从外面强加给人的，荀子所说的礼义乃是圣人之所伪，对于人而言就是获得性权威。

获得性权威是立法者的意志依据社会、政治、经验、习俗的需要而制定的，故只是经验性的权威，不具有普遍的有效性，可能只是对一时、一地、一部分人有效，且这样的权威歧异而多样。但生而具有的权威则只能有一种——自由，康德说："自由，就它能够与另一个人根据一个普遍法则的自由并存而言，就是这种惟一的、源始的、每个人凭借自己的人性应当具有的法权。"② 自由既然是每个人生而具有的法则性权威，那么，对于每个人而言就是必须遵从且能够遵从的绝对义务，正是这种绝对义务性，我们称之为权威。前面讲过，自由与道德是相互回溯的，也就是说，道德对于每个人而言，是生而具有的权威，故康德说："道德法则却命令每个人遵守，而且是一丝不苟地遵守。"③ 正因为道德这种权威是理性存在者自身确立的，故每个理性存在者自然对之有敬重，且是必然的先天的敬重，"对道德法则的敬重是一种通过一个理智根据造成的情感，而这种情感是惟一我们能够完全先

---

① ［德］康德：《道德形而上学》，李秋零主编：《康德著作全集》第 6 卷，北京：中国人民大学出版社，2007 年，第 246 页。

② ［德］康德：《道德形而上学》，李秋零主编：《康德著作全集》第 6 卷，北京：中国人民大学出版社，2007 年，第 246 页。

③ ［德］康德：《实践理性批判》，李秋零主编：《康德著作全集》第 5 卷，北京：中国人民大学出版社，2007 年，第 41 页。

天地认识，我们能够看出其必然性的情感”。[①] 为什么每个人必然先天地对道德法则敬重呢？因为在道德这种生而具有的权威面前，每个人都必然是谦卑的，同时，这种敬重又是自觉而自愿的，由此激发了人自觉地遵从道德的力量。因此，来自人性自身即人生而具有的权威必然不排斥自由。孔子之所以讲“人而不仁，如礼何？人而不仁，如乐何？”（《论语·八佾》）就是要告诫我们，不要把礼乐仅仅看成一种外在的权威，表面上看似如此，实则礼乐乃建立在人之内在权威——仁之上。我们暂时把礼乐作为一种外在的权威固无不可，但我们通过对礼乐的践行，并不只是为了完成礼乐所规定的法度折旋，而是为了让人自觉地意识到人自身所固有的内在权威，这样，对礼乐的践行只是让人意识到自己作为理性存在者的一种训练，礼乐是人实现其作为理性存在者的自由的一种桥梁。从这个意义上讲，礼乐是一种教化而不仅仅是一种治理。当礼乐是一种教化的时候，则秩序与自由便可兼得，此时，礼乐就不是一种外在权威而是一种内在权威，至少与内在权威是相互通达的。这是孔孟对礼乐作为权威的理解，即礼乐并非不是权威，而是不可或缺的权威，但这种权威是建立在人生而具有的内在权威之上的，如实说来，这不应叫权威，而应叫作人作为理性存在者的品质，也是人成为自己的主人必须拥有的品质。

荀子明确说：“凡礼义者，是生于圣人之伪，非故生于人之性也。”即礼义并非人性自身所涌现出来的法则性权威，如果礼义是人内在的权威，则会产生荀子所问的这样的问题：“今将以礼义积伪为人之性邪？然则有曷贵尧、禹，曷贵君子矣哉？”（《荀子·性恶》）也就是说，如果礼义是每个人依据其自身的德性所涌现出的权威，则把尧、禹与俗众等同，这是荀子所不能接受的，因为恶的人性是根本不可能产生礼义，至于圣人是如何制定礼义的，荀子并不想去追问，总之，礼义作为一种权威已经制定出来了，人人就应该遵从，且必须遵从，这是善治的根本保证，也是礼义作为权威的理由，“权

---

① ［德］康德：《实践理性批判》，李秋零主编：《康德著作全集》第 5 卷，北京：中国人民大学出版社，2007 年，第 79 页。

威的理由对于行为者而言是间接的、来自外部的，却构成了行为者自己的理由”。[1] 既如此，则礼义之于人就是获得性权威而不是生而具有的权威，尽管荀子没有这种区分，但其形态必为如此，这种获得性权威置于每一个人，因不能开发人性内在之动力以自觉其成为自己的权威，故人只能被动地遵守，这样，必然只能获得秩序而牺牲自由。由此，荀子思想系统中的礼义必然走向权威主义，乃至专制主义。

在荀子看来，性恶之人不但不会遵守礼义，且根本上是排斥礼义的，故荀子曰：“今当试去君上之势，无礼义之化，去法正之治，无刑罚之禁，倚而观天下民人之相与也；若是，则夫强者害弱而夺之，众者暴寡而哗之，天下之悖乱而相亡不待顷矣。”（《荀子·性恶》）礼义与人性自身是排斥的，那么，荀子把礼义作为权威置于俗众之前而强迫其遵守，其合法性在哪里呢？加达默尔下面一段话大概可以成为荀子把礼义作为权威的底据：

> 人的权威最终不是基于某种服从或抛弃理性的行为，而是基于某种承认和认可的行动——即承认和认可他人在判断和见解方面超出自己，因而他的判断领先，即他的判断对我们自己的判断具有优先性。[2]

荀子认为，礼义是圣人之伪，而这个“伪”正是圣人高于俗众的地方所在，“凡所贵尧、禹、君子者，能化性，能起伪，伪起而生礼义”（《荀子·性恶》）。既然我们承认在“伪”上圣人高于俗众，则圣人依据其判断所制定的礼义就具有了天然的优先性，这种外在的权威，俗众就必须遵守，不管一个人是否自觉到其必要性。

圣人所制定的礼义虽然对于俗众具有权威的优先性，但对于“以从俗为

---

① 东方朔：《权威与秩序的实现——荀子的“圣王”观念》，《周易研究》2019 年第 1 期，第 104 页。

② ［德］加达默尔：《真理与方法》上卷，洪汉鼎译，上海：上海译文出版社，1999 年，第 358 页。

善，以货财为宝，以养生为己至道”（《荀子·儒效》）的俗众来说，他并不能自觉地认识到这种优先性。俗众的这种不自觉状态，使荀子不得不感叹：“夫民易一以道，而不可与共故。”（《荀子·正名》）故者，所以然也。这意思是说，百姓多愚昧不觉，易于以一定的道理去统一他们的行动，但却不能使他们知晓何以要如此行动。因此，在荀子看来，完全不必在“共故”这个地方去浪费精力，只需要在“一以道”这个地方用心就够了，即让俗众普遍地遵守礼义这种权威就够了。那么，如何才能够使得俗众普遍地遵守礼义这种外在权威呢？

荀子想到的首先是德化的力量。“故仁人在上，百姓贵之如帝，亲之如父母，为之出死断亡而愉者，无它故焉，其所是焉诚美，其所得焉诚大，其所利焉诚多。”（《荀子·富国》）但要证成荀子所说的“其所是焉诚美”的自觉认可之结论，必须在性善论的立场上，圣人“所是”的外在权威即是自家生而具有的道德权威始可能，但荀子站在性恶论的立场，则让人自觉地意识到仁人“所是焉诚美”几乎是不可能的。正因为人性自身的力量没有开发出来，于是荀子想到了“其所得焉诚大，其所利焉诚多”这种利诱，但以利诱作为人遵守圣人权威的方法，是极其危险的，因为有时破坏圣人之权威可能获利更多。所以，礼义作为圣人之权威，要得到普遍性的遵从，依靠人们自觉的认可与利诱，在荀子看来似乎都不太靠谱。更何况，荀子对于俗众之德性本就没有信心：

> 彼众人者，愚而无说，陋而无度者也。（《荀子·非相》）
>
> 志不免于曲私，而冀人之以己为公也；行不免于污漫，而冀人之以己为修也；甚愚陋沟瞀，而冀人之以己为知也：是众人也。（《荀子·儒效》）

对于这样的俗众，若希望礼义作为权威被普遍地遵守，其最好的推行力量不得不依靠圣人的位与势。圣人之位俗众须尊，圣人之势俗众必惧，二者相得，则礼义作为权威之效始生焉。

我们知道，孔子虽唱“君子之德风，小人之德草”（《论语·颜渊》），但孔子对于俗众的德性还是有信心的，故并不主张绝对地依靠君王的位势来推行礼义之权威，是以当宰我以为周人以栗树作为社木之用意在于“使民战栗”（《论语·八佾》）的时候，孔子进行了猛烈的批评，因为这是以位势之恫吓来进行统治。孟子更是唱“民贵君轻”之说，乃至发出“君之视臣如土芥，则臣视君如寇仇”（《孟子·离娄下》）之绝响。由此可见，孔孟俱不主张依靠君王之位势来推行礼乐之教。但荀子却与孔孟不同，大唱尊君之论。①

君者，国之隆也；父者，家之隆也。隆一而治，二而乱。自古及今，未有二隆争重，而能长久者。（《荀子·致士》）

天子者势位至尊，无敌于天下。……南面而听天下，生民之属莫不振动从服以化顺之，天下无隐士，无遗善。同焉者是也，异焉者非也。（《荀子·正名》）

君主之位作为最高的权力所在，是推行礼义权威的力量保障，且这种力量保证是唯一的，只能出自君主。荀子一再强调国家只能有一隆，而不可有二，显然这是基于礼义推行之效力考虑，而不是基于教化之考虑，因为政治权力只有集中才更有效力，审如是，则荀子完全把礼义作为一种政治性的措置在运用，而不是一种教化的资具。这样，所有人都被置于政治的机括中，所有的事亦都被置于政治的平台中，所谓“天下无隐士，无遗善”也。若事事俱置于政治的平台中，以“同焉者是也，异焉者非也”判之，除非是真正的圣王出现，否则极容易导致权威主义。君主固可以位尊，更可以势强，故君主推行礼义之权威，不但以其位尊使民服，亦可以其势强使民惧。

---

① 荀子虽然也讲“从道不从君”，但这是在匡时补过的立场上讲的，而不是在礼义教化的立场上讲的，所以他对“从道不从君”的理解是：“伊尹、箕子，可谓谏矣；比干、子胥，可谓争矣；平原君之于赵，可谓辅矣；信陵君之于魏，可谓拂矣。传曰：‘从道不从君。’此之谓也。”（《荀子·臣道》）

> 故明君临之以埶，道之以道，申之以命，章之以论，禁之以刑。故其民之化道也如神，辨说恶用矣哉！今圣王没，天下乱，奸言起，君子无埶以临之，无刑以禁之，故辨说也。（《荀子·正名》）

君主之位再加上君主之势，在荀子看来，其效率极高，根本不需要苦口婆心地教化与唠唠叨叨地辩说。当治理用上势的时候，必然意味着刑的到来，而此时，离专制主义就不远了。显然，荀子认识到，刑之作用不但必要，而且效果很好。“故刑一人而天下服，罪人不邮其上，知罪之在己也。是故刑罚省而威流，无它故焉，由其道故也。古者帝尧之治天下也，盖杀一人、刑二人而天下治。”（《荀子·议兵》）因为荀子认为，刑罚的威慑作用很好，固可“刑罚省而威流”，这不是非暴力主义，而是善用暴力主义。由于善用暴力，这样，荀子的礼治就彻底融入专制主义之中了。

“礼者，人主之所以为群臣寸尺寻丈检式也。”（《荀子·儒效》）荀子把君主的位势引入礼治之中，作为其不可或缺的重要构件，显然就丧失了儒学本有的温厚之旨。萧公权曾把荀子与孟子做过一番比较：

> 孟子固亦尝以卫先圣之道自任。然孟子“距杨墨，放淫辞”，不过逞个人之口舌，招好辩之讥毁。观其应对齐梁之君，固未尝一露假手政府以息“邪说”之意。是孟子虽勇于卫道，尚不失西人以学说对学说，以言论攻言论之开明态度。至荀子为人君立正名禁惑之法，则不啻始皇焚书之始作俑者。其存心或不与孟子相异，其操术则大不相同也。①

其所以异者，盖孟子为弘教者而荀子乃整治者也。弘教者，端在震彻人心，感通天人，唯赖人之自觉耳；整治者，止务求治弭乱，端赖措施之效用也。

---

① 萧公权：《中国政治思想史》上册，北京：商务印书馆，2011年，第118页。

由性恶论而不能开发人性自身之动力，则礼义不在教化之中，而仅为政治之措施，这是荀子理论的必然归宿，也是荀子作为儒者却只能是以整治者角色而不是以弘教者角色出现的必然结果。作为整治者的荀子，其隆礼固欲承孔子之遗教，而其重法却欲续申商之余绪，兼有而集成其美，然核考其实，“尚不如孔孟专重君德，或可补封建之阙，申商倚任法治，或可防专制之弊。……则荀子所图兼存者或竟两害之钦”。[①] 这样看来，荀子之礼治主义，不但教化未能登堂入室，且专制已叩开其门矣。

政治，无论是何种形态的政治，必须要有“宗教”的成分，至少要开出宗教性的维度。也许有人会说，荀子的礼治思想虽抹杀了宗教维度，但易于接通西方的法治，然西方的法治正赖宗教而调适上遂也。对美国社会深有研究的托克维尔说：“在美国，宗教从来不直接参加社会的管理，但却被视为政治设施中的最主要设施，因为它虽然没有向美国人提倡爱好自由，但它却使美国人能够极其容易地享用自由。”[②] 可见，若无宗教之润泽滋养，政治可能会干裂而解体。

当儒学消解了内圣之教而纯从外王而行政时，就把政治理解为外在摆置出来的制度与设施，从而保证政治的客观性与有效性，而当君主的绝对权力又没有限制的时候，这种政治的客观性与有效性常沦落为君主对政治的绝对权威性与把控性。这就预示着儒家向法家进一步靠近了，荀子的礼治思想就有这种趋势：

> 耳目之明，如是其狭也；人主之守司，如是其广也，其中不可以不知也；如是其危也。然则人主将何以知之？曰：便嬖左右者，人主之所以窥远收众之门户牖向也，不可不早具也。故人主必将有便嬖左右足信者然后可，其知惠足使规物、其端诚足使定物然后可。夫是之谓国具。（《荀子·君道》）

---

① 萧公权：《中国政治思想史》上册，北京：商务印书馆，2011 年，第 121 页。

② ［法］托克维尔：《论美国的民主》，董果良译，北京：商务印书馆，2012 年，第 339 页。

我们读以上这段话，感觉是在读《韩非子》，而一代儒学宗师荀子的著作中出现这样的话，是令人吃惊且不可理解的。后世君王周围总有这样一些小人，他们败坏政治，但却能博得君王的信任，甚至明代的锦衣卫都能在此找到一些影子。然平心而论，荀子纯外在文制的礼治思想，确实有这种隐喻，其弟子李斯、韩非最后都走向彻底的法家，就是很好的证明。

“后妃之德”与“以色喻礼”

——从观《诗》旨趣看先秦儒家经典解释特征

王华超[*]

（河北大学　哲学与社会学学院，河北　保定　071002）

摘　要： 先秦时期《诗》《书》等经典的儒家化过程，与儒家对经典的系统解释是密不可分的。小而言之，仅以儒家对《关雎》一诗的解释为例，其中固然存在着“史实”或“情感”的不同解释路径，但不同路径又不约而同地回到儒家注重王道教化与礼义价值的问题关切中。大而言之，比较儒家与其他先秦学派，尤其是墨家对待经典的不同态度，儒家“述而不作”解释原则使得儒家思想主张因经典而更具说服力，而其“观其德义”的解释旨趣又为经典注入了新的价值内涵。

关键词： 经典；诗；关雎；儒家化

在以经、史、子、集为分类标准的中国传统学术体系中，“经学”无疑处于最为核心的地位。然而，近代以来，随着中国知识体系整体转入现代学科体系，经学的研究问题与文本便散入了文学、历史学、哲学等不同学科中，经学本身亦相应丧失了自主性与整体性。近年，在建构中国自主知识体系的内在学术动力的驱动下，经学研究开始重新受到学界的重视。不过，由

---

* 王华超，哲学博士，河北大学哲学与社会学学院讲师，主要研究先秦哲学、中国近现代思想史。

于尚没有大家广泛认可的研究范式，学者往往各因所长，各取所需，从多种视域和理路对不同问题展开了探讨。这其中，“六经”① 作为经典的儒家化过程，尤为学者注目。

历史地看，经典儒家化的过程，始终伴随着先秦儒家对于经典的不断解读。有鉴于此，本文比照了传世文本《毛传》和出土文献《孔子诗论》《五行篇》等文本中对《关雎》一诗的不同解释，并比较了儒、墨两家“说书”的异同，希望可以借此窥探早期儒家经典解释的某些特征。

一、《诗》可以“观”

探讨六经的经典化，不得不首先提及孔子。且不去争讼孔子是否“删定”六经的问题，孔子以《诗》《书》《礼》《乐》教人，晚而喜《易》，笔削鲁国《春秋》，却是不容置疑的。我们认为，正是孔子关于六经的一系列教学与研究活动，奠定了六经经典化的基调。

经典有多方价值，是需要多重学习的。比如《诗》，“子曰：小子，何莫学夫《诗》?《诗》，可以兴，可以观，可以群，可以怨，迩之事父，远之事君，多识于草木鸟兽之名”（《论语·阳货》）。初学，首先当然要诵记，多识于草木鸟兽之名。进一步，事父、事君。在父母乡里面前，要举止得当，言行得体，孔子教伯鱼“不学《诗》，无以言”，便是此意；更重要的，学而优则仕，必须能够在内政、外交等等场合熟练地使用《诗》。我们知道，至少在周王朝，《诗》在政治中的重要性是十分突出的。《左传》《国语》等著作中便记录了诸多当时王公诸侯以《诗》迎来送往、立宪垂教的例子。孔子说：“诵《诗》三百，授之以政，不达，使于四方，不能专对，虽多，亦奚以为?”（《论语·子路》）便是此意。但是，学《诗》的更高境界，不在诵记，不在实用，而是体现在学者观《诗》的过程中。子贡的“切磋琢磨”，

① 今无《乐经》，不过本文暂不涉及汉儒《乐经》之争（尽管这其实很重要），而是沿用先秦“六经”之通称。

子夏的“绘事后素”，能得到孔子那么高的评价，原因正在于此。这方面更著名的例子，当属我们后面要提到的“季札观乐”。

“观”，素来不是什么随意而简单的活动。今天还有“内行看门道，外行看热闹”的说法，在古代则更为严肃且需要智慧了，比如“仰观俯察”，抑或“观天之神道”。孔子说“《诗》可以观”，个中思量，值得细细体会。

《诗》可以观，朱熹注曰：“考见得失。”（《四书章句集注》）此语精略，未知所指，考之他处，朱熹说：“孔子生于其时，既不得位，无以行帝王之劝惩黜陟之政，于是特举其籍而讨论之，去其重复，正其纷乱，而其善之不足以为法，恶之不足以为戒者，则亦刊而去之，以从简略，示久远，使夫学者即是而有以考其得失，善者师之，而恶者改焉。是以其政虽不足行于一时，而其教实被于万世，是《诗》之所以为教者然也。”（《诗集传序》）由此观之，则朱熹之“考见得失”，指的是通过观《诗》来察见政教之得失。观《诗》以察见政教得失，按往旧说，实有所本，如郑玄在注解《诗》“可以观”时便说：“观风俗之盛衰。”[①]《礼记·王制》亦有“命大师陈诗以观民风”之说。盖古人以为诗不同则表明民风不同，而民风不同实则由政教不同导致，所以观《诗》是可以察见政教好坏的。古之所谓“治世之音安以乐，其政和；乱世之音怨以怒，其政乖；亡国之音哀以思，其民困”，便有此意。

需要注意的是，这里有谁在观《诗》，观什么《诗》的问题。从“命大师陈诗以观民风”的记述来看，观《诗》的显然是王或代表着王权的公卿诸侯。对这些观《诗》者而言，《诗》（不论是献的、采的，还是赋的）不是学习的对象，而是被当作政教得失的一种反馈——通过《诗》来考察民风，又通过民风好坏来评价政教得失，并根据政教得失来赏善罚暴、劝惩黜陟。但是，王公诸侯观的《诗》是常新的，是对当下政教的直接反馈，而至少孔子之后，《诗》的内容基本固定了下来，后之学者观《诗》的时候，看到的其实是先王之迹。这种情况下，《诗》就只能是学习的对象，“不得位”的学者

---

① ［清］刘宝楠引郑玄注，见《论语正义》，北京：中华书局，2012年，第689页。

通过观《诗》来内以修身养德、外以鼓吹王道是可以的，但用以赏善罚暴、劝惩黜陟却是不可能了（实际上也没有这个资格）。因此，可以认为，只有当观《诗》者从治理者的角色中超脱出来，当所观的《诗》从现实中分离开来，《诗》的经典化才有可能开始，对《诗》的不同解读，也就是本文要讨论的观《诗》旨趣的问题才有可能发生。

这里，我们首先来看广受学者关注的例子。据《左传》记载，襄公二十九年，吴公子季札聘于鲁国：

> 请观周乐。使工为之歌《周南》、《召南》，曰："美哉！始基之矣，犹未也，然勤而不怨矣。"……为之歌《小雅》，曰："美哉！思而不贰，怨而不言，其周德之衰乎？犹有先王之遗民焉。"为之歌《大雅》，曰："广哉，熙熙乎！曲而有直体，其文王之德乎？"为之歌《颂》，曰："至矣哉！直而不倨，曲而不屈，迩而不偪，远而不携，迁而不淫，复而不厌，哀而不愁，乐而不荒，用而不匮，广而不宣，施而不费，取而不贪，处而不底，行而不流。五声和，八风平，节有度，守有序。盛德之所同也！"

此处典故便是著名的"季札观乐"。结合时代背景来看，一方面，季札所观之乐，实则配乐的《诗》，或歌《诗》的乐。"歌有徒歌与弦歌。此弦歌也，即以各国之乐曲伴奏歌唱。"① 而《诗》的排列，已经与今本无异。另一方面，季札固然不是从治理者的角度观《诗》的，但是我们也不应该忽略他吴国公子（并且有能力成为吴王②）的身份。从今天的角度看，作为一个著名的有德君子，季札之观乐，观其德也！其所观之德有二：一曰《诗》德，即对《诗》乐内容品质的评价；二曰政德，即由《诗》德察见与之相关

① 杨伯峻：《春秋左传注》，北京：中华书局，2012年，第1161页。

② 见《史记·吴太伯世家》。

的王公之德与政教得失①。在季札这里，《诗》德与政德显示出了精致的一致性。如“美哉！始基之矣，犹未也，然勤而不怨矣”，“始”与“未”既可以指《周南》《召南》为《诗经》之始，周乐之初，“美”而未“至”，又可以指王政之方兴未艾，“勤而不怨”则显然同时可用于评价诗乐内容与先王先民之奋发有为、无怨无悔。当《诗》乐进行到《颂》，“至矣哉”之后，《诗》德与政德甚至完全交融了，我们甚至可以将“盛德”直接改写为“《颂》德”，《颂》德之所同即盛德之所同。

季札与孔子，相近的年代，相类的德性，却有着那个时代不可逾越的差别——位——季札有位，而孔子无位。观先王经典，同样是看到并倾慕圣王之道，有位，意味着可以发以为刑政，直接地施政于下，不需要教化、游说，尤其是依赖他人，道与政之间是和谐的；无位，意味着无以行帝王之劝惩黜陟之政，想要行政于当时，就不得不教化、游说，甚至依赖王公诸侯。道与政之间存在巨大的紧张。孔子游说过很多，却没有成功过一个。他的功业，正如朱熹所说“其政虽不足行于一时，而其教实被于万世”。但是，在“教被于万世”的同时，孔子身上道与政的紧张也在后世儒者身上延续的了万世。这一点，直接体现在儒者的经典解释之中。

二、后妃之德：诗与史的激荡

我们回到《诗经》，着眼于《关雎》，感受一下在儒者的经典解释世界里，道与政、理想与现实之间的张力。

《关雎》一诗，今人多以为是一首青年男女的恋歌。高亨便认为：“这首诗歌唱一个贵族爱上一个美丽的姑娘，最后和她结了婚。”② 又见于程俊英、

---

① 需要提醒的是，不能将此时的王公之德仅仅理解为个人道德，古者王公之德的好坏往往关系到整个宗族邦国的存亡兴衰，谈及王公之德，也往往指的是王公治下的政教治乱，即所谓“一人定国”之说。

② 高亨：《诗经今注》，北京：清华大学出版社，2010 年，第 3 页。

蒋见元合著的《诗经注析》:"这是一首贵族青年的恋歌。"[①] 但古人之解多不同。《毛传》[②] 便说:"《关雎》,后妃之德也,风之始也,所以风天下而正夫妇也。故用之乡人焉,用之邦国焉。风,风也,教也,风以动之,教以化之。……是以《关雎》乐得淑女以配君子,忧在进贤,不淫其色,哀窈窕,思贤才,而无伤善之心焉,是《关雎》之义也。"(见《毛诗正义》之《小序》[③])概言之,从今人的角度看,爱情诗就是爱情诗,把《关雎》这样一首以爱情为主题的民歌说成是美"后妃之德"真是穿凿过甚,大谬特谬了。但从《毛传》作者的角度看,《诗》之为诗,源于史实,不能因为"《诗》非质言",就否认其背后的史实,更不能因此否定《诗》的教化意义;观《关雎》,看得到"淑女配君子",却看不到"忧在进贤,不淫其色",看不到"哀窈窕,思贤才,而无伤善之心",那真是买椟还珠,过于肤浅了。

较之于季札之以《诗》德观政德,不妨说:《毛传》之观《诗》,观其史也!其所观之史亦有二:一曰史实,即认为《诗》三百零五篇,皆源于历史事件或历史人物,但《诗》非质言,观《诗》的首要任务,是要追溯不同诗篇背后的不同史实;二曰史义,即通过史实以察见诗篇中的先王教化,并努力推行这一教化,"考其得失,善者师之,而恶者改焉"。因此,在《毛传》看来,《关雎》其实是一首彰显"后妃之德"的诗,具体来说,就是"乐得淑女以配君子,忧在进贤,不淫其色,哀窈窕,思贤才,而无伤善之心",此其实。后妃有如此德行,足可以为天下典范,"风天下而正夫妇",因此,"先王以是经夫妇,成孝敬,厚人伦,美教化,移风俗"之类,此其义。

关于《诗》与史的关系。汉学家葛兰言在研究《诗经》时发现一个有意思的联系:"事实上,《诗经》中几乎所有的诗歌在《左传》中都有翻版,反

---

① 程俊英、蒋见元:《诗经注析》,北京:中华书局,2011 年,第 2 页。

② 《毛传》的作者,历来聚讼纷然,至今没有定论,本文暂不讨论这一问题,所以只言著作,不说作者。

③ 与《毛传》几乎同时之三家诗认为《关雎》并非美后妃,实则刺康王及夫人之作,说见王先谦《诗三家义集疏》。三家为今文经,《毛传》为古文经,但本文不打算细论二者,只提及三家,以备一说。

过来，几乎所有的诗歌都能用《左传》中的事件来解释。”[①] 但是，葛兰言只是描述现象，并未深入讨论这一联系。事实上，《诗》与史的关系，尤其是《国风》各篇与所谓王公之间的关系，虽然学者历来多怀疑，但是恐怕不能仅仅视之为穿凿附会。闻一多先生通过文字与文献的仔细考证认为：“‘歌’的本质是抒情的，‘诗’的本质是记事的，诗与歌根本不同之点，这样就完全明白了。再进一步的揭露二者之间的对垒性，我们还可以这样说：古代歌所据有的是后世所谓诗的范围，而古代诗所管领的乃是后世史的疆域。”[②] 具体到《诗经》，他说：“诗与歌的合流真是一件大事。它的结果乃是《三百篇》的诞生。”“《三百篇》时代的诗，是志（情）事并重的，所以定义必须是‘于记事中言志’或‘记事以言志’方才算得完整。”“《三百篇》有两个源头，一是歌，一是诗，而当时所谓诗在本质上乃是史。最后这一点特别值得注意。”[③] 退一步说，我们即便不完全同意闻一多先生的考证，但至少不能完全否定《诗》与史之间的关系，尤其是，不能因为《国风》各篇在今天看来更像民歌，就轻易断言其和所谓王公夫人就没有任何关系。试想，如果早期的诗真的起着后世史的作用，那么所谓民歌，尤其是被认为王道治下的《周南》《召南》各篇，还真的应该仅仅理解为是青年恋歌一类吗，真的毫无可能是对王公之德的或美或刺吗？

孟子说：“王者之迹熄而《诗》亡，《诗》亡然后《春秋》作。晋之《乘》、楚之《梼杌》、鲁之《春秋》，其事则齐桓、晋文，其文则史。孔子曰：‘其义则丘窃取之矣。’”（《孟子·离娄下》）闻一多先生解释说：“《春秋》何以能代《诗》而兴？因为《诗》也是一种《春秋》。”[④] 他考证“诗言志”一语的意义时说：“我们可以证明志与诗原来是一个字。志有三个意义：

① ［法］葛兰言：《古代中国的节庆与歌谣》，赵丙祥、张宏明译，桂林：广西师范大学出版社，2005年，第2页。

② 闻一多：《神话与诗》，武汉：武汉大学出版社，2009年，第164页。

③ 闻一多：《神话与诗》，第166—168页。

④ 闻一多：《神话与诗》，第165页。

一记忆，二记录，三怀抱，这三个意义正代表诗的发展途径上三个主要阶段。”① 从史的角度看，早期的诗往往表现为对本民族（而非个人）历史的无意识的记忆。所谓“王者之迹熄”，也就是王道行不通了，即后世所谓“周德衰”或“礼崩乐坏”之类。赫赫宗周竟毁于夷狄，甥舅之国竟四分五裂。周德之衰，仿佛一场大地震，一下子把人们从无意识的美梦中惊醒，随即抛入一个“争于力”的时代。周德既衰，教化自然不能独存，《诗》便不再是胄子所必学，道志所必要，更重要的是，人们也便难再以诗的方式记录过往，《诗》之为史的生命力也一并熄灭了。但是，后代往往很在乎自己的祖先，很在乎民族的过往。历史有太多相似，相似到令人怀疑它是不是循环的，相似到让人怀疑今人是不是正生活在祖先的记忆里。在对祖先的追忆中，《诗》成了为数不多的可供凭吊的记忆。古人说：“劳苦倦极，未尝不呼天也；疾痛惨怛，未尝不呼父母也。”小孩子受了欺负，会本能地向父母诉苦，后世的人们穷困无路，同样会本能地回到对祖先的记忆里，找寻答案，寻求慰藉。

据此而言，《毛传》对《诗经》的解读，显然带着这样的感情。《诗经》非同他书，它是五经之一，而在汉代，经典是要致用的。今文经学有所谓“以《三百五篇》当谏书”之说，作为古文经的《毛传》虽不以为然，但通经致用问题还是要解决的。所谓以史观《诗》，就是把《诗》“还原”为“史实”，从“史实”之中，去探索经典对当下的意义。《关雎》之于后妃之德，《诗三百篇》之于人事王政，之间的疏离是显而易见的，但是，通过建立二者的关系，《毛传》试图使古老的经典重新焕发生命的活力，作为《诗三百篇》之首的《关雎》不仅仅看起来是逝去的贵族青年的恋歌，更重要的，它实际上是先王用以“风天下而正夫妇”的王道教化之始，而《诗三百篇》，也不会只是先民的凌乱的歌谣，而是先王“经夫妇，成孝敬，厚人伦，美教化，移风俗”的法宝。也许从今天的角度看，这样的努力，不仅荒谬，而且疯狂。但是，我们不妨换个角度理解这种经典解释的理路。在经历了春秋战

① 闻一多：《神话与诗》，第162页。

国五百多年的战乱分裂以及短暂但惨烈的楚汉之争后，处在统一的汉帝国的大儒们，有着强烈的历史使命感和理想之冲动，通过鼓吹“素王为汉立法”，他们迫切地想要通过解释经典来宣扬自己的王道理想。“元年春王正月”不过六个字，董仲舒却推演出“春秋大一统”；八卦不过八个象，易学家却推广到天地万物。彼时的大儒们，无不执着地要通过几部在今天看起来既不完整又不好懂的古书，去找寻天地万物的秩序，去安顿生民百姓的存在，去延续家国民族的生命。

三、以色喻礼：情与礼的成全

然而，经与史之间毕竟是有差距的，事实上，《毛传》流传至今，真可谓“死无对证”。具体到《关雎》，不仅后妃死了，作《关雎》的人死了，连任何可以确凿证实或者证伪《关雎》与后妃之间关系的证据也死了。显然，在“文献不足征”的情况下，有必要，实际上也必然会出现其他观《诗》趣向。

近年出土的简帛文献中，多有早期儒家对于《诗》的讨论，其中尤以《上海博物馆藏战国楚竹书》第一册中的《孔子诗论》（以下简称《诗论》）和较早的《五行篇》等材料最为学者关注。《诗论》与《五行篇》的内容与价值，学者多有讨论，已为学界所熟知。本文主要讨论二者对《关雎》一诗的理解，并探求其观《诗》的旨趣。

《诗论》说：

> 《关雎》之改，则其思益矣。……吾以《葛覃》得氏初之诗，民性固然，见其美，必欲反，一本夫葛之见歌也，则《关雎》之改，……，曷曰动而皆贤于其初者也？《关雎》以色喻于礼，……好，反纳于礼，不亦能改乎？……两矣。其四章则逾矣。以琴瑟之悦，凝好色之愿；以

钟鼓之乐……。①

对于本文要重点讨论的"以色喻礼"，帛书《五行篇》有更具体的解释：

> "喻而知之，谓之进之"。弗喻也，喻则知之矣，知之则进耳。喻之也者，自所小好喻乎所大好。"窈窕淑女，寤寐求之"，思色也。"求之弗得，寤寐思伏（服）"，言其急也。"悠哉悠哉，辗转反侧"，言其甚急也。如此其甚也，交诸父母之侧，为诸？则有死弗为之矣。交诸兄弟之侧，亦弗为也。交诸邦人之侧，亦弗为也。畏父兄，其杀畏人，礼也。由色喻于礼，进耳。②

将上述内容与《毛传》对《关雎》一诗的解读相比较，可以看到两处明显的不同。其一，历史的角色退隐③了，"后妃之德"固然是没说，康王及其夫人却也看不到。其二，相反，情感的重要性却得到了强调，所谓"思"，即情思，"寤寐求之""寤寐思服"和"辗转反侧"均被理解为情感发展的不同阶段。概言之，《诗论》认为《关雎》说的是一个始于情而终于礼的喻言④。相对于以史观《诗》的传统，可以说，《诗论》之观《诗》，观其情也！其所观之情亦有二：一曰情思，即感情发生、深入到完成的过程；二曰

---

① 关于所引文字的释读，学界尚存不少争议，如比较重要的"改"字，就有"怡""妃""巹""媺""已"等说，本文所引为李零先生的意见。见李零：《上博楚简三篇角度记》，北京：中国人民大学出版社，2007年，第15—16页。

② 此段采用庞朴先生释文，见《竹帛〈五行〉篇校注及研究》，台北：万卷楼图书有限公司，2000年，第82页。需要指出的是，《五行篇》有郭店楚简与马王堆帛书两个版本，二者区别之一是帛书本多出一些解释性的内容，庞朴先生称之为"经说"。本段引文即经说之一。

③ 不过，不能由此说《诗论》认为《诗》与史无关（《诗论》中便有"《甘棠》之褒，美召公也"之语），也不能由此推论《关雎》一定与历史无关，《诗论》既未明言是何人之"改"，我们也不应臆断。

④ "喻"，庞朴先生认为"'譬'和'喻'，都属于类推法，只是用语上不同，没有什么实质性的差异"，见《竹帛〈五行〉篇校注及研究》，第92页。

情理，即从情思中察见感情发展过程中的某种社会规范性。具体来说，从求之不得的辗转反侧到琴瑟钟鼓的以礼相待，这是感情的发展过程；而情的发展，最后要“反纳于礼”，这是《诗论》所察见到的规范性。

与《诗》和史之间的关系不同，《诗》和情之间的关系是历来为人认可和重视的。但是，一方面，情的彰显，是必待史的角色退隐之后才可能的。这一点，闻一多先生已经有洞察，朱自清先生则说得更明白：“总之，诗乐不分家的时代只是着重听歌的人；只有诗，无诗人，也无‘诗缘情’的意念。诗乐分家以后，教诗明志，诗以读为主，以义为用；论诗的才渐渐意识到作诗人的存在。”① 另一方面，《诗》与情的关系，并不必然和《诗》与史的关系相冲突，甚至可以和谐共处，朱熹的《诗集传》就是一个典型的例子。朱熹后来虽然反对《毛序》，但却将《毛序》中的后妃进一步落实为文王妻子太姒。② 可是，虽然朱熹加强了《诗》与史的关系，但他更看重的却不是政教——虽然朱熹显然是赞同《诗》具有教化作用的——而是性情。他在解《关雎》一诗中说：“孔子曰：‘《关雎》，乐而不淫，哀而不伤’。愚谓：此言为此诗者，得其性情之正，声气之和也。盖德如雎鸠，挚而有别，则后妃性情之正固可以见其一端矣。至于寤寐反侧，琴瑟钟鼓，极其哀乐而皆不过其则焉，则诗人性情之正又可以见其全体也。独其声气之和有不可得而闻者，虽若可恨，然学者姑即其词而玩其理以养心焉，则亦可以得学《诗》之本矣。”③ 所谓“其声气之和有不可得而闻者”，便是诗乐分家后乐不得而知，所谓“即其词而玩其理”，便是“以读为主，以义为用”之意了。有趣的是，朱熹认为，学《诗》之用，根本在于“养心”，而养心之本，在于得其性情之正，此颇与《诗论》之以情观《诗》相合。

---

① 朱自清：《诗言志辨》，长沙：湖南人民出版社，2010 年，第 22 页。

② 朱熹说：“淑，善也。女者，未嫁之称，盖指文王之妃太姒为处子时而言也。”朱杰人等主编：《朱子全书》第一册，上海：上海古籍出版社，2002 年，第 402 页。对此的进一步讨论可以参见马瑞辰《毛诗传笺通释》之“二南后妃夫人说”，北京：中华书局，1989 年，第 12 页。

③ 《朱子全书》第一册，第 403 页。

朱熹是理学的集大成者，而理学家自称是直继孔子思孟而来的，巧合的是，出土的《五行篇》等相当一批儒家文献被不少学者考订为思孟学派的作品，① 更有学者据此进一步推论说宋明理学才真正找到了儒家之根本。那么，我们就以《关雎》为例，来看看《诗论》与理学究竟显示出了怎样的一致性。与我们相对比较熟知的理学相比，可以发现《诗论》中对于情的理解有一些明显的特点。其一，《诗论》中，"情"的重要性已经被注意到，但还没有在概念上对情做后面理学家们做的那些复杂辨析。但是，其二，《诗论》对情其实是有一个不十分精确却不失清晰的理解的，在《诗论》中，既不曾说情并不本来善，也没有说一定恶，虽然情有不适当（所谓"急也""甚急也"即是其例）的可能，但这种不适当一定会被礼所规范，却是必然的。具体而言，情之所以能"反纳于礼"，其必然性有两方面，其一，乃是"民性固然"，"见其美，必欲反"是人心中本来就有的特点，用今天的话说，喜欢淑女之美，必然会以礼相待，不愿亵渎她；其二，乃是"贤于其初"，从追求淑女这样一个"好色"的过程中，能逐渐认识到"好礼"的重要性（即"自所小好喻乎所大好"），是一种进步，概言之，"由色喻于礼，进耳"。朱熹说："其词而玩其理以养心焉，则亦可以得学《诗》之本。"张载说："为学大益，在自求变化气质。"我们知道，试图以变化气质（不管通过"格物穷理"还是"致良知"）来优入圣域，一直是理学家用力最切的功夫。由此而言的话，"以色喻礼"显然比"后妃之德"更近于变化气质。

与《孔子诗论》同属一批出土文献的《性情论》说："始者近情，终者近义。"② 什么是义？"厉性者，义也。"③ 那个能砥砺性情的东西，就是义。在《诗论》中，《关雎》始于情而终于礼。好色，便是《关雎》之情；以色喻礼，便是《关雎》之义。古人常说，往者不可谏，来者犹可追。始，当然

① 见庞朴《竹帛〈五行〉篇校注及研究》以及陈来《竹帛〈五行〉与简帛研究》，北京：生活·读书·新知三联书店，2009 年。

② 李零：《上博楚简三篇校读记》，北京：中国人民大学出版社，2007 年，第 53 页。

③ 李零：《上博楚简三篇校读记》，第 55 页。

很重要，我们重视它，但是不可能改变它；终，则不然，尤其是对人而言，终不是完全不可改变的。但是，如何改变，确切地说，如何支配自己的行为，却并不是一件容易的事。在这方面，《诗论》与《毛传》选择了相近的办法——向先祖提问，请经典作答。《诗论》之“以色喻礼”，既是对《关雎》的一种理解，更是对情的思考，情虽然始于好色，但必然终于好礼。需要指出的是，这种必然性，不是情与礼的对抗，而是彼此的成全，没有情则礼无所施，没有礼则情将不保。正如荀子所说：“孰知夫礼义文理之所以养情也！故人苟生之为见，若者必死；苟利之为见，若者必害；苟怠惰偷懦之为安，若者必危；苟情说之为乐，若者必灭。故人一之于礼义，则两得之矣；一之于情性，则两丧之矣。”

四、述而不作与观其德义

六经并不天然是儒家一家的经典，① 但最后却专属于儒家。我们认为，发生这一转变的原因在于，一方面，周王朝衰微以后，学不必官府，百家蜂起，对经典的态度开始分化，主张“以法为教，以吏为师”的法家对经典的拒斥自不必说，以六经为“先王之陈迹”的庄学乃至整个道家对经典的不屑一顾也同样明显，而孔子开创的儒家，是少数尊奉经典的学派。更重要的，只有儒家，对六经做了全面而深刻的解释，从而赋予了经典新的生命力，同时也使得六经具有了鲜明的儒家色彩。对于后者，我们不妨通过与同样尊奉经典的墨家做一对比。

先秦学派当中，以墨家与儒家关系为最近。《淮南子·要略》载：“墨子学儒者之业，受孔子之术，以为其礼烦扰而不说，厚葬靡财而贫民，服伤生而害事，故背周道而用夏政。”《韩非子·显学》说：“世之显学，儒、墨也。

① 《礼记·王制》载：“乐正崇四术，立四教，顺先王《诗》《书》《礼》《乐》以造士。春秋教以礼、乐，冬夏教以《诗》《书》。王大子、王子、群后之大子、卿大夫元士之嫡子、国之俊选，皆造焉。”也就是说，《诗》《书》《礼》《乐》其实是周王朝士君子的必修课程。

儒之所至，孔丘也。墨之所至，墨翟也。……孔子、墨子俱道尧舜，而取舍不同。”儒与墨，二者同为显学，同述王道，同说经典，然而二者取舍每每不同，后起的墨家，似乎就是儒家的专门批评者。不过，也正因为如此，作为批评者的墨家，对于我们观察早期儒家经典解释特征时，提供了一个良好的外部参照。

概而言之，相对于墨家，早期儒家的经典解释显示出两个明显特征。

其一，“述而不作”的解释原则。我们看到，无论以史观《诗》，还是以情观《诗》，儒者只是解释经典，但是并不创造经典。可以说，自从孔子称自己“述而不作，信而好古”之后，“述而不作”，便伴随着孔子对弟子的教诲，顺理成章地成为儒家经典解释的第一原则。然而，虽然同样“信而好古”，但是，墨子却对儒家的“述而不作”提出了明确而强烈的批评。《墨子·非儒》载：“又曰‘君子循而不作。’应之曰：‘古者羿作弓，伃作甲，仲作车，巧垂作舟，然则今之鲍、函、车、匠皆君子也，而羿、伃、奚仲、巧垂皆小人邪？且其所循人必或作之，然则其所循皆小人道也？’”又见于《耕柱》篇：“公孟子曰：‘君子不作，术[①]而已。’子墨子曰：‘不然，人之其不君子者，古之善者不诛，今也善者不作。其次不君子者，古之善者不遂，己有善则作之，欲善之自己出也。今诛而不作，是无所异于不好遂而作者矣。吾以为古之善者则诛之，今之善者则作之，欲善之益多也。’”也就是说，在墨子看来，首先，“述而不作”的说法本身是自相矛盾的，因为“其所循人必或作之”；正确的做法应该是“古之善者则诛之，今之善者则作之，欲善之益多也”，只要符合道义，圣人能作，我便也可以作。我们当然同意好的东西应该多多益善，然而，纵观墨家思想的发展历程，其初，墨子立言垂教，必“上本于古者圣王之事”（《墨子·非命》），其后，在后期墨家所著的《墨辩》部分，我们已经完全看不到了经典的任何痕迹，最后，在历史的长河中，甚至连墨家也一并寂灭了，反观儒家，却薪火相传，不绝如

① “术”与下句“诛”“遂”均是“述”之通假，说见［清］孙诒让：《墨子间诂》，北京：中华书局，2011年，第434—435页。

绥。固然，这一过程中，外在的政治权威起到了很大的推动作用，然而，实际上，二者的学说是否具有内在的合理性起着更为决定性的作用。有学者认为，正是“述而不作”的经典解释原则，对儒家思想的凝聚力起到了至关重要的作用。①

其二，“观其德义”的价值取向。春秋时期，思想界开始逐渐突破宗教鬼神的观念，出现了理性化思潮，从老子的“象帝之先”到孔子的“敬鬼神而远之”，均有体现。然而，墨子似乎执意要反着来。墨子尊天而明鬼，并且，墨子的天依然完全是人格化的，而其所谓鬼神，甚至是迷信的。对此，梁启超先生说：“说天说鬼，原是古代祝史的遗教。春秋战国时，民智渐开，老子孔子出，大阐明自然法，这类迷信已经减去大半了。像墨子这样极端主张实际主义的人，反倒在这方面建设他的学术的基础，不能不算奇怪。”②儒家正与此相反。马王堆帛书《要》篇载“夫子老而好易，居则在席，行则在囊”，子贡疑之，孔子③回答曰：“《易》，我后起卜祝矣，我观其德义耳也。……后世之士疑丘者，或以《易》乎？吾求其德而已，吾与史巫同涂而殊归者也。”④ 如果说，“述而不作”经典解释原则保障了儒家思想内部的凝聚力的话，那么，“观其德义”的价值取向则反过来不断向古老的经典注入了新的生命力。

如此看来，六经之所以成为儒家的专属经典，其实并不是偶然的。一方面，述而不作，虽然世异备变，然而儒家的思想，无论形式上还是内容上，都始终围绕着经典展开，经典的权威很大程度上保障了儒家思想的凝聚力。

---

① 参见姜广辉主编：《中国经学思想史》，第一卷，绪论二，北京：中国社会科学出版社，2010年。

② 梁启超：《墨子大义述》，载任继愈主编：《墨子大全》26卷，北京：国家图书馆出版社，2002年，第54页。

③ 同今本《易传》一样，《要》篇所谓孔子，有可能是儒家后学的追述或寄托，未必为孔子本人所说。

④ 马王堆帛书《要》篇，见陈鼓应主编：《道家文化研究》第三辑，上海：上海古籍出版社，1993年，第435页。

另一方面，观其德义，对于经典的理性化解释，又不断赋予经典新的生命力，并进一步加强了经典的权威。因此，经典与儒者之间，建立起了良性的互动，相辅相成，相得益彰。六经也便逐渐具有了鲜明的儒家色彩。

反身修德：《易传》“德”观念的内在理路[*]

乐晓旭[**]

（河北大学　哲学与社会学学院，河北　保定　071002）

摘　要：《易传》中的“德”观念在赓续殷周以来重“德”传统的同时，建构了一套独特的致思理路。《易传》中的“德”观念以“德合天地”即“人德”效法超凡“天地之德”为其理论前提，以“果行育德”即通过具体的实践行动培育超验德性为其生成机制，以“成德为行”即从超验德性出发以改变经验德行为其最终结果。《易传》中“德”观念的建构意味着其超越观念发生了明显的主体性转向。

关键词：德行；德性；超凡；超验

众所周知，中国人虽然敬奉超凡至上人格神（the transcendent supreme personality gods）“帝”（Di）“天”（Tian），但是却不因超凡至上人格神的存在而置人的努力于不顾，他们“一方面迷信神权；一方面又认为事在人为，得失成败的关键在于人而不在于天”①。而此种理论倾向在先秦哲学中

＊　本文系 2025 年度河北省高等学校人文社会科学研究青年项目“轴心时代中国超越观念研究”（QN2025559）的研究成果。

＊＊　乐晓旭（1994—），山东济南人，哲学博士，河北大学哲学与社会学学院讲师，主要研究方向：儒家哲学、中西比较哲学。

①　高亨：《周易杂论》，济南：齐鲁书社，1979 年，第 18 页。

表现为对“德”观念的重视，“惟德动天，无远弗届。”（《尚书·大禹谟》）“天生德于予，桓魋其如予何?”（《论语·述而》）并将“德之不修”视为人生所忧之事，“德之不修，学之不讲，闻义不能徙，不善不能改，是吾忧也”（《论语·述而》）。故《孟子·公孙丑上》曰：“以德服人者，中心悦而诚服也。”

实际上，“德”字早在殷商时期就已经出现了，在《甲骨文编》《甲骨文、金文集粹》中均有“德”字。关于“德”之本义，“德”起初为动词词性，《说文解字》解“德”为“德，升也”①，段玉裁注曰：“升当作‘登’。德训登者。”② 故“德”之本义乃是动词“登高”“攀登”的意思。后来，西周时期的“德”具备了名词词性，“周初文献的‘德’字，都指的是具体的行为”③，引申为“德行”“德性”，“德行，内外之称。在心为德，施之为行”④。《易经》中的“德”既有具备经验特质的“德行”，如《讼卦》六三爻爻辞曰：“食旧德，贞利，终吉。”虽然良好德行的丧失会带来危险，但是事情发展的最终结果仍是吉利的。又有具备超验⑤（transcendental）特质的“德性”，如《恒卦》六五爻爻辞曰：“恒其德，贞。妇人吉，夫子凶。”只要保持持之以恒的德性，守持正固，妇人可获得吉祥，男子则必有凶险。受此影响，《易传》在赓续《易经》“德”观念的同时，特别强调人自身主体性和能动性的发挥。《蹇·象传》曰：“山上有水，蹇。君子以反身修德。”《六十四卦经解》注曰：“水在山上，失流通润下之性，故曰蹇。”⑥《蹇卦》为水

① ［汉］许慎：《说文解字》，北京：中华书局，1963年，第43页。

② ［汉］许慎撰，［清］段玉裁注，许惟贤整理：《说文解字注》，南京：凤凰出版社，2007年，第135页。

③ 徐复观：《中国人性论史·先秦篇》，北京：九州出版社，2013年，第23页。

④ ［汉］郑玄注，［唐］贾公彦疏，赵伯雄整理：《周礼注疏》，北京：北京大学出版社，1999年，第348页。

⑤ 本文对于transcendent和transcendental的翻译均采用黄玉顺在《“超验”还是“超凡”——儒家超越观念省思》一文中的译法，即将transcendental译为“超验的”，而将transcendent译为“超凡的”。

⑥ ［清］朱骏声：《六十四卦经解》，北京：中华书局，1953年，第168页。

积山中却无法流出之象，以此喻行走艰难，“蹇难之时，未可以进，惟宜反求诸身，自修其德，道成德立，方能济险”①。君子观《蹇卦》水积山中无法流出之象，身处艰难时刻不可以贸然前行，应反求诸己，培养自身所具备的超验德性，“君子之遇艰阻，必反求诸己而益自修”②。

因此，在笔者看来，《易传》中的“德”观念生成与落实既包含主体人自身通过经验德行以培养超验德性（即从经验到超验）的过程，又包含具备新主体性的人自身从其所具备的超验德性出发以改变经验德行（即从超验到经验）的过程，“对于‘德’来说，‘行’具有双重意义：既是道德的前提，即道德‘得’之于‘行’（此‘行’读 xìng，‘德行’即是‘德性’）；亦是道德的践行，即道德‘施’之于‘行’（此‘行’读 xíng，‘德行’是指道德行为）”③。具体而言，《易传》强调“人德”应在“与天地合其德”（《乾·文言传》）的前提之下，通过“反身修德”“果行育德”“成德为行”的方式，发挥主体性和能动性，培养自身经验德行与超验德性，从而生成新的主体性，对超凡“天地之德”即生生变化之“易道”本体进行补充说明。

一、德合天地：从超凡到超验

“德合天地”是《易传》“德”观念的理论前提。《易传》强调“人德”应效法“天地之德”，这是由超凡（transcendent）到超验，即超凡存在者（the transcendent being）“天地”为超验存在者（the transcendental being）“人”奠基（foundation）④ 的过程。

---

① ［魏］王弼注，［唐］孔颖达疏，李申、卢光明整理：《周易正义》，北京：北京大学出版社，1999 年，第 166 页。

② ［宋］程颢、程颐：《二程集》，北京：中华书局，1981 年，第 896 页。

③ 黄玉顺：《孔子怎样解构道德——儒家道德哲学纲要》，《学术界》2015 年第 11 期，第 110 页。

④ 关于“观念奠基”和“观念生成”的相关论述，详见黄玉顺：《爱与思：生活儒学的观念（增补本）》，成都：四川人民出版社，2017 年。

《易传》涉及天、地、人三道，“《易》之为书也，广大悉备，有天道焉，有人道焉，有地道焉。”（《系辞传下》）并对“三道”做出性质上的区分，“是以立天之道曰阴与阳，立地之道曰柔与刚，立人之道曰仁与义。”（《说卦传》）具体而言，“天地之德”包含“天德”“地德”两个部分。“天德”即形而上的纯阳之德，“纯阳，则天德也”[①]，其属性刚健高明，“天之为德，刚不违中”[②]；“地德”即形而上的纯阴之德，“坤者纯阴，配乾生物，亦善之始，地之象也”[③]，其属性柔顺广厚，“至顺极厚而无所不载也。”[④] 尽管“天德”“地德”的性质各不相同，但两者均具备生养万物之功，其中“天德”代表创始万物之功，“大哉乾元！万物资始，乃统天。”（《乾·彖传》）“地德”代表养育万物之功，“至哉坤元！万物资生，乃顺承天。”（《坤·彖传》）关于“天地之德”的具体表现，《系辞传上》曰：“广大配天地，变通配四时，阴阳之义配日月，易简之善配至德。”《周易正义》注曰：“以易道广大，配合天地，大以配天，广以配地。……四时变通，易理亦能变通。……乾坤易简，可久可大，配至极微妙之德也。”[⑤] “易道”广大能与天地宽阔相配，“易道”变通能与四时变化相配，“易道”所含阴阳二气能与日月相配，“易道”易简乃是天地之至德，故“天地之德”即是生生变化之“易道”本体。“人德”包含人所具备的经验德行和超验德性。一方面，“人德”指经验世界之内的具体德行，“君子以常德行，习教事。”（《坎·象传》）“君子以制数度，议德行。”（《节·象传》）“默而成之，不言而信，存乎德行。”（《系辞传上》）另一方面，“人德”指超出经验世界之上的超验德性，“君子以成德为行，日可见之行也。”（《乾·文言传》）“君子以懿文德。”（《小畜·象传》）“君子以自昭明德。”（《晋·象传》）“君子以顺德，

① ［唐］李鼎祚：《周易集解》，北京：中华书局，2016 年，第 8 页。

② ［魏］王弼注，［唐］孔颖达疏，李申、卢光明整理：《周易正义》，第 188 页。

③ ［唐］李鼎祚：《周易集解》，第 31 页。

④ ［宋］朱熹撰，廖名春点校：《周易本义》，北京：中华书局，2009 年，第 44 页。

⑤ ［魏］王弼注，［唐］孔颖达疏，李申、卢光明整理：《周易正义》，第 273 页。

积小以高大。”（《升·象传》）

关于“天地之德”与“人德”的关系，《乾·文言传》曰：“夫大人者，与天地合其德，与日月合其明，与四时合其序，与鬼神合其吉凶。”大人之德应与“天地之德”相合，“言君与天地相应，合德同化也”①。具体而言，圣人应效法超凡之“天”所具备的“元”“亨”“利”“贞”“四德”以成其自身“仁”“礼”“义”“信”之超验德性。《乾·文言传》曰：“元者善之长也，亨者嘉之会也，利者义之和也，贞者事之干也。君子体仁足以长人，嘉会足以合礼，利物足以和义，贞固足以干事。”《周易程氏传》注曰：“元亨利贞，乾之四德，在人则元者众善之首也，亨者嘉美之会也，利者和合于义也，贞者干事之用也。”② 此言“天德”能够生养万物，此为善之大者；“天德”能通畅万物，使物嘉美会聚；“天德”能利益万物，使物各得其宜；“天德”能以中正之气成就万物，使物皆得其正。而君子自身所具备的“仁”“礼”“义”“信”之超验德性皆是效法超凡之“天”所具备的“元”“亨”“利”“贞”四德而生，“元则仁也，亨则礼也，利则义也，贞则信也”③。君子以仁爱为体而为人之君长，“君子之人，体包仁道，泛爱施生，足以尊长于人也”④；君子寻求美好事物的聚合以合乎“礼”，“君子能使万物嘉美集会，足以配合于礼”⑤；君子施利于万物而使物各得其宜以合乎“义”，“君子利益万物，使物各得其宜，足以和合于义”⑥；君子坚持贞正之道足以办好事情，“君子能坚固贞正，令物得成，使事皆干济”⑦。

除此之外，《乾·象传》曰：“天行健，君子以自强不息。”孔颖达疏曰：“天体之行，昼夜不息，周而复始，无时亏退。此谓天之自然之象。此以人

---

① ［清］朱骏声：《六十四卦经解》，第 9 页。

② ［宋］程颢、程颐：《二程集》，第 699 页。

③ ［魏］王弼注，［唐］孔颖达疏，李申、卢光明整理：《周易正义》，第 13 页。

④ ［魏］王弼注，［唐］孔颖达疏，李申、卢光明整理：《周易正义》，第 13 页。

⑤ ［魏］王弼注，［唐］孔颖达疏，李申、卢光明整理：《周易正义》，第 13 页。

⑥ ［魏］王弼注，［唐］孔颖达疏，李申、卢光明整理：《周易正义》，第 13 页。

⑦ ［魏］王弼注，［唐］孔颖达疏，李申、卢光明整理：《周易正义》，第 13 页。

事法天所行，言君子之人，用此卦象，自强勉力，不有止息。”[①] 超凡之“天”运行刚健不息，君子法此“天德”以成其自强不息之超验德性。《坤·象传》曰：“地势坤，君子以厚德载物。”《周易程氏传》注曰：“顺承天施，以成其功，坤之厚德，持载万物，合于乾之无疆也。”[②] 超凡之“地”厚实和顺，君子法此“地德”以成其柔顺广厚、容载万物之超验德性。这意味着，人自身超验德性的生成离不开超凡“天地之德”。《大有·彖传》曰：“其德刚健而文明，应乎天而时行，是以‘元亨’。”《易纂言·易纂言外翼》注曰：“夫有刚健文明之德，又顺乎天理行之所至当其可，如是可谓善之长矣，宜其能致嘉之会也。”[③] “大有之道”既强调人有刚健、文明的德性，又强调人要明察于天道，使其自身德性顺应天命、以时行事，“德应于天，则行不失时，与时无违，虽万物皆得亨通”[④]。故《大有·象传》曰：“火在天上，大有。君子以遏恶扬善，顺天休命。”《周易程氏传》注曰：“火高在天上，照见万物之众多，故为大有。”[⑤]《大有卦》为火焰高悬天上之象，以此喻大获所有之义，“故君子象之，亦当包含遏匿其恶，褒扬其善，顺奉天德，休美物之性命，巽顺含容之义也”[⑥]。《尔雅·释诂》释“遏”为“止也”[⑦]，释“休”为“美也”[⑧]，君子观《大有卦》所示火焰高悬天上之象，此时应遏制邪恶、弘扬善行，顺从“天地之德”以嘉美自身内在德性，赏善罚恶，“天命有善而无恶，故遏恶扬善，所以顺天”[⑨]。《系辞传上》曰：“可久则贤

---

① ［魏］王弼注，［唐］孔颖达疏，李申、卢光明整理：《周易正义》，第 11 页。

② ［宋］程颢、程颐：《二程集》，第 707 页。

③ ［元］吴澄：《易纂言·易纂言外翼》，上海：上海古籍出版社，1990 年，第 98 页。

④ ［魏］王弼注，［唐］孔颖达疏，李申、卢光明整理：《周易正义》，第 77 页。

⑤ ［宋］程颢、程颐：《二程集》，第 769 页。

⑥ ［魏］王弼注，［唐］孔颖达疏，李申、卢光明整理：《周易正义》，第 77 页。

⑦ ［晋］郭璞注，［宋］邢昺疏，李传书整理：《尔雅注疏》，北京：北京大学出版社，1999 年，第 38 页。

⑧ ［晋］郭璞注，［宋］邢昺疏，李传书整理：《尔雅注疏》，第 26 页。

⑨ ［宋］朱熹撰，廖名春点校：《周易本义》，第 82 页。

人之德，可大则贤人之业。”朱熹注曰：“德，谓得于己者；业，谓成于事者。上言乾坤之德不同，此言人法乾坤之道，至此则可以为贤矣。”① 贤人的德性在于使物长久，“使物长久，是贤人之德，能养万物”②；贤人的功业在于立身宏大，“功劳既大，则是贤人事业”③。

因此，在“反身修德”的过程中，人自身所具备的经验德行和超验德性应与超凡“天地之德”相符合，“人本来与万物一样，由天地氤氲合气而生，因此在理论上与天地自然同性同德，处天地之间，与天地同居”④。需要特别注意的是，虽然《易传》强调“人德”应效法“天地之德”，但是“人德”并不等同于“天地之德”，人还是人，而不是天地。

二、果行育德：从经验到超验

“果行育德”是《易传》“德”观念的生成机制。《易传》强调人可以发挥主体性和能动性通过具体的实践行动培育其超验德性，这是由经验到超验的“在生活”⑤（being in life），即在自发生活的过程中生成主体性存在者的过程。

“果行育德”出自《蒙·象传》曰：“山下出泉，蒙。君子以果行育德。”“泉，水之始出者，必行而有渐也。”⑥《周易正义》注曰：“山下出泉，未有所适之处，是险而止，故蒙昧之象也。”⑦ 《蒙卦》为高山下流出泉水之象，

---

① ［宋］朱熹撰，廖名春点校：《周易本义》，第 223 页。

② ［魏］王弼注，［唐］孔颖达疏，李申、卢光明整理：《周易正义》，第 260 页。

③ ［魏］王弼注，［唐］孔颖达疏，李申、卢光明整理：《周易正义》，第 260 页。

④ 林忠军：《中国早期解释学：〈易传〉解释学的三个转向》，《学术月刊》2007 年第 7 期，第 41 页。

⑤ 黄玉顺：《爱与思：生活儒学的观念（增补本）》，成都：四川人民出版社，2017 年，第 5 页。

⑥ ［宋］朱熹撰，廖名春点校：《周易本义》，第 54 页。

⑦ ［魏］王弼注，［唐］孔颖达疏，李申、卢光明整理：《周易正义》，第 39 页。

以此喻渐起蒙稚之义，“君子观蒙之象，以果行育德：观其出而未能通行，则以果决其所行；观其始出而未有所向，则以养育其明德也”①。“果行”即“果决其行”②，《论语·雍也》曰：“由也果。”《论语注疏》引包曰：“果谓果敢决断。”③“育德”即“隐默怀藏，不自彰显，以育养其德。”④君子观《蒙卦》所示高山下流出泉水之象，应在万事万物渐起之时果断决定自己的实践行动，以培育自身内在超验德性。在《易传》中，超验德性的生成与“振民”“识前言往行”“诚信”“敬慎”等具体经验德行相关。

“振民”与“识前言往行”着重从人自身的经验行为出发论证超验德性的生成。“振民”出自《蛊·象传》曰：“山下有风，蛊。君子以振民育德。”“山下有风”即“山下有风，风遇山而回，则物皆散乱，故为有事之象。”⑤《蛊卦》为山下有风吹来之象，以此喻万物散乱、拯弊治乱之义，“君子能以恩泽下振于民，育养以德”⑥。《说文解字》解“振”为“举救也。”⑦《广雅·释诂》释“振”为“动也”⑧。故“振民”即“教民”⑨，君子观《蛊卦》所示山下有风出来之象，故在乱世之时应通过施恩民众以教民，培养其自身的超验德性，“在己则养德，于天下则济民，君子之所事，无大于此二者”⑩。“识前言往行”出自《大畜·象传》曰：“天在山中，大畜。君子以多识前言往行，以畜其德。”“天在山中”即“天为至大而在山之中，所畜至

---

① ［宋］程颢、程颐：《二程集》，第720页。

② ［魏］王弼注，［唐］孔颖达疏，李申、卢光明整理：《周易正义》，第39页。

③ ［魏］何晏注，［宋］邢昺疏，朱汉民整理：《论语注疏》，北京：北京大学出版社，1999年，第73页。

④ ［魏］王弼注，［唐］孔颖达疏，李申、卢光明整理：《周易正义》，第39页。

⑤ ［宋］程颢、程颐：《二程集》，第790页。

⑥ ［魏］王弼注，［唐］孔颖达疏，李申、卢光明整理：《周易正义》，第93页。

⑦ ［汉］许慎：《说文解字》，第254页。

⑧ ［清］王念孙撰，张其昀点校：《广雅疏证》（点校本），北京：中华书局，2019年，第88页。

⑨ 高亨：《周易大传今注》，北京：清华大学出版社，2004年，第217页。

⑩ ［宋］程颢、程颐：《二程集》，第790页。

大之象”[①]。故《大畜卦》为天的光明照耀在山中之象，以此喻畜聚之义，“君子观象以大其蕴畜。人之蕴畜，由学而大，在多闻前古圣贤之言与行，考迹以观其用，察言以求其心，识而得之，以畜成其德，乃大畜之义也”[②]。君子身处“尚贤”的时代应多多识记先贤言论和往圣事迹，充实自身闻见之识从而培养其自身的德性。由此可见，“振民”与“识前言往行”均是作为经验生活的行为准则而对超验德性的生成与培养加以规范。

“诚信”与“敬慎”则着重从人自身的感性情感出发论证德性的生成。一方面，《易传》强调“诚信”以进德。《乾·文言传》曰：“君子进德修业。忠信所以进德也。修辞立其诚，所以居业也。”“德谓德行，业谓功业。”[③]“忠信，主于心者，无一念之不诚也。”[④] 君子忠于内心诚信之情，故能日日增进其德性，“进德之事，推忠于人，以信待物，人则亲而尊之，其德日进”[⑤]。因此，《易传》将“顺天”“诚信”和“尚贤”同时视为获得吉祥的条件，《系辞传上》曰：“天之所助者，顺也；人之所助者，信也。履信思乎顺，又以尚贤也。是以自天祐之，吉无不利也。”超凡之“天”祐助顺从天道的人，世俗之人祐助坚守诚信的人。能够坚守诚信并且顺从天道、尊尚贤人，则上天降下祐助，吉祥而无所不利，“思顺则得天助，履信则得众人之助，尚贤则得贤人之助，三者备始吉无不利”[⑥]。另一方面，《易传》注重“敬慎”以盛德。《坤·文言传》曰：“君子敬以直内，义以方外，敬义立而德不孤。”《说文解字》解“敬”为“肃也”[⑦]，段玉裁注曰：“肃者，持事振敬也。”[⑧] 故“敬”本义为“严肃”“敬慎”。《说文解字》解“义”为“己之

---

① ［宋］程颢、程颐：《二程集》，第828页。

② ［宋］程颢、程颐：《二程集》，第828—829页。

③ ［魏］王弼注，［唐］孔颖达疏，李申、卢光明整理：《周易正义》，第16页。

④ ［宋］朱熹撰，廖名春点校：《周易本义》，第36页。

⑤ ［魏］王弼注，［唐］孔颖达疏，李申、卢光明整理：《周易正义》，第16页。

⑥ 高亨：《周易大传今注》，第581页。

⑦ ［汉］许慎：《说文解字》，第188页。

⑧ ［汉］许慎撰，［清］段玉裁注，许惟贤整理：《说文解字注》，第759页。

威仪也”①，《说文解字注》曰：“义之本训谓礼容各得其宜，礼容各得其宜，则善矣。”② 故“义”本义为“合宜”“适宜”。“敬以直内”即“君子用敬以直内，内谓心也，用此恭敬以直内理”③。“义以方外”即“君子法地正直而生万物，皆得所宜，各以方正”④。君子以“敬”存心而使内心正直，以“义”行事而使外形端正，使美德广布而不孤立，“君子主敬以直其内，守义以方其外，敬立而内直，义形而外方。义形于外，非在外也，敬义既立，其德盛矣”⑤。

总之，《易传》中超验德性的生成并不是自然而然的过程，它既需要“振民”“识前言往行”等经验行为而对人加以规范，又需要“诚信”“敬慎”等感性情感的引导，并通过以上两种方式使人自身获得新的主体性。这意味着《易传》中对于人之超验德性的注重实际上是对自身主体性和能动性的彰显。

三、成德为行：从超验到经验

“成德为行”是《易传》“德”观念的最终结果。《易传》强调人应发挥主体性和能动性，将成就超验德性以生成新的主体性视为实践行动的目的，并从其所新生成的超验德性出发以改变经验德行，这是由超验到经验的“去生活”⑥（going to live），即人获得新主体性后改变自己经验生活的过程。

“成德为行”出自《乾·文言传》曰：“君子以成德为行，日可见之行

① ［汉］许慎：《说文解字》，第267页。

② ［汉］许慎撰，［清］段玉裁注，许惟贤整理：《说文解字注》，第1100页。

③ ［魏］王弼注，［唐］孔颖达疏，李申、卢光明整理：《周易正义》，第31页。

④ ［魏］王弼注，［唐］孔颖达疏，李申、卢光明整理：《周易正义》，第31—32页。

⑤ ［宋］朱熹撰，廖名春点校：《周易本义》，第48页。

⑥ 黄玉顺：《爱与思：生活儒学的观念（增补本）》，成都：四川人民出版社，2017年，第5页。

也。”“成德，已成之德也。”[①]《六十四卦经解》注曰：“德出于己，身内之物，故曰‘成’；行被于人，在外之事，故曰‘为’。”[②] 这里的“德”既不是前文所言超凡“天地之德”，也不是人的经验德行，而是人的超验德性。君子应当把成就自身的超验德性作为行动的目的，并落实在每天的经验德行之中，“言君子之人，当以成就道德为行，令其德行彰显，使人日可见其德行之事，此君子之常也，不应潜隐”[③]。这意味着，人在借助“果行育德”的方式培养其超验德性以获得新的主体性之后，《易传》又强调获得新主体性的人发挥主体性和能动性，从其超验德性出发以改变自身经验德行，故《周易程氏传》注曰：“德之成，其事可见者行也。德成而后可施于用。”[④] 而在《易传》中，具备新主体性的人可以通过“自昭明德”和“日新其德”的方式从其超验德性出发来改变自身经验德行。

“自昭明德”出自《晋·象传》曰：“‘明出地上’，晋。君子以自昭明德。”“明出地上”是“以日比人之光明之德，以日出地上，昭于天下，比人之光明照察天下事物”[⑤]。故《晋卦》为日出于地上之象，以此喻进长之义。“昭”即“明之也”[⑥]，“自昭明德”为“自显明其德也”[⑦]，即自己昭显其自身的超验德性。君子观《晋卦》所示日出地上之象，从而自己昭明其自身的光明德性，“明明德在己，故云自昭”[⑧]。除此之外，《易传》提出人应通过“懿德”“顺德”“恒德”的方式彰显其超验德性。“懿德”出自《小畜·象传》曰：“风行天上，小畜。君子以懿文德。”《周易正义》注曰：“今风在天

① ［宋］朱熹撰，廖名春点校：《周易本义》，第 41 页。

② ［清］朱骏声：《六十四卦经解》，第 5 页。

③ ［魏］王弼注，［唐］孔颖达疏，李申、卢光明整理：《周易正义》，第 22 页。

④ ［宋］程颢、程颐：《二程集》，第 704 页。

⑤ 高亨：《周易大传今注》，第 339 页。

⑥ ［宋］朱熹撰，廖名春点校：《周易本义》，第 140 页。

⑦ ［魏］王弼注，［唐］孔颖达疏，李申、卢光明整理：《周易正义》，第 152 页。

⑧ ［宋］程颢、程颐：《二程集》，第 875 页。

上，去物既远，无所施及，故曰‘风行天上’。”① 《小畜卦》为天上有风之象，以此喻小有畜聚之义，“懿”即“美也”②，“懿文德”即嘉美其德性与文章。君子观《小畜卦》所示风行天上之象，从而嘉美其自身的德性与文章，等待正确时机的到来。“顺德”出自《升·象传》曰：“地中生木，升。君子以顺德，积小以高大。”《周易正义》注曰：“‘地中生木’，始于细微，以至高大，故为升象也。”③ 《升卦》为地中生出树木之象，以此喻上升之义，故“君子观升之象，以顺修其德，积累微小，以至高大也”④。君子观《升卦》所示地中生出树木之象，故遵循自身的超验德性，从微小的德行做起以成就更大的德行，“君子谨习为先，修习道德，积其微小，以至高大也”⑤。“恒德”即“恒以一德”（《系辞传下》），《周易正义》注曰：“恒能终始不移，是纯一其德也。”⑥ 人应始终不移地坚守纯一之德性，故《恒·象传》释九三爻爻辞曰：“‘不恒其德’，无所容也。”《周易正义》注曰：“不恒之人，所往之处，皆不纳之。”⑦ 若人不能恒久地保持其超验德性，那么他人就会因此产生猜疑和排斥，自己也将无处容身。

“日新其德”出自《大畜·彖传》曰：“《大畜》，刚健笃实辉光，日新其德。”《周易程氏传》注曰：“人之才刚健笃实，则所畜能大，充实而有辉光；畜之不已，则其德日新也。”⑧《大畜卦》为刚健之貌以说明人只要具备刚健笃实的品质，则能辉耀光荣、日日增新其德性：“以其刚健笃实之故，故能辉耀光荣，日日增新其德。”⑨《系辞传上》亦曰：“德言盛，礼言恭。”《周

① ［魏］王弼注，［唐］孔颖达疏，李申、卢光明整理：《周易正义》，第 59 页。
② ［魏］王弼注，［唐］孔颖达疏，李申、卢光明整理：《周易正义》，第 59 页。
③ ［魏］王弼注，［唐］孔颖达疏，李申、卢光明整理：《周易正义》，第 192 页。
④ ［宋］程颢、程颐：《二程集》，第 936 页。
⑤ ［清］朱骏声：《六十四卦经解》，第 199 页。
⑥ ［魏］王弼注，［唐］孔颖达疏，李申、卢光明整理：《周易正义》，第 314 页。
⑦ ［魏］王弼注，［唐］孔颖达疏，李申、卢光明整理：《周易正义》，第 145 页。
⑧ ［宋］程颢、程颐：《二程集》，第 828 页。
⑨ ［魏］王弼注，［唐］孔颖达疏，李申、卢光明整理：《周易正义》，第 119 页。

易正义》注曰："德以盛为本，礼以恭为主；德贵盛新，礼尚恭敬。"① 人应隆盛自身之超验德性，恭敬地对待礼节，而其中"盛德"最重要的内容在于"日新其德"。在这里需要特别注意的是，《易传》之所以强调人需要"日新其德"，就在于"人德"应效法"天地之德"，而"天地之德"表现为生生变化之"易道"本体，故《系辞传上》曰："夫易，圣人所以崇德而广业也。"《易纂言·易纂言外翼》注曰："崇德者，立心之易，而所得日进日新也；广业者，行事之简，而所就日充日富也。"② 圣人应依生生变化之超凡"易道"本体来增崇其德性，广大其基业，这意味着"人德"也应像超凡"易道"本体一样养育万物而使物长久。《系辞传上》亦曰："富有之谓大业，日新之谓盛德。"《周易集解》引王凯冲曰："变化不息，故曰'日新'。"③ "易道"本体广大遍及万物故称之为"大业"，"易道"本体感万物和合变化故称之"盛德"，故"圣人以能变通体化，合变其德，日日增新，是德之盛极，故谓之盛德也"④。超凡"易道"本体变化无穷，而人自身超验德性因与"易道"本体相符，亦不是一成不变的，故《易传》中人能够使物长久的最重要的方面在于其能"日新其德"。

综上所述，《易传》在赓续了殷周以来的重"德"传统的同时，建构了一套以"德合天地"为理论前提，以"果行育德"为生成机制，以"成德为行"为最终结果的理论系统。其强调在效法"天地之德"的前提下，主体人自身既需要通过"果行育德"的方式培养其超验德性，又需要借助"成德为行"的方式改变其经验德行，从而进一步突出人的主体性和能动性作用。

① ［魏］王弼注，［唐］孔颖达疏，李申、卢光明整理：《周易正义》，第 278 页。

② ［元］吴澄：《易纂言·易纂言外翼》，第 150 页。

③ ［唐］李鼎祚：《周易集解》，第 402 页。

④ ［魏］王弼注，［唐］孔颖达疏，李申、卢光明整理：《周易正义》，第 271 页。

汉唐哲学思想研究

秦汉德运问题新探：从邹衍到贾谊的历史哲学

刘　斌*

（河北大学　哲学与社会学学院，河北　保定　071002）

摘　要：德运问题是中国古代的历史哲学的重要议题。战国后期到汉初，五德终始说形成并应用于政治实践。邹衍的五德终始说中黄帝与舜之间有四位帝王，其德运皆不同。秦朝君臣据邹衍之说而定本朝水德，又对邹衍之说有所改造，并将历法、岁首引入其中。汉初朝廷层面依次行用准火德（南方火德）、水德、水火德兼有之制度，又试图改用土德，学术层面则有儒生主张的土德与军功旧臣主张的水德。这些都反映出汉初君臣和学者对秦汉两朝的政权合法性尚无恰当认识，也说明仅凭五德终始说难以合理地解决秦汉两朝的德运问题，那么三统说和新五德说的出现就成为势之必然，秦汉两朝的德运问题须由经学的历史哲学的介入才能解决。

关键词：秦；汉初；德运；五德终始说；邹衍

德运问题是中国古代的历史哲学和政治文化的重要议题，与之相关的重要内容有古史整理、历史建构、政权合法性论证等，战国后期到东汉初期是这些内容形成的关键时期。五行说的大规模应用是在汉代，成为中国古代重

---

* 刘斌，哲学博士，河北大学哲学与社会学学院讲师，主要研究领域为经学。

要的思维方式。① 顾颉刚先生、钱穆先生的研究提出很多新见，颇具开拓之功。② 近年来相关研究很多，为重新考察此问题提供了方便。前贤时彦对秦汉德运问题虽多有论述，然或不免疑古过甚。梁启超认为阴阳五行说“其始盖起于燕齐方士；而其建设之，传播之，宜负罪责者三人焉：曰邹衍，曰董仲舒，曰刘向”。③ 其实秦汉的德运问题远较此复杂。本文踵武前贤时彦，发掘賸义，基于传世文献，集中于五德终始说兴起的战国后期到汉初阶段，重新考察它与政治和历史的关系，梳理传世文献所载的自战国后期至汉初关于德运问题的发展脉络。

一、邹衍与秦汉德运问题的兴起

邹衍是战国中后期的阴阳五行学大师，④ 其五行说全貌今已不可睹。《史记集解》引如淳曰：“今其书有《五德终始》，五德各以所胜为行。”⑤ 然

---

① 刘长林：《中国系统思维的三种模式》，杨儒宾、黄俊杰编《中国古代思维方式探索》，台北：正中书局，1996 年，第 339 页。

② 王爱和：《五行之相克相生与秦汉帝国的形成》，艾兰、汪涛、范毓周主编《中国古代思维模式与阴阳五行说探源》，南京：江苏古籍出版社，1998 年，第 386 页。

③ 梁启超：《阴阳五行说之来历》，吴松、卢云昆、王文光、段炳昌点校《饮冰室文集点校》第 5 集，昆明：云南教育出版社，2001 年，第 3282 页。

④ 邹衍的生卒年说法不一，参见钱穆：《先秦诸子系年》，北京：商务印书馆，2001 年，第 508、697 页；胡适：《中国中古思想史长编》，合肥：安徽教育出版社，2006 年，第 11 页；王梦鸥：《邹衍遗说考》，台北：台湾商务印书馆，1966 年，第 33—34 页；徐复观：《两汉思想史》第 2 册，北京：九州出版社，2014 年，第 7 页；孙开泰：《邹衍与阴阳五行》，济南：山东文艺出版社，2004 年，第 119 页。不过诸家皆认为其活动时期在战国中后期之际。

⑤ [汉] 司马迁撰，[南朝宋] 裴骃集解，[唐] 司马贞索隐，[唐] 张守节正义：《史记》卷二十八，北京：中华书局，1982 年，第 1369 页。邹衍五德终始说所言之“德”已失去周初“仁德”之义，变成机械的“德运”，秦专任刑法，是修改过的邹衍之学，汉初以来的儒者引入“仁德”之义改造“五德”的内涵，见饶宗颐：《中国史学上之正统论》，北京：中华书局，2015 年，第 188 页；杨晋龙：《神统与圣统——郑玄王肃“感生说”异解探义》，《中国文哲研究集刊》第 3 期，1993 年，第 522 页。

则邹衍的历史观中的五行说是相胜说，殆无异议。[①]《史记》载其说之梗概：

> 其语闳大不经，必先验小物，推而大之，至于无垠。先序今以上至黄帝，学者所共术，大并世盛衰；因载其禨祥度制，推而远之，至天地未生，窈冥不可考而原也。……称引天地剖判以来，五德转移，治各有宜，而符应若兹。[②]

可知邹衍所论五德终始的时间起点是天地开辟，远在黄帝之前。[③] 天地开辟之后，政治和历史随即以五德相胜为法则而运动。邹衍的五德说兼有相生、相胜说，[④] 他之所以用相胜说，是与他"先验小物，推而大之"的方法论相符，因殷、周二代皆以革命而得天下，与五德相胜的模式相似，依此而上推，则历代帝王皆以五德相胜为序。

邹衍五德终始说的要点有三，即"五德转移""治各有宜""符应若兹"，[⑤] 其详载于《吕氏春秋·应同》：

> 凡帝王者之将兴也，天必先见祥乎下民。黄帝之时，天先见大螾大蝼，黄帝曰"土气胜"，土气胜，故其色尚黄，其事则土。及禹之时，天先见木，草秋冬不杀，禹曰"木气胜"，木气胜，故其色尚青，其事

---

① 须区分五行相胜说与五德相胜说，《左传》《墨子》《公孙龙子》等书已有五行相胜说，而作为政治和历史哲学的五德相胜说则创自邹衍，见戴君仁：《阴阳五行学说究源》，项维新、刘增福主编《中国哲学思想论集·总论篇》，台北：牧童出版社，1979年，第245—246页。

② ［汉］司马迁：《史记》卷七十四，第2344页。

③ ［日］金谷治撰，司有仑、葛荣晋译：《邹衍的思想》，辛冠洁、衷尔巨、马振铎、徐远和编《日本学者论中国哲学史》，北京：中华书局，1986年，第141页。

④ 王梦鸥：《邹衍遗说考》，第56页。钱穆已指出，邹衍的五德说除相胜的一派外，还有"五行相次转用事，随方面为服"的一派，即相生的一派，见氏撰：《评顾颉刚五德终始说下的政治和历史》，顾颉刚《顾颉刚古史论文集》卷二，北京：中华书局，2011年，第449—450页。

⑤ 汪高鑫：《中国史学思想通史·秦汉卷》，合肥：黄山书社，2002年，第62页。

则木。及汤之时，天先见金，刃生于水，汤曰“金气胜”，金气胜，故其色尚白，其事则金。及文王之时，天先见火，赤乌衔丹书集于周社，文王曰“火气胜”，火气胜，故其色尚赤，其事则火。代火者必将水，天且先见水气胜，水气胜，故其色尚黑，其事则水。水气至而不知，数备将徙于土。①

冯友兰曰：“《应同篇》中五德转移学说来自于邹衍。”②《应同》仅言及黄帝、禹、汤、文王，案《淮南子·齐俗训》：“有虞氏之祀，……其服尚黄。夏后氏，……其服尚青。殷人之礼，……其服尚白。周人之礼，……其服尚赤。”其注云：“《邹子》曰：‘五德之次，从所不胜。故虞土、夏木、殷金、周火。’”③《文选·齐故安陆昭王碑文》李善注云：“《邹子》曰：五德从所不胜，虞土，夏木，殷金，周火。”④ 此皆提及虞舜在邹衍的五德终始说中

① ［战国］吕不韦编，许维遹集释，梁运华整理：《吕氏春秋集释》卷十三，北京：中华书局，2009 年，第 284 页。“木草”二字原乙，据顾颉刚意见改，见氏撰：《五德终始说下的政治和历史》，《顾颉刚古史论文集》卷二，北京：中华书局，2011 年，第 264 页。《史记·封禅书》载：“秦始皇既并天下而帝，或曰：‘黄帝得土德，黄龙地螾见。夏得木德，青龙止于郊，草木畅茂。殷得金德，银自山溢。周得火德，有赤乌之符。’”［汉］司马迁：《史记》卷二十八，第 1366 页。此与《应同》所载大体相同。据《封禅书》“银自山溢”，则《应同》“刃生于水”之“水”或是“山”之讹。栗原朋信认为《应同》已将战国视为水德时代，见陈侃理：《如何定位秦代——两汉正统观的形成与确立》，《史学月刊》2022 年第 2 期，第 13 页。从《应同》本文来看，其中似无此意。

② 冯友兰：《中国哲学史》上册，上海：华东师范大学出版社，2008 年，第 125 页。据《别录》所引“邹衍言”，可知《应同》所载确是邹衍遗说，见陈槃：《古谶纬研讨及其书录解题》，上海：上海古籍出版社，2010 年，第 123 页。

③ ［汉］刘安编，刘文典撰，冯逸、乔华点校：《淮南鸿烈集解》卷十一，北京：中华书局，2013 年，第 357—358 页。

④ ［南朝梁］萧统编，［唐］李善注：《文选》卷五十九，北京：中华书局，1977 年，据清嘉庆间胡克家刻本影印，第 823 页下栏。《文选·魏都赋》注引《七略》：“邹子有《终始五德》，从所不胜，木德继之，金德次之，火德次之，水德次之。”《文选·晋武帝华林园集诗》注引《七略》：“邹子有《终始五德》，言土德从所不胜，木德继之，金德次之，火德次之，水德次之。”见［南朝梁］萧统：《文选》卷六，第 106 页上栏；卷二十，第 286 页上栏。

的德运为土，然则邹衍之说当不限于黄帝、禹、汤、文王四代。

《应同》云黄帝时“土气胜”，《文选》注引《邹子》云“虞土”，论者据此而认为黄帝至舜皆属于虞朝，[①] 顾颉刚云：“自黄帝至虞为一代，如《史记·五帝本纪》然，以为五帝共占有此一个土德。”[②] 然《史记》还有《秦始皇本纪》《项羽本纪》《高祖本纪》等，显然不能将本纪皆视为朝代。《史记》将五帝并列入一个本纪，并非由于他们是一个朝代，而是由于五帝成一系统而且五帝的本纪的文字篇幅较小，故应合而为一，以便记述和编纂。又有论者据《尚书》中将《尧典》归入《虞书》中，而推断尧属于虞朝，进而推断《应同》《邹子》是将黄帝至舜皆归为虞朝。然而考察《虞书》诸篇，其最主要人物是舜，尧并非最主要人物；而且《尧典》本与《舜典》为一篇《舜典》，《舜典》记述尧是将此作为叙述背景而切入舜；而且经文明确称舜为“虞舜”，而未在尧前冠以“虞”字，其中必有深意；而且若因《虞书》中有尧就认为尧也属于虞朝，但是《虞书》中还有关于禹的大量文字，难道说禹是属于虞朝而非夏朝？故知《虞书》中有尧并不能推出尧也属于虞朝，更不能推出黄帝至舜皆属于虞朝。论者或认为黄帝以下的五帝皆纳入黄帝的土德中，[③] 根据邹衍的五德终始说建立于五行相胜说上，五行相胜与革命相关，而颛顼、喾、尧、舜皆是黄帝子孙，皆行禅让，因而认为黄帝至舜未改德，皆用黄帝之土德。[④] 然而黄帝之前也行禅让，舜、禹也行禅让，若如此说，则从天地开辟到禹皆应是土德，这与《应同》等篇所云不符。而且此说与邹衍“以小推大”的方法论抵牾，因邹衍是从经验出发而进行推理，[⑤] 他

① 顾颉刚：《五德终始说下的政治和历史》，第 325 页。

② 顾颉刚：《秦汉的方士与儒生》，《顾颉刚古史论文集》卷二，北京：中华书局，2011 年，第 620 页。

③ 顾颉刚：《五德终始说下的政治和历史》，第 265、299 页；顾颉刚：《秦汉的方士与儒生》，第 620 页。

④ 顾颉刚：《五德终始说下的政治和历史》，第 325 页；杨权：《新五德理论与两汉政治——“尧后火德”说考论》，北京：中华书局，2006 年，第 99 页。

⑤ 郭齐勇：《中国哲学通史·先秦卷》，南京：江苏人民出版社，2021 年，第 754—755 页。

从夏、殷、周这些经验之内的五行相胜规律向上推至黄帝，向下推至后世，朝代之间皆应是五行相胜，即使禅让也应如此。而且“古六历”黄帝、颛顼之历法和岁首不同（参见下文），则黄帝至舜不能皆是土德。即便邹衍的帝德谱中无黄帝与舜之间的帝王，也应理解为邹衍还未明确黄帝与尧、舜之间的帝王都有谁，而不应理解为黄帝与舜之间的帝王皆是土德。论者或认为邹衍的五德终始说与五帝说不相涉，① 但是考察近人之说，顾颉刚区分了“前期五帝说”和“后期五帝说”，“前期五帝”以黄帝为首，包括颛顼、喾、尧、舜，主要出于《国语》《五帝德》《帝系》《吕氏春秋》等战国文献，“与邹衍时的史说合”，此五帝当包含在《史记》所云“先序今以上至黄帝，学者所共术”；“后期五帝”以伏羲为首，包括神农、黄帝、尧、舜。② 刘起釪补充另一种五帝说，包括太昊、炎帝、黄帝、少昊、颛顼，“是战国末奠定，至汉代形成和确立的‘阴阳五行说’所创，始见于《吕氏春秋·十二纪》，《礼记·月令》《淮南子·时则篇》全承此说”。③ 施之勉指出阴阳家与儒家的五帝异说：

> 五帝有二说。太昊、炎帝、黄帝、少昊、颛顼见于《吕览·十二纪》，盖阴阳家之说也。黄帝、颛顼、帝喾、帝尧、帝舜见于《大戴礼·五帝德》《帝系》，盖儒家之说也。④

以上几种五帝说都不是在黄帝之后直接承以夏禹。邹衍作为阴阳家的代表，应当会承认黄帝之后的少昊（或其他某位帝王）、颛顼，其五德终始说应当

---

① 杨宽：《中国上古史导论》，吕思勉、童书业编著《古史辨》第7册，海口：海南出版社，2005年，第144页。

② 顾颉刚：《五德终始说下的政治和历史》，第305页。

③ 刘起釪：《几次组合纷纭错杂的“三皇五帝”》，氏撰《古史续辨》，北京：中国社会科学出版社，1991年，第99—100页。

④ 施之勉：《汉家尧后出于董仲舒说》，《大陆杂志》第7卷第8期，1953年，第24页。杨宽亦有相似的分类，不过未将之归为儒家、阴阳家，见氏撰：《中国上古史导论》，第148、239页。

包含他们的德运。即便少昊是否属于邹衍的圣王谱系尚存疑，然邹衍认为五帝不同德应当是明确的，只是这五帝具体所指不易确定，因为若承认少昊（或其他某位帝王）承黄帝而非颛顼承黄帝，则舜将被挤出五帝，故《邹子》《应同》《齐俗训》等篇未明言黄帝与舜之间的帝王及其德运。而且邹衍之所以仅言及黄帝和舜以下的德运，是由于他认为土德是五德之始，而黄帝、舜皆是土德，代表各自一轮五德终始的开始，故他省略了黄帝与舜之间的帝王的德运，而不是说他认为黄帝到舜之间皆是土德。此外，这几篇之所以未提及少昊（或其他某位帝王）、颛顼、喾，也因为关于他们的治法、符应的说法太少，① 而黄帝是五帝之首，禹、汤、文王距战国较近，故仅截取此四帝王以示意。钱穆认为少昊插入五德终始之序中的时间在董仲舒之后、刘歆之前，② 可能早在邹衍时期就应当有这种端倪，只是不一定是少昊，或许是其他某位帝王。董仲舒的帝王谱系之所以无少昊，是由于他采用儒家的五帝说而非阴阳家的五帝说；司马迁的五帝中无少昊，是由于他采用《五帝德》，需要迁合“五”之数。

《汉书·艺文志》以为“阴阳家者流，盖出于羲和之官，敬顺昊天，历象日月星辰，敬授民时，此其所长也”，③ 可知阴阳家善于星象历法。据《史记·历书》，邹衍之五德终始说应当包含历法的内容，④ 然其详已不可考。鉴于通常认为所谓“古六历”成于战国时期，⑤ 与邹衍的活动时间相当，则不能排除邹衍将五德终始说与“古六历”相联的可能。而“古六历”又各有岁首，则邹衍的五德终始说可能已与“古六历”和岁首融合为一体。

---

① 今存谶纬中唯独缺少昊、颛顼、喾的感生、受命之符瑞，一定程度上说明关于他们的记载原本就很少甚至无有，故造作谶纬者无所取材。

② 钱穆：《顾颉刚跋钱穆评“五德终始说下的政治和历史”》附注，顾颉刚《顾颉刚古史论文集》卷二，北京：中华书局，2011 年，第 462 页。

③ ［汉］班固撰，［唐］颜师古注：《汉书》卷三十，北京：中华书局，1962 年，第 1734 页。

④ 金德建：《司马迁所见书考》，上海：上海人民出版社，1963 年，第 266—267 页。顾颉刚亦认为“正朔一项似确为五德说所本有”，见氏撰：《秦汉的方士与儒生》，第 620 页。

⑤ 参见郭津嵩：《古四分历与汉代历学》，北京大学历史学系硕士学位论文，2012 年，第 5 页。

也就是说，邹衍可能已将天地开辟以来的“终始传”和“历谱谍”融合为一体。① 综上所述，兹将邹衍的帝王谱及其五德之运列表如表一。为严谨起见，表中的岁首和历法仅以表示其与帝王德运之间的对应关系，不表示邹衍的学说中必然有此对应关系。

表 1 邹衍的帝王谱及其五德之运

帝王	五德	(岁首)	(历法)②
……	……		
黄帝	土	十一月	黄帝历
少昊?	木		
颛顼	金	十月	颛顼历
喾	火		
尧	水		
舜	土		
禹	木	正月	夏历
汤	金	十二月	殷历
文王	火	十一月	周历
周后一代	水		
周后二代	土		
……	……		

王梦鸥指出，邹衍的五德终始说分两种，一是小型的、五行一年一周的终始，是王居明堂而行的时令，是五行相生之序；一是大型的、五行从天地剖判以来的朝代的终始，是受命而王的制度，是五行相胜之序。③ 或许正是

① 参见陈鹏：《终始传和历谱谍》，《中国典籍与文化》2013 年第 1 期，第 134—142 页。

② 此历法皆属于战国所谓“古六历”。鲁历也以十一月为岁首。

③ 王梦鸥：《邹衍五德终始论的构造》，项维新、刘福增主编《中国哲学思想论集·先秦篇》，台北：牧童出版社，1979 年，第 334 页。又见王梦鸥：《邹衍遗说考》，第 56 页。

由于邹衍的五德终始说有此两种路向，而为汉中期以后五德相生之序逐渐取代相胜之序提供了可能。须指出，邹衍的五德终始说已有文质救弊之义，严安上书汉武帝：

> 臣闻《邹子》曰："政教文质者，所以云救也。当时则用，过则舍之，有易则易之。故守一而不变者，未睹治之至也。"①

他的文质救弊以五德终始说为承载，与董仲舒以三统、四法为承载不同。

秦始皇定本朝德运为水，"更名河曰德水，以冬十月为年首，色上黑，度以六为名，音上大吕，事统上法"，② 正是本于邹衍的五德终始说，③ 然又对邹衍旧说有所改造，④ 明确将五德终始说与岁首、历法相关联。始皇与群臣议功德，曰："古之五帝三王，知教不同，法度不明……"⑤ 后李斯奏请焚书，曰："五帝不相复，三代不相袭，各以治，非其相反，时变异也……"始皇制曰："可。"⑥ 可知始皇、李斯皆认同"五帝—三王—秦"的历史结构，且认为各代治法皆不同。若黄帝到舜皆是土德，则与此相悖。由于秦朝统治的短暂和施政方式的严苛，汉朝人对秦的正统性时有质疑，这融入后来各种德运理论的重建之中。⑦ 须指出，邹衍遗说未显示五德与岁首的关系，

---

① ［汉］班固：《汉书》卷六十四下，第 2809 页。

② ［汉］司马迁：《史记》卷二十八，第 1366 页。详见［汉］司马迁：《史记》卷六，第 237 页。

③ 汪高鑫：《中国史学思想通史·秦汉卷》，第 63 页。

④ 包括去除邹衍之说的道德约束义，弱化水的养育万物、谦和卑下之性，突出水的阴暗冷酷之性，试图将五德之运固定于五德终末之水德而不复循环，见王绍东、白音查干：《论秦始皇对五德终始学说的改造》，《人文杂志》2003 年第 6 期，第 126—129 页；杨权：《新五德理论与两汉政治——"尧后火德"说考论》，第 103 页；赵潇：《论五德终始说在秦的作用和影响》，《齐鲁学刊》1994 年第 2 期，第 84 页；刘宝才：《水德与秦制》，《西北大学学报》（哲学社会科学版）1986 年第 1 期，第 94 页。

⑤ ［汉］司马迁：《史记》卷六，第 246 页。

⑥ ［汉］司马迁：《史记》卷六，第 254—255 页。

⑦ 参见陈侃理：《如何定位秦代——两汉正统观的形成与确立》，第 15—16 页。

而始皇定水德，以十月为岁首，[①] 用颛顼历，[②] 则是在邹衍五德终始说的基础上吸纳夏、殷、周三正说以及“古六历”的不同月建，这无疑为以后据三统说来改正朔提供了条件。

二、庶事草创与汉初的德运之争

《汉书·郊祀志》载西汉改德之事：“汉兴之初，庶事草创，唯一叔孙生略定朝廷之仪。若乃正朔、服色、郊望之事，数世犹未章焉。至于孝文，始以夏郊，而张仓据水德，公孙臣、贾谊更以为土德，卒不能明。……”[③] 此略述西汉德运论争，实际情况远较此复杂，且延续至东汉。[④]

汉初有火德、水德、土德之争，这是邹衍学术的流衍。[⑤] 汉初存在过一

---

① 秦国至迟在昭襄王时已以十月为岁首、行颛顼历、数用六，见钱穆：《秦汉史》，北京：九州出版社，2011 年，第 114 页；张培瑜、陈美东、薄树人、胡铁珠：《中国古代历法》，北京：中国科学技术出版社，2013 年，第 211、245 页。然则秦始皇定十月为岁首、用颛顼历、数用六，是延续秦国的制度而以水德说赋予其以新的政治意义，参见赵潇：《论五德终始说在秦的作用和影响》，第 83 页。有学者认为秦人自认为黑帝颛顼后裔，秦人在统一六国前已尚水德，非由五德终始说而来，见王晖：《秦人崇尚水德之源与不立黑帝畤之谜》，秦始皇兵马俑博物馆《论丛》编委会编《秦文化论丛》第 3 辑，西安：西北大学出版社，1994 年，第 254—268 页。然则秦用颛顼历与秦人自认为颛顼后裔有关。

② 秦始皇的历法改革可能有改正朔的内容，即以十月为岁首而改称为正月，这与颛顼历不改正朔不同。见张培瑜等：《中国古代历法》，第 245 页。

③ ［汉］班固：《汉书》卷二十五下，第 1270—1271 页。此“天统”是说五德，而非说三统，见其注。《汉书·高帝纪》“汉承尧运，旗帜上赤，协于火德，得天统矣”与此同，见［汉］班固：《汉书》卷一下，第 82 页。班固此语盖由《史记·高祖本纪》太史公曰“汉兴，承弊易变，使人不倦，得天统矣”而来。《三代改制质文》黑白赤三统皆是“天统”，司马迁因循之，从改制救弊之义来说。刘歆三统说所说的天统是律历化的，班固此处所说的天统之义是承尧运、协火德，与董仲舒、司马迁不同。可参阅顾颉刚：《中国上古史研究讲义》，《顾颉刚古史论文集》卷三，北京：中华书局，2011 年，第 263 页。

④ 黄朴民：《天人合一——董仲舒与两汉儒学思潮研究》，长沙：岳麓书社，2013 年，第 177—178 页。

⑤ 王梦鸥：《邹衍遗说考》，第 71 页。

段时间的“南方火德”说，此说后来经过重新诠释而被纳入“汉为火德”说中，前者是“五方色帝”知识体系，后者是“五德相生”知识体系。① 不过，在汉初“南方火德”说存在的同时，还应有邹衍和秦始皇以来的“五德相胜”知识体系与之并行。汉高祖起兵伊始，自居赤帝子，以秦为白帝子，② 这是以五行方位和五行相胜来定所尚，与五德终始说无涉。③ 彼时尚未考虑岁首的问题，尚赤也只是就旗帜之色而言，未明确提及“火德”概念，与秦始皇定水德时将岁首、服色、度数、音律、治法等作为一整套制度不同。逮西伐秦，“遂以十月至灞上，与诸侯平咸阳，立为汉王。因以十月为年首，而色上赤”。④ 可知汉高祖为汉王时，除沿用起兵时的尚赤之外，又用秦的岁首，岁首问题至此出现。自高祖起兵到立为汉王皆未有明确的“火德”概念和相应的制度，也非由五德终始说推演而来，可称为“准火德”，⑤ 相当于“南方火德”。以十月为岁首，显示出由准火德向水德过渡的

---

① 参见王景创：《汉初的“南方火德”及其转生》，北京大学历史学系主办《北大史学》2023 年第 1 期，北京：社会科学文献出版社，第 67—68 页。

② 谶语“赤帝子斩白帝子”是说汉之火德克秦之金德，见陈槃：《古谶纬研讨及其书录解题》，第 29 页；陈槃：《秦汉间所谓“符应”论略》，《中央研究院历史语言研究所集刊》第 16 本，1947 年，第 20 页。然则秦为金德之说不晚于秦汉之际。

③ 顾颉刚：《五德终始说下的政治和历史》，第 341 页；钱穆：《评顾颉刚五德终始说下的政治和历史》，第 453 页；胡适：《中国中古思想史长编》，第 171 页；徐兴无：《论谶纬文献中的天道圣统》，《中国典籍与文化论丛》第 3 辑，北京：中华书局，1995 年，第 64 页。《宋书》以为“汉以土为赤帝子，秦以水德为白帝子”（［南朝梁］沈约：《宋书》卷十二，北京：中华书局，1974 年，第 260 页），这是认为高祖起兵时即自居土德，非是。汉代尚火，还与高祖入关时“五星聚东井”的天象有关，见杨权：《新五德理论与两汉政治——“尧后火德”说考论》，第 143—144 页；也与楚俗有关，见陈鹏：《汉初服色“外黑内赤”考》，《史学月刊》2015 年第 4 期，第 17 页。一说“赤帝子”传说来自兵阴阳之学，见李培健：《西汉德运考——五德终始说下的政治史》，西安：陕西人民出版社，2019 年，第 31 页。

④ ［汉］司马迁：《史记》卷二十八，第 1378 页。据出土历简的考证，汉以十月为岁首一直延续到太初改制之前，见李忠林：《秦至汉初（前 246 至前 104）历法研究》，《中国史研究》2012 年第 2 期，第 63 页。

⑤ 杨权：《新五德理论与两汉政治——“尧后火德”说考论》，第 105 页。

倾向。高祖二年（公元前205年），高祖入关，以为“乃待我而具五”，① 遂立黑帝祠，五德终始说始与五色帝说结合。②《史记》载：

> 汉兴，高祖曰“北畤待我而起”，亦自以为获水德之瑞。虽明习历及张苍等，咸以为然。是时天下初定，方纲纪大基，高后女主，皆未遑，故袭秦正朔服色。③

从“亦”字可知，高祖承认秦的水德，而非以汉承周。④ 高祖既以水德自居，相关的正朔、服色及度数、音律、治法等具体制度沿用秦制。⑤《汉书》载汉初用颛顼历，“然正朔、服色未睹其真”，⑥ 亦证汉初沿用秦的正朔、服色等制度。沿用秦制的原因，除司马迁所云“天下初定，皆未遑”之外，还应当因为汉初功臣多明习秦法，而且出于承秦立汉的合法性考虑。⑦ 不过，虽然高祖自称水德、黑帝，但是并未抛弃尚赤的传统，《史记》载高祖三年

---

① ［汉］司马迁：《史记》卷二十八，第1378页；［汉］班固：《汉书》卷二十五上，第1210页。

② 陈启云、李培健：《西汉火德疑案新解》，《理论学刊》2012年第10期，第93页。

③ ［汉］司马迁：《史记》卷二十六，第1260页。

④ 顾颉刚：《五德终始说下的政治和历史》，第275页。虽然如此，高祖对周、秦、汉之德的优劣却有分殊，刘向曰：“昔高皇帝既灭秦，将都雒阳，感寤刘敬之言，自以德不及周，而贤于秦，遂徙都关中。”［汉］班固：《汉书》卷三十六，第1951页。

⑤ 《史记》曰：“至秦有天下，悉内六国礼仪，采择其善，虽不合圣制，其尊君卑臣，朝廷济济，依古以来。至于高祖，光有四海，叔孙通颇有所增益损减，大抵皆袭秦故。自天子称号，下至佐僚，及宫室官名，少有变改。”［汉］司马迁：《史记》卷二十三，第1159—1160页。

⑥ ［汉］班固：《汉书》卷二十一上，第974页。

⑦ 可参阅张岂之：《中国思想学说史·秦汉卷》，桂林：广西师范大学出版社，2008年，第47页；汪高鑫：《中国史学思想通史·秦汉卷》，第323—324页；陈苏镇：《〈春秋〉与“汉道”——两汉政治与政治文化研究》，北京：中华书局，2011年，第65页。田余庆提出“非承秦不能立汉”的论断，见氏撰：《说张楚》，《秦汉魏晋史探微》（重订本），北京：中华书局，2004年，第28页。陈苏镇认为汉初立国之策是“承秦立汉”，包括据秦之地、用秦之人、承秦之制，汉初的指导思想、制度政策多与此有关，见氏撰：《〈春秋〉与“汉道”——两汉政治与政治文化研究》，第38—65页。

（公元前 204 年）韩信破赵之“立汉赤帜”，[①] 即是其证。

此时期的关键人物是张苍。张苍曾任秦朝御史，属于所谓“秦人集团”，《汉书·艺文志》的《诸子略》阴阳家类收录有他的《张苍》十六篇。[②]《汉书·儒林传》载张苍习《左传》，然从他的学术和政治主张来看，他善律历，曾“历谱五德”，[③] 倾向于延续秦制，更像是阴阳家、道法家，与汉初的政治文化环境相符。张苍“首律历事”，[④] 高祖六年至十二年（公元前 201 年至前 195 年）为计相，“为计相时，绪正律历”，[⑤]“以高祖十月始至霸上，因故秦时本以十月为岁首，弗革。推五德之运，以为汉当水德之时，尚黑如故”。[⑥] 张苍坚持以十月为岁首的颛顼历，还与他认为“颛顼历比于六历，疏阔中最为微近”相关。[⑦] 他应当是水德政策的重要制定者和执行者，钱穆称：“汉制度皆定自张苍。苍特袭秦旧，护前惮改作，故谓汉仍水德。”[⑧] 在此情况下，汉自视为秦的继承者，必然承认秦在德运中的地位。[⑨] 此时的改正朔尚附属于五德终始说之下，岁首随德运而迁移，夏、殷、周、秦、汉的德运与岁首、历法分别如下。

---

① ［汉］司马迁：《史记》卷九十二，第 2616 页。

② 《史记索隐》以为张苍著《终始五德传》（［汉］司马迁：《史记》卷十四，第 511 页），或即《汉志》所录《张苍》。

③ ［汉］司马迁：《史记》卷十四，第 510 页。

④ ［汉］班固：《汉书》卷二十一上，第 955 页。

⑤ ［汉］司马迁：《史记》卷九十六，第 2681 页。据出土历简的考证，高祖五年曾调整历法，应该是张苍主持其事，内容主要是调整朔小余，而未改变岁首、服色，见李忠林：《从历法后天看汉初历改的原因》，《史学月刊》2014 年第 8 期，第 24 页。

⑥ ［汉］司马迁：《史记》卷九十六，第 2681 页。

⑦ ［汉］班固：《汉书》卷二十一上，第 974 页。

⑧ 钱穆：《秦汉史》，第 108 页。

⑨ 狩野直喜认为汉初以秦、汉皆为水德，但是秦是闰位，汉之水德直承周之火德。见［日］狩野直喜：《五行の排列と五帝德に就いて》，《讀書纂餘》，東京：みすず書房 1980 年，頁 48。

表 2 张苍所定汉德及岁首、历法

朝代	五德	岁首	历法
夏	木	正月	夏历
殷	金	十二月	殷历
周	火	十一月	周历
秦	水	十月	秦颛顼历①
汉	水	十月	汉颛顼历②
汉后一代	土	九月？二月？③	……

汉初一仍秦代旧制，引起儒生不满，这是文、景时期儒学兴起的表现之一。④ 由于秦是水德，使水德具有“刚毅戾深，事皆决于法，刻削毋仁恩和义”（《史记·秦始皇本纪》）的特质，与儒生的主张格格不入。⑤ 文帝时有水德、土德之争，其实质是后起儒生的改制主张与军功旧臣和亡秦旧臣主导

① 秦颛项历可能行用到汉高祖五年（前 202）十二月，见李忠林：《秦至汉初（前 246 至前 104）历法研究》，第 63 页。

② 史载汉初沿用秦颛项历，实则汉初有两次历法调整，不过调整后的历法仍属于颛顼历的范畴，见张培瑜等：《中国古代历法》，第 244—246 页；李忠林：《秦至汉初（前 246 至前 104）历法研究》，第 64 页。不过，郭津嵩指出李忠林的研究有只考虑朔小余、条件过宽、历元选择随意化的缺陷，见氏撰：《出土简牍与秦汉历法复原：学术史的检讨》，《浙江大学艺术与考古研究》第 3 辑，2018 年，第 14、17 页。

③ 顾颉刚认为：“五德说下的历法不是三正的，说不定竟是五正。”见氏撰：《中国上古史研究讲义》，第 222 页。然则汉后一代应以九月或二月为岁首。然而钱穆认为：“疑五德终始说本非有五正朔依德相易。至汉人言历，仅有三统，与五德亦不相当。……知汉诸儒自贾谊以来，迄于司马迁，每以改正朔、易服色并言，实亦不能严格相绳矣。”见氏撰：《秦汉史》，第 114 页。

④ 陈苏镇：《〈春秋〉与“汉道”——两汉政治与政治文化研究》，第 131 页。实际上，早在高祖时期，陆贾已开始批评秦朝政治、纠正秦制之失，不过并不彻底，见陈苏镇：《论陆贾》，北京大学历史学系编《北大史学》第 1 辑，北京大学出版社，1993 年，第 154 页；李培健：《西汉德运考——五德终始说下的政治史》，第 42—43 页。

⑤ 这种观念在西汉的儒学中比较普遍，如董仲舒以司寇执法之官配水（［汉］董仲舒著，［清］苏舆撰，钟哲点校：《春秋繁露义证》卷十三，北京：中华书局，1992 年，第 365 页），《洪范五行传》认为冬“助天诛”。

的汉初旧制的对垒，涉及的主要人物是张苍、贾谊、公孙臣。① 文帝甫即位，贾谊上《论定制度兴礼乐疏》，力主“改正朔，易服色，法制度，定官名，兴礼乐，乃悉草具其事仪法，色尚黄，数用五，为官名，悉更秦之法”，②“以汉为土德”。③ 公孙臣上书“陈终始传五德事”，④ 曰：“始秦得水德，今汉受之，推终始传，则汉当土德，土德之应黄龙见。宜改正朔，易服色，色上黄。”⑤ 公孙臣是鲁人，其所言“土德之应黄龙见”为贾谊所无，可知他是具有阴阳家色彩的儒生。⑥ 文帝有意改制，“召公孙臣以为博士，草立土德时历制度，更元年”。⑦ 时张苍为丞相，“以为汉乃水德之始，故河决金堤，其符也。年始冬十月，色外黑内赤，与德相应”。⑧ “汉乃水德之始”之“始”字说明张苍对秦的德运有新的看法，他不再承认秦的德运，而是认为汉以水德直承周之火德，这应当是他面对儒生的改制要求所作的权变。“色外黑内赤，与德相应”即兼用水德和准火德，说明张苍对汉德也有新的定位，这应当是在延续此前的水德说的基础上，吸纳高祖起兵时的尚赤

---

① 可参阅龚留柱、张信通：《“汉家尧后”与两汉之际的天命之争——兼论中国古代的政治合法性问题》，《史学月刊》2013 年第 10 期，第 28 页。

② ［汉］司马迁：《史记》卷八十四，第 2492 页；吴云、李春台校注：《贾谊集校注》（增订版），天津：天津古籍出版社，2010 年，第 369 页。《宋书》所谓“贾谊取秦，云‘汉土德’”（［南朝梁］沈约：《宋书》卷十二，第 259 页），当是据此而来。

③ ［汉］班固：《汉书》卷四十八，第 2265 页。

④ ［汉］司马迁：《史记》卷十，第 429 页；［汉］班固：《汉书》卷四十二，第 2099 页。

⑤ ［汉］司马迁：《史记》卷二十八，第 1378 页；［汉］班固：《汉书》卷二十五上，第 1212 页。

⑥ 李培健：《西汉德运考——五德终始说下的政治史》，第 39 页。

⑦ 据出土历简的考证，文帝后元元年（前 163）曾调整历法，只是调整了朔小余，而未更改岁首，此次调整历法应该与公孙臣的活动有关，见李忠林：《从历法后天看汉初历改的原因》，第 25 页。

⑧ ［汉］司马迁：《史记》卷二十八，第 1378 页；［汉］班固：《汉书》卷二十五上，第 1212 页。栗原朋信据“河决金堤”，而谓张苍以为秦是金德，见陈侃理：《如何定位秦代——两汉正统观的形成与确立》，第 13 页。考《河渠书》云“汉兴三十九年，孝文时河决酸枣，东溃金堤”（［汉］司马迁：《史记》卷二九，第 1049 页），此即张苍所言“河决金堤”之事，然《河渠书》所云“金堤”是形容河堤坚固若金，《汉书・蒯通传》“金城”也是形容城墙坚固若金，则汉人所云“金”常含有坚固之意，本与秦之德运无涉。

诸说而做的变通之举。[①] 此次改制因新垣平东窗事发而作罢，但是由此可知，文帝时汉廷对秦和自身的德运都有新的看法。不过，前元十七年（前173），文帝始郊见雍五畤，当时文帝已纳公孙臣土德之议，然而“衣皆上赤”，[②] 显示准火德制在文帝朝未完全消退。

由此可知，文帝时的水德、土德之争，是儒生希望朝廷捐弃秦法、改用汉制要求的表现之一。儒生的主张之理论基础应该还是秦始皇、张苍采用的五德终始说，[③] 但又有所不同。《宋书·律历志》云：“张苍则以汉水胜周火，废秦不班五德。贾谊则以汉土胜秦水，以秦为一代。”[④] 文帝时，张苍不再承认秦的德运，汉承周而为水德。贾谊过秦而未弃秦，承认秦统一天下的功业，因而贾谊、公孙臣承认秦在五德终始中的水德，但是贾谊又严厉批评秦法，[⑤] 他主张汉继秦而为土德，隐含之义是汉应当尽弃秦制，改用汉制。贾谊、公孙臣主张的岁首及历法，史书未载，然文帝召公孙臣“与诸生草改历服色事”，[⑥] 说明改用汉历是儒生的改制内容之一。[⑦] 据张苍的主张推

---

① 论者对“外黑内赤”的解说纷纭，或认为是对尚黑、尚赤的调和，或认为水德为外德，火德为内德，或认为是袭用楚俗和继承秦制的结果，或认为是汉初秦、楚两大集团博弈的结果，或认为是皇权与秦、楚旧势力博弈的结果，见陈鹏：《汉初服色“外黑内赤”考》，第 17—18 页；吴方浪：《服色文化与君臣权斗——汉初服色“外黑内赤”新论》，《古代文明》2019 年第 2 期，第 70 页。栗原朋信认为“外黑内赤”指汉初赤帜配上黑色边缘，使红底更为显眼，这符合当时流行的审美趣味，而与五德终始说无关，见陈侃理：《如何定位秦代——两汉正统观的形成与确立》，第 13 页。此为一家之言，今不取。

② ［汉］司马迁：《史记》卷二十八，第 1381—1382 页；［汉］班固：《汉书》卷二十五上，第 1213 页。

③ ［清］张锡恭：《茹荼轩文集》卷十一《汉火德考》，《清代诗文集汇编》第 786 册，上海：上海古籍出版社，2010 年，第 136 页下栏；王尔：《“汉当自制礼”：东汉前期“制汉礼”的逻辑理路及失败原因》，《中国文化研究》2021 年第 3 卷，第 73 页。

④ ［南朝梁］沈约：《宋书》卷十二，第 259 页。

⑤ 徐复观：《两汉思想史》第 2 册，第 114—116 页。

⑥ ［汉］司马迁：《史记》卷二十八，第 1381 页。

⑦ 《礼记·王制》一定程度上可反映贾谊等人对“汉家制度”的设想，见陈苏镇：《〈春秋〉与“汉道”——两汉政治与政治文化研究》，第 150—152 页。

之，则贾谊、公孙臣的主张可列表如下。

表 3　贾谊、公孙臣主张的汉德及岁首、历法

朝代	五德	岁首	历法
夏	木	正月	夏历
殷	金	十二月	殷历
周	火	十一月	周历
秦	水	十月	秦颛顼历
汉	土	正月？①	汉历
汉后一代	木	十二月？	……

结　语

胡适指出："秦始皇征服了六国，而齐学征服了秦始皇。五德终始之说做了帝国新制度的基础理论。"② 实际上，邹衍遗说对政治和历史的影响远不止有秦一代。放在战国后期到汉初的政治和学术演进的背景下，从政治实践和学术理论两个层面来考察时人的历史和德运理论，以及他们的理论与现实政治的关系，可以发现前人未措意处，也可以匡正一些旧说。战国秦汉时人对德运问题的处理与他们各自的学术旨趣密切相关，又有明显的现实关怀，是政治和学术交互影响的结果，需要放在当时的历史、政治背景下，用各自的学术方法、理路来理解，古史辨派在这方面有方法论的错位。

肇端于邹衍的德运问题原本是围绕五德相胜说而展开，它在秦朝的应用尚无理论困难。但是一旦试图将它应用到汉朝，则会面临一系列难题，最重要者莫过于是否承认秦在五德中的地位，这又涉及用五德相生还是相胜之

① 关于汉之岁首，贾谊无明言，然孔子曰"行夏之时"，贾谊身为儒生，应当主张夏正。

② 胡适：《中国中古思想史长编》，第 26 页。

序，秦制、汉制在汉初的争论，以及儒家、黄老、阴阳家的争论，等等。此外，秦始皇将正朔问题引入五德说，而若正朔有五则难以符合日常生活实际，这使改正朔的问题在五德说内难以运作。所有这些，都决定了单凭五德说难以恰当地处理秦汉的德运问题，三统说的介入就成为势之必然，董仲舒等人的学说遂应运而生。秦汉德运问题是一个庞大的理论建设工程，最终通过经学主导而经史结合的历史哲学方式得以解决。①

① 参见拙文《董仲舒的三统五德说与帝德谱重建》，肖永明、陈仁仁主编《原道》第 45 辑，长沙：湖南大学出版社，2023 年；以及拙文《三五相包：刘向歆父子的三统五德说与帝德谱重建》，虞万里主编《经学文献研究集刊》第 29 辑，上海：上海书店出版社，2023 年。

三国魏《论语》注的真相[*]

王云飞[**]

（河北大学　哲学与社会学学院，河北　保定　071002）

摘　要： 从各类目录学著作中，我们可以发现三国魏《论语》注现存六种，即陈群、王朗、王肃、周生烈、何晏、王弼《论语》注，这六位《论语》注家可以分为儒家学者和玄学家两类。三国魏《论语》注这种状貌的出现是历史的必然，既是政治斗争发展的必然，也是哲学思想发展的必然。

一方面，三国魏《论语》注家既有儒家学者，又有玄学家，这是三国魏谯沛集团和汝颍集团的斗争在文化方面的体现；另一方面，何晏组织编纂《论语集解》是在正始年间240年至249年魏帝曹芳执政时期，是谯沛集团代表人物曹爽和汝颍集团代表人物司马氏斗争剑拔弩张的阶段，正始十年（249），初期曹爽掌握实权，但249年司马懿发动高平陵政变，曹爽谯沛集团全部覆灭。汝颍集团的理论是儒学，谯沛集团发展出玄学与之抗衡，但是正始年间组织编纂《论语集解》的是谯沛集团的何晏，而不是汝颍集团成员。正始年间也正是魏晋玄学发展的第一个阶段，根源就在何晏、王弼所倡导的引玄入儒本就有政治需求，是为和汝颍集团相抗衡，更和何晏在正始年

---

* 2021年国家社科基金项目《魏晋南北朝〈论语〉注残篇文献整理和研究》（批准号：21BZX063）阶段性成果。

** 王云飞，河北石家庄人，哲学博士，硕士生导师，河北大学哲学与社会学学院副教授，主要研究领域是魏晋南北朝哲学和美学。

间的掌握实权、典选取有关。而何晏、王弼选择玄学和《老子》作为文化抗衡的工具，正在于《老子》在汉代就已深入人心，是最有利的斗争工具。

关键词： 论语；魏；正始；何晏

一部经典文献的出现是当时社会、历史、文化、思想等各种因素促成的结果。我们研究中国古代哲学著作，习惯于关注哲学著作本身，而容易忽略社会、历史、文化等外围因素，其实从这些外围因素可以发现一部经典文献出现的必然性，三国魏《论语》注也是如此。

一、目录文献中所见三国《论语》注

现存目录文献记载的三国魏蜀吴《论语》注主要是三国魏《论语》注，蜀国和吴国的《论语》注有所欠缺。《旧唐书·经籍志》《新唐书·艺文志》《玉函山房辑佚书》记载的都仅仅是三国魏《论语》注，朱彝尊《经义考》所存三国《论语》注书目最为完备，包含了蜀国和吴国的相关内容。

《隋书·经籍志》记载的三国《论语》注书目包括："《论语》十卷（郑玄注。梁有《古文论语》十卷，郑玄注；又王肃、虞翻、谯周等注《论语》各十卷。亡。）《论语》九卷（郑玄注，晋散骑常侍虞喜赞。）《集解论语》十卷（何晏集。）"①

《旧唐书·经籍志》记载的三国魏《论语》书目包括："《论语》十卷（何晏集解）、又十卷（郑玄注，虞喜赞）、又十卷（王肃注）、又十卷（郑玄注）、又十卷（宋明帝补，卫瓘注）。"②

《新唐书·艺文志》存三国魏《论语》注目录："《论语》郑玄注十卷、又注《论语释义》一卷、《论语篇目弟子》一卷、王弼《释疑》二卷、王肃

① ［唐］魏徵、令狐德棻：《隋书·经籍志》，北京：中华书局，2021 年，第 935 页。

② ［后晋］刘昫等：《旧唐书·经籍志》，北京：中华书局，1975 年，第 1981 页。

注《论语》十卷、又注《孔子家语》十卷……何晏《集解》十卷。”①

朱彝尊《经义考》记载的三国魏蜀吴《论语》注书目有：谯氏周《论语注》；陈氏群《论语解》；王氏肃《论语注》《论语释驳》；周生氏烈《论语注》；何氏晏、郑氏冲等《论语集解》；王氏弼《论语释疑》；张氏昭《论语注》；程氏秉《论语弼》；虞氏翻《论语注》。②

清代马国翰《玉函山房辑佚书》所辑佚的三国《论语》注仅仅是三国魏《论语》注，未包含三国蜀、吴《论语》注：陈群《论语陈氏义说》一卷、王朗《论语王氏说》一卷、王肃《论语王氏义说》一卷、周生烈《论语周生氏义说》一卷、王弼《论语释疑》一卷。马国翰所辑佚《论语》注比朱彝尊《经义考》所辑佚多出了王朗《论语王氏说》一卷。③

综上，三国魏蜀吴《论语》注书目可总结如下：

国别	作者	书名	存佚情况
蜀国	谯周	《论语注》	存残篇
吴国	张昭	《论语注》	佚
	程秉	《论语弼》	佚
	虞翻	《论语注》	佚
魏国	陈群	《论语解》或《论语陈氏义说》	存残篇
	王朗	《论语王氏说》	存残篇
	王肃	《论语注》或《论语王氏义说》	存残篇
		《论语释驳》	佚
	周生烈	《论语注》或《论语周生氏义说》	存残篇
	何晏、郑冲等	《论语集解》	存完整文本
	王弼	《论语释疑》	存残篇
	卫瓘	《论语集注》	存残篇

① ［宋］欧阳修、宋祁：《新唐书·艺文志》，北京：中华书局，1975年，第1443页。

② ［清］朱彝尊：《经义考》，《四部备要》，台北：中华书局，1965年。

③ ［清］马国翰：《玉函山房辑佚书》经编《论语》类，上海：上海古籍出版社，1990年。

三国魏存世时间是220年12月11日至266年2月8日，西晋存世时间是266年2月4日至316年12月11日，《论语》注家谯周和卫瓘横跨三国魏和西晋。

谯周，生存年代为199年至270年，初为三国蜀国大臣，曾任劝学从事、典学从事、太子仆、家令、中散大夫、光禄大夫等，蜀亡后入魏，曾任阳城亭侯，晋时拜骑都尉、散骑常侍、义阳亭侯。谯周经历了蜀国、魏国、西晋三个阶段，其中蜀国21年、魏国45年、西晋5年左右。《三国志·蜀志》有谯周传，《三国志·魏志》不见相关记载，严可均《全上古三代秦汉三国六朝文》辑录谯周在《全晋文》中，而不是《全三国文》中，马国翰《玉函山房辑佚书》将谯周《论语》注归类在西晋。所以，对谯周的朝代划定，文献记载不一，这里采用《全上古三代秦汉三国六朝文》和《玉函山房辑佚书》对谯周划定为西晋的说法。

卫瓘，在世时间为220年至291年，出生于三国魏建立之年黄初元年，全程经历了三国魏45年多的风云变幻，也经历了西晋初年25年左右的时间，《晋书》和《全上古三代秦汉三国六朝文》等文献都将卫瓘划定为西晋，因此这里也采用西晋之说。

吴国三部《论语》著作张昭《论语注》、程秉《论语弼》、虞翻《论语注》都已亡佚。曹魏王肃《论语释驳》已经亡佚。

张昭《论语注》已佚。张昭，字子布，生存年代是156年至236年，徐州彭城（今江苏省徐州市）人，东汉末年、三国东吴重臣，为孙策长史、抚军中郎将，孙权统事、长史、绥远将军、由拳侯，孙权称尊号后，拜为辅吴将军，改封娄侯。曾辅佐孙策、孙权安定江东，与孙邵、滕胤等撰定朝仪。八十一岁而终，谥号文侯。精通儒学，擅长隶书，著有《春秋左氏传解》《论语注》。《全三国文》记载有张昭之文《宜为旧君讳论》《徐州刺史陶谦哀辞》。

程秉《论语弼》已佚。程秉，生年不详，卒年225年后，字德枢，汝南南顿（今河南项城西）人，三国时期吴国儒家学者，博通五经，曾任太子孙登太傅。曾跟从郑玄学经，后因躲避战乱，在交州与经学家、训诂学家刘熙论经，著有《周易摘》《尚书駮》《论语弼》。

虞翻《论语注》已佚。虞翻，字仲翔，会稽余姚人，太守王朗之功曹，孙策平会稽后，任功曹、富春长，州举茂才，孙权任为骑都尉，后因故被流放至交州，在交州流放亦讲学，听者甚众，并注《老子》《论语》和《国语》等，著有《周易注》《周易集林律历》《国语注》《论语注》《老子注》《太玄经注》等。《全三国文》记载有《上书吴主权》《奏上易注》《奏郑玄解尚书违失事因》《追与客书》《与丁固同僚书》《与徐陵书》《与士仁书》《与所亲书》《与某书》《与弟书》。

以上三国魏蜀吴《论语》注书目，去除已亡佚的张昭《论语注》、程秉《论语弼》、虞翻《论语注》、王肃《论语释驳》，和已经划归至西晋的谯周《论语注》和卫瓘《论语集注》，可总结为：

国别	姓名	书名	存佚情况
魏	陈群	《论语解》或《论语陈氏义说》	残篇
魏	王朗	《论语王氏说》	残篇
魏	王肃	《论语注》或《论语王氏义说》	残篇
魏	周生烈	《论语注》或《论语周生氏义说》	残篇
魏	何晏、郑冲等	《论语集解》	完整文本
魏	王弼	《论语释疑》	残篇

这是现存可见有文本或残篇存世的三国《论语》注全貌，其中，何晏《论语集解》文本完整无缺，其余《论语》注皆为残篇。

二、三国魏《论语》注概说

我们从现存的六部三国魏《论语》注书目可以看出：第一，何晏组织编纂的《论语集解》无疑是最重要且至今保存完整的著作；第二，六位《论语》注家可以分为两类，一类是儒家学者，即陈群、王朗、王肃、周生烈，一类是玄学家，即何晏、王弼。

首先，毋庸置疑，何晏组织编纂的《论语集解》在中国《论语》学史上举足轻重。中国现存完整的五部《论语》著作——三国魏何晏《论语集解》、南朝梁皇侃《论语义疏》、北宋邢昺《论语注疏》、南宋朱熹《论语集解》、清刘宝楠《论语正义》，何晏《论语集解》居其一。此著作保存了珍贵的汉魏古注，是后世《论语》注疏的基础，无论是皇侃、邢昺、朱熹《论语》注，还是刘宝楠《论语》注，都是在何晏《论语集解》基础上述而广之、增砖添瓦、锦上添花。没有何晏《论语集解》，就没有整个中国《论语》学史。

其次，三国魏六部《论语》注的作者大致可分为儒家学者和玄学家两类。

《论语》注家陈群、王朗、王肃、周生烈皆崇儒。陈群《论语》注现存三条，陈群来自颍川陈氏世家大族，世代习儒、崇儒，他在历史上最为著名的是创立了九品中正制，成为魏晋南朝选官用人的标准，是魏晋南朝门阀政治的基础；王朗《论语》注现存四条，王朗曾以通晓经籍而拜郎中，任菑丘县长，所以王朗本就是因精通经籍而受提拔；王肃现存《论语》注四十六条，是现存三国魏《论语》注残篇保存最多的学者。王肃是王朗之子，出生于经籍汗牛充栋的家庭，受家庭环境的熏陶，在父亲王朗的帮助下，自己勤奋努力，终成一代儒学大师。他遍注群经，书中常和东汉大儒郑玄一辩高下，其学被称为“王学”，还被立为学官；周生烈现存《论语》注十四条，曹魏初时为王肃所征辟，后为博士、侍中，魏明帝曹叡时周生烈所注经传多传于世。

《论语》注家何晏、王弼是正始玄学代表人物。魏晋玄学的发展分期，学界一般认同汤用彤、汤一介先生的说法：正始玄学，代表人物何晏、王弼；竹林玄学，代表人物嵇康、阮籍；西晋玄学，代表人物郭象、裴頠；东晋玄学，代表人物张湛、僧肇。何晏、王弼以正始玄学而知名，而玄学最重要的著作是“三玄”《老子》《庄子》《周易》。何晏是曹操养子，爱谈论虚无，服食五石散，面白若凝脂，魏明帝曹叡因其爱谈论虚无而不实，未曾重用，曹芳在位时重用曹爽，曹爽提拔何晏成为心腹。何晏是王弼的伯乐，王弼有《老子注》《老子指略》《周易注》《周易略例》《论语释疑》，王弼是名副其实的玄学开创者。

接下来我们要解决的问题是：为何三国魏《论语》注家有儒家学者和玄学家两类？为何正始年间出现了何晏组织编纂的《论语集解》？为何是何晏组织众人来进行集解，而不是其他人？为何此时出现了玄学家王弼注《论语》？为何何晏、王弼要引玄入儒？这些《论语》注出现的必然性在哪里？下面从现实政治因素、汉魏哲学思想发展脉络等方面分析其必然性。

三、三国魏《论语》注的必然性——汝颍派和谯沛派的斗争

三国魏《论语》注家分为儒家学者和玄学家两类，汉魏之际的曹操阵营分为谯沛派和汝颍派。《论语》注家身份和现实政治派别这两方面看似是两条互不相关的平行线，但其实二者有深层次关联。三国魏六位《论语》注家中，儒家学者陈群、王朗、王肃、周生烈属于汝颍派，玄学家何晏、王弼属于谯沛派。谯沛派和汝颍派对儒学和玄学有不同的倾向和侧重，深入了解谯沛派和汝颍派的兴衰发展，可以深入理解三国魏《论语》注的必然性。

东汉末年（一般指184年黄巾之乱至220年曹丕代汉）土地兼并频现，豪强不断涌现，豪强以财力置之以武装力量，这样就出现了军阀割据势力。皇室腐败无能，对地方豪强军阀无可奈何，加之以天灾、瘟疫，百姓生活在苦难之中。在这种情况下，百姓纷纷起而发动叛乱，燕齐之地张角所领导的黄巾军和汉中地区张鲁所领导的五斗米道打着道教的名义，吸引了很多百姓加入。东汉灵帝时，刺史改州牧，统领了一州的军政大权，各地豪强趁社会动乱之机，发展成为拥有自己武装力量的地方割据势力，在这些割据势力中，有我们所熟知的曹操、袁绍、刘备等。经过群雄争霸，最终“乱世之枭雄”的军阀曹操挟天子汉献帝以令诸侯，受封为魏王。220年曹操去世，其子曹丕继位，迫使汉献帝禅让，是为曹魏。221年刘备称帝，是为蜀汉。229年孙权称帝，是为孙吴。所以，三国魏起自220年曹丕建立曹魏，终于266年司马炎改国号为晋，共四十六年的时间。三国曹魏四十六年的发展史

离不开曹操在东汉末年所奠定的发展基础。

曹操是沛国谯县（今安徽亳州）人，其父曹嵩是东汉末年宦官曹腾的养子，许劭评价曹操“治世之能臣，乱世之枭雄”。曹操的发展离不开谯沛地区曹氏家族的支持和帮助，例如曹洪、夏侯惇、夏侯渊、夏侯尚、曹仁、曹洪、曹休等，曹操谯沛支持系统也包括没有血缘关系但加入曹氏家族的人，例如养子曹真、何晏等。曹操早期的发展壮大、南征北战主要依靠的是谯沛集团。军阀割据混战、马上夺天下之时，武装力量、军事人才是重中之重，曹氏家族和由姻亲发展而来的夏侯氏对曹操皆是全力以赴、以命相助，从最初的起家，到与袁绍、刘备、孙权等征战，曹氏家族和夏侯氏家族都鼎力相助。总体而言，曹操的谯沛支持系统文化程度不太高，但能征善战，为曹操作为地方割据势力的崛起和发展立下了汗马功劳，这部分人是曹操最为信任的支持者。

曹操在初期的发展过程中，为了发展壮大，广罗人才、唯才是举。汝南郡、颍川郡经济发达，名门望族较多，人称汝颍多奇士，得到这些名门望族的支持对曹操的发展壮大有所裨益，所以汝颍地区自然是曹操搜寻人才的重点区域，曹操门下的大批能臣谋士荀彧、陈群、钟繇、郭嘉等都来自汝颍地区。汝颍地区同为曹操的支持系统，对曹操同样贡献巨大。

曹操起家发展的初期，谯沛集团是曹操手下的核心力量，汝颍集团处于弱势。马上可以得天下，但马上不能治天下，随着军阀割据局面的形成，汝颍集团的重要性开始凸显。曹操的重臣之一荀彧，不仅长于治事，在曹操外出征战之时负责留守处理一切事务，而且还向曹操推荐了许多名士，例如荀攸、钟繇、陈群、司马懿、郗虑、华歆、王朗、荀悦、杜袭、辛毗、赵俨、戏志才、郭嘉等，这些世家大族的名士对曹操的发展壮大，乃至三国魏、西晋的发展，起到了举足轻重的作用。没有这些士族，就没有魏晋的历史。曹操对汝颍集团的重用自不待言，但对其发展壮大所带来的对自己的威胁也很防备。曹操杀掉孔融，荀彧因为反对曹操称魏公而去世，诸如此类，都是曹操为建立自己威信、在用和防之间的平衡。

谯沛集团和汝颍集团虽同为曹操支持系统，但在很多方面有所不同。第一，谯沛集团以武见长而善战，汝颍集团以文见长而擅谋略，一文一武，辅佐曹操。第二，汝颍集团多为汝颍地区名门望族，而谯沛集团多为谯沛地区曹操宗亲，相比而言，一是世家大族，一是庶族地主。第三，曹操早期南征北战时，谯沛集团地位高于汝颍集团，但后期稳定发展时期，汝颍集团逐渐后来居上，超越了谯沛集团。第四，汝颍集团自汉代时就是儒学重镇，儒家思想是其理论基础，而谯沛集团并非如此。

梳理谯沛集团和汝颍集团在东汉末曹操时期和三国曹魏时期此起彼伏的发展史、斗争史，我们会理解为何三国魏《论语》注家包括儒家学者和玄学家两类，为何《论语》学史上第一部重要的《论语》著作《论语集解》由何晏组织编写，为何这部著作出现在三国魏正始时期，为何这部著作不是由以儒家思想为旗帜的汝颍集团人物来组织编写，而是由谯沛集团代表人物之一的何晏来组织编写。

曹操末年，曹操之子曹植和曹丕不可避免地出现了夺取继承权的博弈，曹丕和曹植一母同胞，皆为武宣卞皇后所生，曹丕是长子，曹植是第三子。曹植的文学才能高于曹丕，曹丕在权谋方面胜于曹植。在争夺继承权的较量中，曹植和杨修、丁仪、丁廙、邯郸淳、荀恽、夏侯威、杨俊、韩宣、应玚、应璩、孔桂等交好，曹丕获得了桓阶、贾诩、司马懿、陈群等汝颍集团一些士族的支持。最终曹丕继承魏王封号与丞相的大权，逼迫汉献帝禅让，改国号为魏。曹丕即位之后，即给与支持者汝颍集团世家大族以各种利益，最重要的一项就是在即位当年220年采用了我们现在关注的三国魏《论语》注家之一的陈群的建议，改革了选官制度，确立九品中正制，为士族集团的政治特权提供了制度保障，也造成了魏晋南朝门阀士族兴盛的局面。上品无寒门、下品无士族，这项选官制度一直持续到隋文帝，最终被科举制度所取代。

汝颍集团大多是世家大族，有着悠久的崇儒传统。例如曹操重臣荀彧家族是汝颍地区名门望族，世代习儒，荀彧全力辅佐曹操，但看到曹操意欲自封为魏，而不是以匡扶汉室为目标后，失望至极，不久离世。再如王朗以通经而受到提拔和重用，王朗及其子王肃皆是儒家思想的忠实拥护者，尤其王肃遍注群经，儒家著作颇多，其学被称为“王学”，并立为学官。王肃提拔了三国魏《论语》注家之一的周生烈。再如：颍川陈氏家族也是儒学重镇，曹丕的支持者陈群即是代表；司马懿为代表的司马氏家族也历代伏膺儒学。可见，三国魏《论语》注家的陈群、王朗、王肃、周生烈皆有深厚的儒家传统，且有千丝万缕的关联。

四、正始风云之高平陵政变与何晏《论语集解》

曹魏起于文帝曹丕220年，经过曹叡、曹芳、曹髦，至元帝曹奂265年，共四十六年时间，正始年间是曹魏220年至266年四十六年执政期间中的十年，即240年至249年。从某种意义上说，240年至249年的正始年间是魏晋之际最重要的十年，是政治、军事、文化发生大转折的十年，尤其是发生在正始十年即249年的高平陵政变，司马懿尽诛曹爽及其党羽，改变了曹魏掌权的局面，军政大权转入司马懿为首领的司马氏家族手中，之后才有了266年司马炎代魏称帝，改国号为晋。

正始年间发生了《论语》学史上一件大事，即何晏组织编纂了现存《论语》学史上第一本完整《论语》文本《论语集解》，这本著作跨越千年，保留到现在。因此，我们有必要重点考察正始年间何晏组织编纂《论语集解》的时代背景，考察正始年间曹爽和司马懿对待儒学、玄学的态度。

文帝曹丕之后，明帝曹叡继位，曹叡之后，239年，曹叡养子八岁的齐王曹芳继位。曹叡知道曹芳年幼，辅政大臣至关重要，因此，为了平衡谯沛和汝颍两派，曹叡安排了谯沛派的曹爽和汝颍派的司马懿共同辅政，且曹爽掌握军政大权。第二年即240年，改年号为正始。正始年间曹爽和司马懿的争斗包括政治、经济、军事、文化等各个方面，我们现在所关注的三国魏《论语》注属于文化领域。

曹爽在正始初掌实权后，明升暗降架空司马懿，隔离郭太后，起用了大批同党新人，例如丁谧、何晏和邓飏。何晏即是我们现在所关注的《论语集解》的编纂者，他是东汉末年何进之孙，被曹操收为养子，曹叡执政期间未受重用，正始年间被曹爽所提拔，介入了曹爽和司马懿的斗争之中，曾任散骑侍郎，迁侍中、吏部尚书。文化领域是曹爽和司马懿斗争的一个重要领域，何晏组织编纂《论语集解》即在这种背景下产生。

汝颍集团多是名门望族、推崇儒学，而谯沛集团却儒学薄弱，从这一点来看，《论语集解》似乎应该出现在汝颍集团门下，而事实却恰恰相反，组织编纂《论语集解》的是谯沛集团曹爽的心腹何晏。正始年间，随着曹爽和司马懿的争斗进入白热化，何晏成为曹爽心腹，受到重用，典选举，所以何晏为代表的谯沛集团在思想文化领域寻找着和汝颍集团儒学相匹敌的思想武器，而且由于何晏典选举，所以何晏也在考虑如何改革以单纯儒学为考量标准的选举制度，从而对谯沛集团有利。何晏本就爱好玄谈，常论有无，祖尚玄虚，爱好服食五石散，何晏、王弼所开创的正始玄学引玄入儒，引领了新的风尚和潮流。正始年间，何晏权倾一时，不仅提拔同党，而且深入文化领域，组织编纂了《论语集解》。因此，《论语集解》的组织编纂者并不是大儒陈群、王朗、王肃等人，而是谯沛集团何晏。

正始年间，曹爽和司马懿两派激烈斗争最终引发了正始十年（249）的高平陵政变。当时，曹爽等众人陪同魏帝曹芳出城前往高平陵祭拜明帝曹叡之墓，司马懿趁机在城内发动政变，按照郭太后诏令关闭洛阳城门，率兵占领洛水浮桥，任命司徒高柔假节行大将军事，接管曹爽的军权，诛杀曹爽一党。通过这次政变，司马氏清除了以曹爽为首的曹氏宗族在朝中的势力，司马氏作为辅政大臣全面掌握权力，逐步控制曹魏政权，为日后司马炎代魏立晋奠定了根基。

历史从来是胜者为王，司马氏建晋，谯沛集团作为战败方，很多真相淹没于历史中。《三国志》《晋书》等文献关于司马氏的记载详备，而关于曹爽、何晏等谯沛集团人物的相关记载却相对较少，甚至于被胜者为王的敌方所诋毁。例如《全上古三代秦汉三国六朝文》关于曹爽的记载，只有寥寥几句，这与曹爽作为与司马懿相匹敌的魏帝曹芳辅政大臣的身份实不相应。历史是人为的历史，历史的真相需要我们的反思。

何晏所寻找的和汝颍集团儒学相匹敌的思想是以《老子》为基础和核心

的玄学。这不是何晏凭空的发明，而是有着历史必然性，即何晏对《老子》的重视、对玄学的开创有历史必然性。

五、《老子》和玄学在正始年间兴盛的必然性

正始年间，在何晏、王弼、夏侯玄等人的带领下，玄学兴起。玄学的基础著作是老、庄、易“三玄”，玄学的讨论主题是“自然”和“名教”的关系，具体表现为以思辨的方法讨论本末有无问题，最终在老庄思想基础上调和儒道。

《老子》在正始年间的流行并不是突然出现的偶然，《老子》在汉代就已经深入人心。我们可以大致梳理汉代至魏初《老子》逐渐深入人心的过程，由此可看出正始年间玄学兴起其来有自，何晏、王弼援玄入儒实为必然。

王明曾提出“老学三变说”，即西汉经世治国的黄老之学、东汉修身养性的黄老道教、三国魏谈有论无的玄学，这是黄老之学发展至黄老道教，又发展至玄学的脉络。

首先，西汉初年，黄老之学是治国经世之政术。

汉高祖刘邦一统天下后，采用了黄老之学，推崇黄帝和老子，主张清静无为，与民休息。黄老之学符合汉初统治者的需要，因此受到赞赏和推崇。此时的黄老之学和政治紧密联系，是经世致用之学。清静无为和政治相结合，对恢复经济、国家管理起到了良好作用，出现了“文景之治”。《中国大百科全书·哲学》对“黄老之学”条目的解释是：“中国战国时期兴起的哲学政治思想流派。黄指黄帝，老指老子。黄帝是中国古代传说中的人神兼具的人物。战国中、后期百家托古，多集于黄帝。黄帝被说成是上古的圣帝明王，是大发明家、大思想家，被尊为华夏民族的始祖。黄老之学始于战国而盛行于西汉时期。司马迁在《史记》里屡以黄老并称。《史记·乐毅传赞》记载的黄老学者有河上丈人、安期生、乐瑕公、乐臣公、善公。汉代的曹参、陈平、司马季主、窦太后、安丘生、王生、黄生等也是著名的黄老思想

的信奉者。”① 自汉武帝采纳董仲舒的政策独尊儒术，黄老学便渐渐从政坛上隐退。

其次，东汉中，黄老之学转变为修身养性的长生之道术。

东汉中后期黄老再度复兴，黄老之学中修身养性的一面得到发展，并且和当时的谶纬、神仙鬼神、符箓方术等杂糅到一起，黄老之学转变为黄老之道，最终在东汉末年形成了早期道教，这就是燕齐之地的太平道和巴蜀之地的五斗米道，黄老从学术流派转变成了宗教流派。巫术、黄老学、谶纬、方术、儒学等众多因素交融，为太平道和五斗米道的兴起奠定了基础。

太平道创始人是冀州巨鹿人张角，太平道的主要经典是《太平经》，信奉黄帝和老子，黄老学是太平道的理论基础，方术是太平道的传道工具。太平道兴起于燕齐之地，燕赵有着历史悠久的巫文化和神仙方术文化，而且毗邻渤海、齐鲁、中原、三晋，思想文化上互为影响。五斗米道是张陵在四川鹤鸣山创立，后经张衡、张鲁祖孙三代的努力，逐渐形成巴蜀地区对后世影响巨大的道教流派，五斗米道信奉老子《道德经》，并注有《老子想尔注》。

太平道和五斗米道自其产生之日就维护寒门士大夫的利益，走的是下层百姓路线，并广泛传播。在广泛传播的基础上，还发动过若干农民起义，不仅动摇了东汉的统治基础，逐渐形成了三国鼎立的割据局面，而且思想上冲击了汉代儒家思想独尊的局面。随着太平道张角黄巾起义的失败和五斗米道张鲁政权的灭亡，太平道和五斗米道开始了合流。由于各种原因，天师道，即五斗米道逐渐发展壮大，影响深远，后世道教的发展几乎都深深根植于天师道。

最后，三国魏时，老学主要表现为本末有无之玄学。

《老子》之学，经历过西汉初经世治国的黄老和东汉修身养性的黄老，最后发展至三国之时虚无自然之玄论。何晏、王弼、夏侯玄爱好清谈和玄学，引领一时风气，开创了魏晋玄学，主要讨论本末有无，祖述老庄，认为

① 《中国大百科全书》总编委会：《中国大百科全书》，北京：中国大百科全书出版社，1987 年，第 317 页。

万物皆以无为本。何晏提出圣人无情说，强调圣人无为。从论著来看，何晏《论语集解》为世所知名，但其对《老子》也甚为重视，曾作有《老子道德论》二卷，现已佚。《新唐书·经籍志》记载何晏对道家《老子》作有《讲疏》四卷，现已佚。王弼《老子注》《老子指略》《周易注》《周易略例》都完整保存至今，且包含有丰富玄学内容。可见，何晏、王弼都非常重视《老子》，皆作有《老子》相关文章和著作。相比于《老子》，何晏和王弼并未作有《庄子》相关著作和文章，但二人常引用《庄子》内容，这在何晏、王弼现存文献中显而易见。

概论：三国曹魏《论语》注现存六种，即陈群、王朗、王肃、周生烈、何晏、王弼《论语》注，其中何晏《论语集解》完整存世，其余五人皆是残篇，这六位《论语》注家可以分为儒家学者和玄学家两类。三国魏《论语》注这种状貌的出现是历史的必然，既是政治斗争发展的必然，也是哲学思想发展的必然。

正始年间即 240 年至 249 年曹芳执政，魏明帝曹叡临终任命了大将军曹爽和太尉司马懿为曹芳辅政大臣，以司马懿为代表的汝颍集团的理论基础是儒学，以曹爽为代表的谯沛集团发展出玄学与之抗衡。正始年间组织编纂《论语集解》的是谯沛集团的何晏，而不是以儒学为根基的汝颍集团成员，根源之一就在于何晏、王弼所倡导的引玄入儒本就有政治需求。正始年间也是魏晋玄学发展的第一个阶段。何晏、王弼选择以《老子》为代表的“三玄”作为和汝颍集团文化抗衡的工具，正在于《老子》在汉代就已深入人心，是最有利的斗争工具。三国魏《论语》注家既有儒家学者，又有玄学家，这是三国魏谯沛集团和汝颍集团的斗争在文化方面的体现。

《注维摩诘经》中道生关于“理”的阐释[*]

向　慧[**]

（河北大学　哲学与社会学学院，河北　保定　071002）

摘　要：道生关于“理”的阐释主要见于《注维摩诘经》《法华经疏》与《大般涅槃经集解》中。其中《注维摩诘经》中的道生注写作较早，集中体现了道生早期关于“理”的认识。道生将“理”作为最高范畴，以“理”释“空”的做法，应受到了道家哲学的影响。在对惑悟和顿渐问题的认识中，道生受小乘佛教影响，注重趣理的过程，对无我、厌身等问题更为关注。对悟理者的讨论中，道生认为菩萨尽理，与《法华经疏》和《大般涅槃经集解》中只有佛尽理的思想存在一定差别。

关键词：《注维摩诘经》；道生；理

“理”是中国哲学中的传统概念，自先秦始，“理”就在《诗经》《左传》等典籍中出现，并在《周易》《庄子》《韩非子》等著作中广泛使用。至宋明，儒家学说被称作“理学”，“理”也成为哲学探讨的核心概念。清代儒士戴震曾考察宋明理学中“理”字的来源，认为应主要源自道、释二家。① 对戴震此说虽有不少反论，但佛教传入以来，对“理”的运用和阐述，也是梳

---

* 项目来源：国家社科基金后期资助项目“汉唐时期毗昙学研究”（21FZJB002）

** 向慧，河北大学哲学与社会学学院副教授。

① ［清］戴震：《孟子字义疏证》，北京：中华书局，1961 年，第 46 页。

理中国哲学“理”范畴的题中之义。方立天认为，中国佛教学者在南北朝、隋唐时代对“理”的论述，上承先秦、魏晋有关“理”的思维成果，下启宋明理学以“理”为世界最高本原的理本论的形成，构成了中国“理”思想史的重要环节。①

道生（355—434）是中国佛教中首先大量论述“理”的僧人，此说也多为学人所关注。汤用彤曾指出，道生陈义，要言有三，首当其冲的即为“理”。荒木典俊（1988）、伊藤隆寿（1992）、张文良（2024）侧重以“理”思想的发展为线索，都重点提及道生的论述。其中张文良将道生之“理”置于“作为佛性近义词”一节，侧重讨论道生“理”与佛性的关联。② 这一角度由来已久，在道生研究中，道生与涅槃学的关系尤为学界所重视，方立天将道生的理思想称作理佛说，其理论价值就是从道生将理纳入涅槃学框架中进行阐发的。③ 伊藤隆寿更关注道生思想的由来，他认为“理”原初作为单独的概念被道家所留意，且“理”与“道”同义，故可被称作“道・理”的哲学，郭象、张湛等人把理进行了理论化、哲学化，道生则采用了这一理论，并运用到了佛典的解释中。④ 菅野博史（1985、1991）则以道生之“理”作为直接研究对象，对道生三部注疏中涉及“理”范畴的语句进行了整理，为道生“理”思想的研究提供了基础，并着重对《法华经疏》（理与事、理与言、理的唯一性、理的优越性、理与佛）和《涅槃经集解》（理与自然、佛性、悟）中的“理”分别进行了讨论；⑤ 田湖综合了道生三疏中的“理”义，提出道生的“理”具有本体论和心性论两个特征。⑥

---

① 方立天：《中国佛教哲学要义》，北京：中国人民大学出版社，2012 年，第 624 页。

② 张文良：《涅槃学研究》，北京：中国社会科学出版社，2024 年，第 236—237 页。

③ 方立天：《中国佛教哲学要义》，北京：中国人民大学出版社，2012 年，第 624—628 页。

④ 方立天、[日] 末木文美士主编：《东亚佛教研究》（第 1 辑），北京：宗教文化出版社，2014 年，第 179 页。

⑤ [日] 菅野博史：《道生撰〈妙法蓮花経疏〉における“理”の概念について》，《創価大学人文論集》第 3 号，1991，第 131 页。

⑥ 田湖：竺道生“理”思想的本体与心性指向，《佛学研究》2017（02），第 167—185 页。

然而，道生对“理”的阐释并非恒定不变，从就学经历上来说，道生先于庐山随僧伽提婆学习小乘毗昙，后赴长安于鸠摩罗什门下研学大乘般若，之后广弘《涅槃》之旨。在大乘小道、般若涅槃之间，道生逐步丰富和调整着自己的思想，这一变化也体现在其对“理”的界定上。道生现存三部注疏，① 虽包含一些后期增补的内容，但整体上还是能体现其在不同时期的思想进程。其中，《维摩经注》完成最早，② 是道生开始运用“理”以描述和诠释佛教核心思想的开端，且“理”的意义为学界关注相较最少，故本文以《维摩经注》为主要研究对象，探讨道生关于“理”的诠释。

一、理与空有

菅野博史将“理”在道生著述中的用法分为四种，其一，与事相应，表具体事物之理；其二，与言相应，可指与真理一致的佛陀言教（与第四万物根本之理相通），也可谓日常表达的言语之理；其三，作为后缀，表……之理；其四，指万物之根底，万物存在的根本道理。③ 这些用法在《维摩经注》中都有出现，但其中最为重要的，还是第四种，道生以理作为本体之理的做法。

《维摩诘经》原典中，“理”字并未单独出现，仅有“道理”一词一处用例。④ 另外两家注释者，鸠摩罗什与僧肇（并称时简称什肇）在注解中，皆

---

① 包括《注维摩诘经》中的道生注（以下简称《维摩经注》），《法华经疏》以及《大般涅槃经集解》中的道生疏（以下简称《涅槃经疏》）。严格而言，《注维摩诘经》中道生的写作形式应称作疏，本文随经名和惯常用法，将其称作注。

② 关于道生三部注疏的成书时间，可参考史经鹏：《从法身至佛性》，北京：人民出版社，2016年，第202—226页。

③ ［日］菅野博史：《道生撰〈妙法蓮花経疏〉における“理”の概念について》，《創価大学人文論集》第3号，1991年，第119—120页。

④ 《佛说维摩诘经》卷2：“菩萨箧藏修至诸持，经印所封，非无道理，其轮清净，入六度无极，可善取学道品，法净入正之事。”《大正藏》第14册，535下—536上。

未将“理”作为特别的论述对象。鸠摩罗什将《维摩诘经》标题“不可思议解脱”解作“将显理宗”，理取核心、道理之义；将“以何为空”释为“以何理为空”，理侧重根据、缘由之意。这些含义于魏晋时已非常常见。

鸠摩罗什也将“理”与“事”对举：

> [1] 妄见取相，而法竟无相，理乖于见，故言离也。①
>
> [2] 或以事伏心，或以理伏心，今正观则以无常等观制伏其心也。②

例 [1] 中之“法”，为最为究竟之法义，僧肇谓“一相真实法”，是无相、离相的。鸠摩罗什以“理”谓法，与见（妄见）对举，说明“理”是远离妄见的真见。例 [2] 中对治烦恼，降伏其心也有二法，以理伏心与无常正观相对，表示事法皆由因缘离合而生灭，实无常性。不过，在两例中，取相、无相、无常依然是鸠摩罗什用以表达般若学立场的核心概念，虽有理事之分，但“理”与“事”更多提供的是分析的角度，并未显示出鸠摩罗什有刻意将“理”视作本体论范畴使用的倾向。

僧肇则多用“理”以形容“道”：

> 明第一大道，理无不极、平若虚空。③
>
> 若无造、无受者……此自然之理无差毫分，复何假常我而主之哉。④
>
> 大乘在有不有、在空不空，理无不极，所以究竟空义也。⑤

---

① 《注维摩诘经》卷 2，《大正藏》第 38 册，345 下。

② 《注维摩诘经》卷 4，《大正藏》第 38 册，364 中下。

③ 《注维摩诘经》卷 1，《大正藏》第 38 册，330 中。

④ 《注维摩诘经》卷 1，《大正藏》第 38 册，333 上。

⑤ 《注维摩诘经》卷 3，《大正藏》第 38 册，354 中。

僧肇笔下的“道”即为无作无为、不落空有的般若中道，此中道最为究竟圆满，没有缺漏，故僧肇将其称为自然之理，无不极之理，表示中观之说的至上性。在僧肇多数的论述中，“理”都与中观学说的核心内容连用，引文中的无造无受之理，在有不有、在空不空之理皆为此类，还有究竟净相之理，平等之道之理等。但“道”与“理”是作为对于中道的诠解与概括出现的，因此，僧肇对于“理”的用法，更接近菅野分类中的第三种，即“理”只是一个后缀，只不过形容的对象是究竟的真谛——不有不无的中道。换句话说，将“理”之修饰去掉，并不从根本上影响其对中道实相第一性的表达。因此，在什肇的论述中，“理”作为本体论范畴并不突出，“空”依然是般若真谛的核心概念。

相比什肇，道生运用“理”的范围和含义更加广泛，其中最为显著的差异，是道生开始独立地使用“理”作为本体的范畴。在释经题时，道生就已开始将“理”的概念融入注释中：

> 不可思议者，凡有二种：一曰理空，非惑情所图；二曰神奇，非浅识所量。若体夫空理，则脱思议之惑。惑既脱矣，则所为难测。①

《维摩诘经》又称不可思议解脱经，之所以不可思议，关键在于体悟理空，所为之神奇是建立在体悟空理基础之上的。此处“理空”与“空理”道生是混用的，“理”之独立意义尚不明确。但在进一步解释“空”与“理”的含义时，二者的分别也愈加明显。先看空意，道生言：

> 空理无病，病有空耳。就病言之，故谓空为病也。②

此处是道生对“空病亦空”的解释，鸠摩罗什以未遣空为累，僧肇以毕

① 《注维摩诘经》卷 1，《大正藏》第 38 册，328 上。

② 《注维摩诘经》卷 5，《大正藏》第 38 册，377 上。

竟空遣空，是以执空为“空病”，亦应破之。道生虽对“病空”的理解与什肇一致，但唯独着重强调了“空理”的绝对性，从般若学有无双遣，以破为立的思想向路来看，道生此举是与之背道而驰的。这一无病的“空理”，其实质含义是什么？道生在解释慧解与实相关系的时候，进行了说明：

> （经文）维摩诘言：诸佛国土亦复皆空。又问：以何为空。答曰：以空空。
>
> 生曰：上空是空慧空也，下空是前理空也。
>
> 言要当以空慧然后空耳，若不以空慧终不空也。岂可以我谓为不空哉？……若理果是空，何用空慧然后空耶？自有得解之空慧，此空即是慧之所为，非理然也，何可以空慧然后空，便言理为空哉？
>
> 向言空慧者，非谓分别作空之慧也，任理得悟者耳。若以任理为悟，而得此然后空者，理可不然乎哉。①

道生区分了“以空空”之两“空”的差别，前者为空慧空，后者为前理空，对空慧的解释尤为重要。人们往往错误地认为，空慧是能够分别事物空性的智慧，空理则是由空慧的分别所得出的对万法空无所得的结论。道生认为，空不应是通过作意之慧解所得，既然有空慧能得到空，空就成为慧的对象，变相地成为有，以空为有显然不符合般若思想。以空慧所得到的空，有分别作意之嫌，并非真正的理空。真正的理空，不是分别性的，是“任理得悟”的，只有在理的境界中，与理一体，才能够体察这真正的空义，这种空与分别空的智慧并非一事。

在相关文句的解释中，什肇皆言法性自空，故不必再依借空慧，慧法俱空。道生所述实也为此意，却刻意加进了“理”字，把“法性空”解释为“理实为空”，把“空慧空”解释为“任理得悟”。从文面上虽是很小的改变，却一转以什肇以“空”为释义中心的作法，把重点聚焦在“理”上。在这一

① 《注维摩诘经》卷5，《大正藏》第38册，372下—373上。

转换下，本体论角度中般若的空性为“理实为空极”[①]所代替，实践意义上的体空，被“任理”所取代。对般若学本体与实践角度的理解都与“理”关联了起来。

而在本体论意义上使用“理”作为第一范畴，并非彼时佛教常有的作法，更多地出现在道家哲学中。道生将空义解释为“无有无无，究竟都尽”，与“不有不无”的般若空观有区别，更接近法汰的本无说与王弼的万象归一论。[②] 伊藤隆寿归纳了道生现存著述中作为根本义的理，指出有很多内容是与《老子》中道的概念重复，[③] 也进一步印证了道生在诠释佛典时所受道家哲学的影响。虽然道生作为诸法实相的“理”，是空亦复空的空性，与道家作为万物生成依据的道、理存在显异的差别。但因后者明确具有实体色彩，偏重实有也一直为中国传统哲学的主流，在这一背景之下的以理释空，难免不及什肇对空性的解释彻底。但以理代空的做法，客观上加速了《涅槃经》传入后，道生以“理”释“佛性”的转换：

> 法者，理实之名也……体法为佛，法即佛矣。[④]
>
> 法性照圆，理实常存。[⑤]
>
> 夫体法者，冥合自然。一切诸佛，莫不皆然，所以法为佛性也。[⑥]

《涅槃经疏》中，“空”不再是道生诠释的核心概念，取而代之的为（佛）性，道生将法、理、性等而视之，并将照圆、常存等视作佛性的特征，与涅槃之常、乐、我、净相关联。因一切众生皆有佛性，故体法的过程，也

---

① 《注维摩诘经》卷5，《大正藏》第38册，373中。

② ［日］小林正美：《六朝佛教思想研究》，王皓月译，济南：齐鲁书社，2013年，第103页。

③ 方立天、［日］末木文美士主编：《东亚佛教研究》（第1辑），北京：宗教文化出版社，第186—187页。

④ 《大般涅槃经集解》卷54，《大正藏》第37册，549上。

⑤ 《大般涅槃经集解》卷9，《大正藏》第37册，420上。

⑥ 《大般涅槃经集解》卷54，《大正藏》第37册，549上中。

是佛性由隐及显，扩充实现的过程。从逻辑结构上，“体法为佛”与“任理为悟”相同，从解释内容上，由究竟之空，到圆照之有，都是对实相的不同表达，“理”的加入，也令这一过渡更为自然。

二、理与惑悟

在“任理得悟”的前提下，理空与空慧是彼此成就，合而为一的，小林正美将之称作“所观的理空”与“能观的慧空”。① 与什肇重在辨析“所观的理空”不同，道生对“理”的诠释更多是与能观者相关的，因此，在被证悟的实理的描述之外，道生将更多的诠释给予了悟理的主体——人，道生常称之为惑者。惑与悟，也被道生与“理”进行了关联。

> 心行者，不从理为怀也。怀不从理者，缠缚生死，不相出也。②
>
> 法既无常、苦、空、无我，悟之则永尽泥洹。③

心行为众生，也就是惑者的心行，“怀不从理”与“任理得悟”相对，表示无法依理认识诸法的实相，故无法摆脱生死；而任理得悟者，已超越三界，理冥无形，即能摆脱轮回的缠缚，不为世间有为法所滞。故能否从理、任理，是区分惑者与悟者的基本原则。先看理与惑的关系。

> 心垢者，封惑之情也。④
>
> 夫有烦恼，出于惑情耳，便应观察法理以遣之也。⑤

---

① ［日］小林正美：《六朝佛教思想研究》，王皓月译，济南：齐鲁书社，2013 年，第 95—96 页。

② 《注维摩诘经》卷 5，《大正藏》第 38 册，373 下。

③ 《注维摩诘经》卷 3，《大正藏》第 38 册，354 下。

④ 《注维摩诘经》卷 3，《大正藏》第 38 册，355 下。

⑤ 《注维摩诘经》卷 6，《大正藏》第 38 册，386 上。

> 如法不如法，出惑想之情耳，非华理然也。[①]

道生注中对惑情的描述主要有两种，一种是五情，与僧肇的六情对应，指五根，与中国传统哲学中“情”的含义相类，多指喜怒哀乐爱恶欲等人的自然情感。虽然五情不是道生论述的重点，但玄学中“以情从理”的思想，还是影响了道生看待情与理的关系。[②] 另一种是封惑，虽然五情的流荡放逸也为封惑所致，但因道生特别强调，故分述之。道生认为，封惑是烦恼产生的最大根由。封惑并非佛教常见词汇，由封而惑，意为封闭、局限于小我而产生的错误认识，应也与道家有关。《庄子》提出“以物观之”与“以道观之”两种相对的认识维度，且“道未始有封”的思想，更展现出物之有封的局促与狭隘，故僧肇也有“封累”“封我之惑”的说法。道生将我与理对立而述，“以我观之”尚为“在惑之时”，“非理中怀”，只有“以理观之”才是正确的认识方法。不过，道生虽受道家的影响，但在封惑具体内容的描述上，还是更多与佛教的无我思想相关联。

> 惑者皆以诸法为我之有也，理既为苦，则事不从己，己苟不从，则非我所保，保之非我，彼必非有也。[③]
>
> 理既不从我为空，岂有我能制之哉？则无我矣。[④]

无我虽为佛教的核心思想，但破除我执并非《维摩诘经》的主题，《维摩诘经》主张“于我无我而不二是无我义”[⑤]。参照什肇的注疏，二者皆在强调，小乘仅贵于无我义，有所偏颇，应对事用之有我与无自性之我等而视

---

① 《注维摩诘经》卷 6，《大正藏》第 38 册，387 中。

② 《注维摩诘经》卷 2，“情不从理，谓之垢也。若得见理，垢情必尽。”《大正藏》第 38 册，346 上。

③ 《注维摩诘经》卷 3，《大正藏》第 38 册，354 中。

④ 同上，354 中。

⑤ 同上，354 中。

之，这与将空有不二的境界称作空（究竟空）的逻辑是一致的。但道生把关注点放在对于小我的破斥上，故其常常提到“无常厌身”“亡惑无身”，对于已得理的菩萨，道生解释为“本不为己，故报无惑”①，出发点仍是无我义。这与僧肇所谓“观无常而厌离者二乘也，观无常不厌离者菩萨也”② 正相对应，反映出道生思想受小乘影响较大。

然而，受小乘影响并不意味着道生局限于小乘，在《维摩经注》中，道生采用了两种叙述逻辑，一种对惑者言，一种就悟者说。③最为典型的表达如下：

> 至于在惑之时固应患惑求通，求通之怀必以无常厌身。然则厌身出于在惑，非理中怀也。④

惑者尚未见理，故也无法体认究竟的空义。对其而言，通过认识无常迁变，众缘和合，从而厌离执有的己身，是患惑求通的必由之径。同时，道生也非常清楚，若已任理得悟，自然不再有已身、烦恼与涅槃的分别，故厌身只能出于患惑，并非来自悟理。类似的表达非常多见，如“向在惑以无常厌离，今亦取苦乐涅槃乐。就理为言，岂得然乎?”⑤ “众生空、法空理诚不殊，然于惑者取悟事有难易，故分之也。”⑥ 小乘法的核心内容即为患惑求通，也对实践次第有非常详细的说明，故常为道生所用。

在理与悟的关系上，什肇则贯彻了在有不有的中道思想，认为菩萨行

---

① 《注维摩诘经》卷 5，《大正藏》第 38 册，378 下。

② 同上，374 下。

③ 《维摩经注》中道生未明确使用二谛说法，加上《二谛论》写就时间不甚明确，故本文未直接用二谛之说进行分析，但《维摩经注》中已出现道生运用二谛分析惑悟两方对理认识的雏形，《二谛论》应是在此之后进一步凝练而成。道生关注惑者的认识能力与局限，与之后关注众生根性为一脉。

④ 《注维摩诘经》卷 5，《大正藏》第 38 册，375 上。

⑤ 同上，375 上。

⑥ 《注维摩诘经》卷 2，《大正藏》第 38 册，346 上。

“非在生死，非住涅槃”①，与二者释空的思路一致，直接论述“烦恼即涅槃”的觉悟境界。道生依然使用了对惑者说的叙事逻辑，“既观理得性，便应缚尽泥洹”②。当然，道生并非主张大乘得理永入涅槃而不还，而是强调观理得性的直接结果应是烦恼缚尽，涅槃自在。菩萨的方便生，是在此基础上的，不贵涅槃，不见涅槃与烦恼有异，是在穷理与生死之间寻求的平衡。因此，道生更注重将理作为标尺，划分乖理为惑和任理得悟的情况，再分别谈论惑者与悟者在对待生死与涅槃等问题的不同表现。

除观理得性外，道生还使用过“穷理尽性”来表达“悟”的状态。传统儒家中的“穷理尽性”更侧重实有，故后为宋儒所用，展开为以天理为最高存在，以己性复归天理为目标的道德修养学说，可释作穷实理尽己性。但道生在《维摩经注》中的描述，重在穷理，且理延续了空极之义，所尽之性，依然侧重表示空性，尚不能与《涅槃经》译出后将性释作佛性混为一谈，可释作穷空理尽空性。

不过，道生的穷理尽性，与什肇还是有一定差别。一方面，道生所倡之理悟，更强调断烦恼，并非悟空境，著力于“烦恼永尽，仿佛亦除”的涅槃状态，无结无缚，没有刻意强调在有不有、在空不空的中观说；另一方面，从“妙绝三界之表，理冥无形之境”③ 的描述来看，悟法者无形、无界、无为，故能无不界、无不形、无不为，④ 与其说贴近般若学，不如说是将道家无为而无不为的思想融贯于对涅槃的解释之中。

三、理与三乘

承担惑与悟的主体是人，惑悟的程度是以是否得理为参照系而评价的。

① 《注维摩诘经》卷 5，《大正藏》第 38 册，380 上。

② 《注维摩诘经》卷 2，《大正藏》第 38 册，345 中。

③ 同上，343 上。

④ 同上，343 上。

在道生的描述中，“魔与外道是背理之极”，没有趣理之心，往往背理而行；惑者即为众生，因不能从理而观，故被烦恼缠缚，无法达到涅槃；悟者已观理之无形，不为烦恼所缚。就小乘佛教而言，阿罗汉即为最高果位，又谓“不还果”，不再流转于生死，无余涅槃更是灰身灭智，肉体和思维活动一同寂灭，不为他者所牵累。但在维摩诘现疾，谁能堪任问疾的讨论中，诸位阿罗汉皆被维摩诘所难，对佛法的理解远不及大乘，显示出《维摩诘经》贬斥小乘的思想倾向。道生也通过理与三乘的关系，回应了这一思观点。

> 三乘皆同以其理为悟，故无不摄……虽曰总摄贤圣智慧，而二乘不尽其理，唯是菩萨所行之道而已。①

道生认为至理可以统摄“圣贤一切智慧”，也就是说，三乘所证悟的对象皆为一理，但三乘的分别主要在于是否尽理。显然，声闻、缘觉不能尽理，而菩萨所行之道与理同。关于菩萨属于悟理者的范围，道生还有多处描述：

> 理常皎然若此，而众生乖之弥劫。菩萨既以悟之，能不示诸?②
>
> （文殊）既以体理为怀，来则于其为不来相之来矣。有不来相之来者，善之极也。③

道生明确菩萨不仅可以悟理，还可以示理，在《维摩诘经》中，文殊菩萨示不来相之来，便是悟理后难测之所为，不在思议的范围，即为对至理的展示。但依上文，穷理者舍生死缚，而菩萨不舍众生，故道生解释菩萨的

---

① 《注维摩诘经》卷10，《大正藏》第38册，416上。

② 《注维摩诘经》卷6，《大正藏》第38册，384中。

③ 《注维摩诘经》卷5，《大正藏》第38册，371中。

“不尽有为”，是“求理不舍生死之怀，以慈悲为本”①。慈悲是菩萨施予众生的，僧肇称其为“入有之基，树德之本”，是菩萨所行之功德，这些都是在有为法层面上之所行。而对于菩萨的“不住无为”，道生称之为智慧，“是穷理将入生死之怀，以满愿为极”②。说明菩萨具备广大智慧，虽能体悟无相无作、无起无常，既不为空义所缚，以空为证，也不随小乘心生厌离，而是于生死法中教化众生，因机授药。故文殊能示不来相之来，菩萨也需以方便法为众生示理。因此，道生《维摩经注》中对悟理者的说明，是包含佛与菩萨两者的，重点在于菩萨，与《维摩诘经》的主旨相符。

关于佛与理的关系，《维摩经注》中也有提及：

> 佛为悟理之体，超越其域，应有何病耶？③
>
> 思欲是妄想之怀，致病本也。如来身从实理中来，起不由彼，应有何病耶。④

佛身并非因思欲而起，思欲以妄想为本，妄想为惑者所有。如来身由实理中来，有鸠摩罗什“为法化生身”之义，表示佛与理同，不受思欲牵绊。加之菩萨可以通达佛道，⑤ 因此，《维摩经注》中所体现出菩萨与佛的差别并不明显。不同的受法者与理的远近关系可依次表示为：

> 魔与外道（背理之极）—众生（乖理）—声闻、缘觉（未尽理）—菩萨、佛（尽理）

---

① 《注维摩诘经》卷 9，《大正藏》第 38 册，406 中。

② 同上，409 上。

③ 《注维摩诘经》卷 3，《大正藏》第 38 册，360 上。

④ 《注维摩诘经》卷 3，《大正藏》第 38 册，360 上。

⑤ 《注维摩诘经》卷 7，“应化无方为佛之道，既能体之，为通达矣。”《大正藏》第 38 册，390 中。

在《维摩诘经》中，魔与外道也可发道意，不乐五欲而乐于法。所谓法乐，道生认为始于信，终于道品（三十七道品），显示出逐渐趣理的过程，同样，惑情众生与声闻缘觉也在求理的阶段之中。但菩萨尽理的思想在《法华经疏》中发生了变化：

菩萨未尽理，应以教之。佛所护念，佛尽理全为护，永无忘失。①

菅野博史指出，《法华经疏》中有“佛尽理全”“佛缘理生”等描述，尚未实现佛果的菩萨是无法尽理的，道生常用“入于理”“入理”“近理”“亲近理”进行表示。② 这是道生在实践理论上的大调整，应受到了《法华经》“唯佛与佛乃能穷尽诸法实相”思想的影响。小林正美将道生《法华经疏》中的大乘分为“菩萨乘的大乘”和“一佛乘的大乘”，前者与声闻、缘觉相对，后者与声闻、缘觉、菩萨相对，是会三归一的“大白牛车”。③ 《法华经》主要宣弘后者，故在《法华经疏》中，道生有了“理无二极”、“理苟无三”的说法。既然理唯一无二，那能尽理者只有佛。菩萨尽理的观点，也就仅停留在了道生注《维摩诘经》前后。

四、理与顿渐

道生以顿悟说扬名于后世，但其顿悟之说究竟形成于何时，学界未有定论。道生所撰《顿悟成佛义》（已佚）与谢灵运《辩宗论》时间相近，约为420—422年，《辩宗论》中所记道生顿悟说的核心内容为“寂鉴微妙，不容

① ［南朝宋］道生：《法华经疏》卷1，《卍续藏经》第27册，2下。

② ［日］菅野博史：《道生撰〈妙法蓮花経疏〉における“理”の概念について》，《創価大学人文論集》第3号，1991，第131页。

③ ［日］小林正美：《六朝佛教思想研究》，王皓月译，济南：齐鲁书社，2013年，第84—85页。

阶级”[1]，且在之后慧达的记载中，道生“明理不可分，悟语照极。以不二之悟，符不分之理。理智恚释，谓之顿悟”[2]。进一步明确了理的整体性，应反映了道生立《顿悟成佛义》以来的思想主张。而《维摩经注》虽然掺杂了道生习得《涅槃经》后的思想要素，但整体完成时间应在接触六卷本《泥洹经》（417—418）之前。那么，《维摩经注》中是否能窥见顿悟说之萌芽呢。道生曾涉及几处趣理的内容：

始观之时，见理未明，心不住理，要须念力然后得观也。[3]

入理未深，不能无乐。若无有代，必思旧乐而退矣，故说法乐以易其昔五欲乐也。[4]

若久观理明，后生则无矣，是以言设身有苦也。[5]

从以上描述看，悟理似乎需要一个渐进的过程，而理也可以被部分地理解。最初观理但未明理，故无法依理而观；进而在入理未深的阶段，仍有欣乐（理）之情，以法乐代替欲乐，是保持入理不退的重要方法；久观理明，说明久观可以达致悟理的结果，无生则为涅槃。不过，悟理似乎并非全由渐悟，《维摩经注》中还提到大悟：

一念无不知者，始乎大悟时也。以向诸行，终得此事，故以名焉。以直心为行初，义极一念知一切法，不亦是得佛之处乎。[6]

所以始于有身、终至一切烦恼者，以明理转扶疏，至结大悟

① ［唐］道宣：《广弘明集》卷18，《大正藏》第52册，225上。

② ［南朝陈］慧达：《肇论疏》卷1，《卍续藏经》第54册，55中。

③ 《注维摩诘经》卷6，《大正藏》第38册，386上。

④ 《注维摩诘经》卷4，《大正藏》第38册，366中。

⑤ 《注维摩诘经》卷5，《大正藏》第38册，377中。

⑥ 《注维摩诘经》卷4，《大正藏》第38册，365上。

实也。①

两条引文对顿渐皆有涉及，从肯定渐悟的角度看，大悟之前的“以向诸行”，是获得“一念无不知”的积累，以“直心”为实践的起点，最终能“义极一念”。这与《菩萨品》注释中将信法作为趣理的开端，可藉信渐入的逻辑一致，也与谢灵运和慧达都提到的“教必由信”②的思想相符。从顿悟的角度来看，“一念无不知”与“大悟”关系紧密，“大悟”一词，道生在《维摩经注》中使用了 3 次，表示了悟全理的状态，但全理并非指各有为法之理的总和，了悟全理也非所有渐近工夫的叠加，而是在极短时间内发生的，对诸法实相的掌握，故“既悟其一，则众事皆得”③。对比之后道生的顿渐之说，《维摩经注》中对顿渐之法的区别已有雏形，一念顿解之前需要由浅及深的入理过程，是道生此时更为关注的。不过，渐近之行如何质变为大悟之实，《维摩经注》中并未说明。到了《法华经疏》，“大悟之时”与众生所拥有的大悟之分相应，众生根机问题的加入，令道生对顿悟的解释更为充分。

至于谢灵运和慧达都提到的理不可分的问题，道生在《维摩经注》中也有“实相理均，岂有深浅”的说法，但并非表达理不分层次，一体而得，而是在说明阐述实相之经藏同释一理，无深浅之分，世人信受困难，故有深浅之别，与顿渐问题并不相关。对于理的整体性的描述，也是在《维摩经注》之后，于《法华经疏》中逐渐确定的。“理苟无三，自然与一”，《法华经疏》中道生所谓之理是与一乘相对应的，在终极意义上是摒弃包括唯一在内的任

① 《注维摩诘经》卷 7，《大正藏》第 38 册，392 上。

② 参慧达：“竺道生法师大顿悟云……见解名悟，闻解名信。信解非真，悟发信谢。理数自然，如果就自零。悟不自生，必籍信渐。用信伪惑，悟以断结。悟境停照，信成万品。”《肇论疏》卷 1，《卍续藏经》第 54 册，55 中。谢灵运：“（新论法师）答云……由教而信，则有日进之功。非渐所明，则无入照之分。”《广弘明集》卷 18，《大正藏》第 52 册，225 下。

③ 《注维摩诘经》卷 8，《大正藏》第 38 册，396 下。

何规定性的，[①]这样的理自然无法被逐渐地获得。并且，在《法华经疏》中，道生还重点运用了道家的言不尽意说，以说明理在言外，这些内容的加入，皆为道生强调顿悟之说提供了重要依据。因此，仅就《维摩经注》而言，道生在顿渐二法中更关注渐法，因为渐法往往是众生断除烦恼、趣向涅槃的依持，断除惑情是其重点关注的内容，而顿悟之义尚处在探索阶段，并未完全形成。

结　语

道生关于“理”的界定和阐释并非一蹴而就。在《维摩经注》中，道生没有如什肇般扫一切相，而是选择了极具中国哲学特征的理，作为本体范畴进行大量阐述，是道生融合三家思想的重要创造。比起如水月镜花的“空”义，“理”具备更多的实有色彩，更易与“其中有实”的道家思想相接，实理、任理、穷理的表达，都指向了对于最高实相的追逐。以理代空，更易于为时人所接纳，也体现出深受传统哲学思想影响的中国僧人在理解空义时的中国化特征。这一理解，也在《涅槃经》译出后，自然地与佛性义相结合，成为由般若向涅槃学过渡的桥梁。

同时，“理”同时作为实践的最终目标，识理的途径，悟理的境界，也是其思想展开的重要组成部分。在《维摩经注》中，道生在实践的层面更关注未悟的众生，故断除烦恼，观理遣惑，仍是此时的论述重点，表现出小乘佛教对其的影响。但随着深入《法华经》与《涅槃经》，道生的思想角度产生了变化，在后两部义疏中，道生所关注的重点不在断除惑情，而在任理得悟的佛和皆有佛性的众生上，围绕“理”而展开的理与言教、理与佛性、理与顿悟等思想也逐渐丰满。这使得“理”在更为多维的角度上得到探讨，也为启发隋唐佛教和宋明理学进一步探讨“理”的思想提供了基础。

---

① ［日］菅野博史：《道生撰〈妙法蓮花経疏〉における“理”の概念について》，《創価大学人文論集》第3号，1991年，第130页。

宋明哲学思想研究

朱子读书法浅思

孙玲玲　陈俊宏[*]

（河北大学　哲学与社会学学院，河北　保定　071002）

摘　要：朱子读书法的内容主要源自宋代黎靖德所编《朱子语类》卷十、卷十一及元代程端礼等的整理归纳，涵盖“居敬持志”“循序渐进”“着紧用力”“熟读精思”“虚心涵泳”“切己体察”六大条目。各条目相互关联、协同作用，构成完整的读书体系。朱子读书法是其理学思想的映射，也是对前人以文字训诂等经学路径为主的读书方法的革新，开启了由经学向理学的系统的读书思路转向。其先四书后五经的读书体系呈现的是以义理为先的为学次第，而所谓“着紧用力”“熟读精思”的思想既是勤学，也是苦学，对大多数不能由“乐”而入的学子来说，亦未尝不是一条笨拙的“捷径”。但归根结底，朱子的读书法本质上仍是以对个人身心修养为关注的读书法，注重读书与个人身心性命成长的连接，此诚学者不得忽视之处。

关键词：读书法；朱子；义理；修养

目前学界对朱子读书法的研究，主要分为四大类。第一类是围绕着六条目而来。其中有阐其义理者，又有论述其余者。阐其义理者主要针对这六条目阐明自己的理解，指出其间的问题，并试图分析六者之间的关系，主要以

* 孙玲玲，哲学博士，河北大学哲学与社会学学院讲师，研究方向为儒家哲学。陈俊宏，河北大学哲学与社会学学院2022级哲学专业本科生。

郭齐家先生与徐春健先生为代表；又有只围绕其中有心得的一两条来谈者，如对“循序渐进”的分析（闵军）等。论述其余者，着力指出六条目所未涉及者，可以视作对六条目的补充，如郑春汛的《〈朱子读书法〉学术价值新探》。第二类是抛开六条目，自己对朱子的读书方法进行总结。在当代学者中，从这个方法出发的有不少，但都影响较小。最具代表性的，还是钱穆先生研究总结的《朱子读书法》。更有研究钱穆先生《朱子读书法》的学者，亦可勉强归入此类。第三类是将朱子的读书理念与他人进行比较。如刘芝庆先生的《经典与证道——朱陆读书法》，便是将朱子与陆九渊的读书法进行比较。第四类便是利用朱子读书法与现代学科教育进行结合，主要从现代教育学的角度来理解朱子读书法，亦是成果颇丰，由于和我们所讨论的领域相隔较远，此处不做赘述。

朱子的读书法本无成形的本子，宋代黎靖德所编《朱子语类》卷十、卷十一根据朱子门人的记录，整理了《朱子读书法》，分为上下两部分，成为后世学者掌握学习方法的重要参考资料。元代学者程端礼根据朱子所言“为学之道，莫先于穷理。穷理之要，必在乎读书。读书之法。莫贵乎循序而致精。而致精之本，则又在于居敬而持志。”① 的为学宗旨，与其门人将朱子读书法分为六大条目。清代学者陈弘谋在《五种遗规》中记到：“其（程端礼）门人与私淑之徒，会萃朱子平日之训，而节序其要，定为《读书法》六条如左。”又曰：“朱子自定读书之法，一曰循序渐进，一曰熟读精心。二者固尽其要。而此六条者，则后人集其说而推明之者也。”② 这六大条目分别为“循序渐进”“熟读精思”“虚心涵泳”“切己体察”“着紧用力”“居敬持志”。这六条被后人诸多阐释，并逐渐成为朱子读书法的代表。顾明远先生认为：“弟子辅广始辑，由张洪、齐熙增补而成。归纳朱熹读书法为六条：循序渐进，熟读精思，虚心涵泳，切己体察，着紧用力，居敬持志。”③ 但

① ［清］陈弘谋：《五种遗规》，南京：凤凰出版社，2016 年，第 32 页。
② ［清］陈弘谋：《五种遗规》，南京：凤凰出版社，2016 年，第 32 页。
③ 顾明远：《教育大辞典 9 · 中国古代教育史下》，上海：上海教育出版社，1992 年，第 97 页。

事实上，“居敬持志”的顺序是有争议的，顾氏此说大概据清代陈弘谋而来。根据陈弘谋的记载：“考庆源辅氏，先以居敬持志，次及循序渐进。而《江东书院讲义》则先之循序渐进，而以居敬持志终焉。”① 可见朱子弟子辅广是将“居敬持志”放在第一位的，《江东书院讲义》虽然是元代程端礼的作品，但他却在《读书分年日程》中也采取了和辅广相同的排序。而陈弘谋则以“在初学，似难遽责之”为由采取了《江东书院讲义》的顺序，并最终在其《五种遗规》中将其放在最后。

在朱子看来，读书已经是第二义，在读书之先的，是体会自己身上本就已经具备的道理，而不是从外面额外添上道理。他说：“学问，就自家身己上切要处理会方是，那读书底已是第二义。自家身上道理都具，不曾外面添得来。”② 只是这些道理普通人并不能直接觉识到，圣人把自己从切身经历中得出的道理写在书册，供后人参考，我们读书，便可通过圣人的感悟来识得自己身上本就具足的道理。切己体察的重要性是毋庸置疑的，这一主张也显然受到了孟子“万物皆备于我矣，反身而诚，乐莫大焉”③ 思想的影响。

一、居敬持志、循序渐进：以义理为先的读书体系

朱子说：“为学之道，莫先于穷理；穷理之要，必在乎读书；读书之法，莫贵乎循序而致精；而致精之本，则又在于居敬而持志。”④ 在朱子读书系统中，“居敬持志”作为内在精神支柱，塑造着学习者的品德与志向，为读书奠定坚实的心理基础；“循序渐进”则从外在规范读书的顺序与节奏，确保知识的积累有条不紊。二者相互依存，如鸟之双翼、车之两轮。此二者颇具理学特色，其中的读书次第系统，更是朱子读书法的重要思想体现。

① ［清］陈弘谋：《五种遗规》，南京：凤凰出版社，2016 年，第 32 页。

② ［宋］黎靖德编：《朱子语类》卷 10，北京：中华书局，1986 年，第 161 页。

③ 万丽华、蓝旭译注：《孟子》，北京：中华书局，2007 年，第 289 页。

④ ［清］陈弘谋：《五种遗规》，南京：凤凰出版社，2016 年，第 32 页。

（一）居敬持志

对“敬”的推崇渊源已久，“居敬”的说法自孔子而来，《论语》中有“居敬而行简，以临其民”[①] 的言论。到了程朱一脉，“敬”有了更为特殊的地位，《宋史》中评价朱子之学曰：“其为学，大抵穷理以致其知，反躬以践其实，而以居敬为主。”[②] 朱子甚至认为：“学者工夫，唯在居敬、穷理二事。”[③] 又说：“吾儒之学，则居敬为本，而穷理以充之。”[④] “居敬”在朱熹思想中的特殊性不言而喻。

程端礼继承了程朱主“敬”的思想，在《读书分年日程》中把“居敬持志”一条放在首位。刘复生先生认为：“《朱子读书法》六条目的排列顺序，在古人看来也应该含有本末、终始、先后之意。以‘居敬持志’为首，就是以‘居敬持志’为本、为始、为先的意思。反之，则有以之为末、为终、为后之意。”[⑤] “居敬持志”一条，严格来说，当是一条纯粹的修身功夫。程端礼在《读书分年日程》中引朱子的话说：“朱子谕学者曰：‘学者书不记，熟读可记；义不精，细思可精。惟有志不立，真是无著力处。’只如今人，贪利禄而不贪道义，要作贵人而不要作好人，皆是志不立之病。”[⑥] “居”与“持”所体现的是长久性，不止是一个动作，更是一种状态。“敬”的精神与“静”的主张，更是作为基本的修身处世功夫，一贯于整个朱子学中。

在朱子读书法中，“居敬持志”一条的主要观点，可以据此被归为以下两点：

首先，“居敬”在于收其放心，使之长存。此一点又包括三个内容：

一是“求放心”。“求其放心”从孟子处得来，其理论依据是道理都本具

---

① 张燕婴译注：《论语》，北京：中华书局，2007 年，第 69 页。

② ［元］脱脱：《宋史》卷 429，北京：中华书局，1985 年，第 12769 页。

③ ［宋］黎靖德编：《朱子语类》卷 9，北京：中华书局，1986 年，第 150 页。

④ ［宋］黎靖德编：《朱子语类》卷 126，北京：中华书局，1986 年，第 3016 页。

⑤ 刘复生主编：《川大史学第 2 辑・中国古代史卷》，成都：四川大学出版社，2016 年，第 450 页。

⑥ ［元］程端礼：《程氏家塾读书分年日程》卷 1，北京：中华书局，1985 年，第 9 页。

于自身之中，朱子所说的“求其放心”亦是此意，反映在读书法上便是先要“定”心，他认为“人心不在躯壳里”是读不进圣人之书的。他说：“今且要读书，须先定其心，使之如止水，如明镜。暗镜如何照物！”① 他把读书比作以镜照物，定心便是使心平如镜。

一是“静坐”。朱子教人“求”与“定”的方法便是静坐。他举了当初陈烈先生苦于记性不好，受孟子“求放心”之说的启发，“遂闭门静坐，不读书百余日，以收放心”②，果然再去读书时便“一览无遗”。他认为读书闲暇的时候平心静坐有助于“见得道理渐次分晓”。

一是长存此心不间断。此不可间断之心便是“敬”心，认为把存心与读书看作一件事，才能有所得。他说：“于敬不能无间断，只是才觉间断，便提起此心。”③ 其间的关键在持久连续性。朱子把“常不间断”作为战胜物欲之心的前提和“本心之义理自安且固”的保障，他反复强调要“常常提醒在这里”，因为“他日长进，亦只在这里”④。

他认为，读书需要身心投入，“大凡学者须是收拾此心，令专静纯一，日用动静间都无驰走散乱，方始看得文字精审。如此，方是有本领”⑤。将收心、静坐、“不间断”三者糅为一起，便是读书居敬的内涵了。

其次，持志要立志、广志。

尚志之说，自孔子已有之。孔子有“十有五而志于学”，“匹夫不可夺志”之说。至于孟子，又有“士尚志”和“持志养气”之说。朱子主张立志要坚定，说“立志不定，如何读书？”⑥ 而立志坚定，又不是要死死地守住固有的志向，还要“自广其志”。他举了“横渠知言”的例子，认为平日读书，发现大家所说的有不同之处，要引起重视，弄明白差别在哪里，不能

---

① ［宋］黎靖德编：《朱子语类》卷11，北京：中华书局，1986年，第177页。

② ［宋］黎靖德编：《朱子语类》卷11，北京：中华书局，1986年，第177页。

③ ［宋］黎靖德编：《朱子语类》卷11，北京：中华书局，1986年，第176页。

④ ［宋］黎靖德编：《朱子语类》卷11，北京：中华书局，1986年，第178页。

⑤ ［宋］黎靖德编：《朱子语类》卷11，北京：中华书局，1986年，第177页。

⑥ ［宋］黎靖德编：《朱子语类》卷11，北京：中华书局，1986年，第177页。

“一切委之”，这样才能“自广其志，自进其知”[①]。

“守敬持志”既是方法，又是理念。朱子承孔孟之道，极为重视“守敬持志”的功夫。落实于具体的读书方法上，与其他五点存在诸多的交叉之处，难以判然划分，其与虚心一条，尤难以割裂。在朱子的理念中，“守敬持志”的态度与方法，实贯穿于读书与修身的始终。

（二）循序渐进

早在《礼记·学记》中就有“幼者听而弗问，学不躐等”[②] 的思想，强调学习存在不同的阶段与层次，针对不同的阶段，应当学习不同的内容。《论语》中，孔子对“学不躐等”的思想亦是反复强调。他认为“中人以上”者具备较强的思维能力与知识基础，可以教授高深学问与哲理。“中人以下”者因认知局限，需从基础学起。因此：“中人以上，可以语上也；中人以下，不可以语上也。”[③] 学习过程中所处的阶段和层次甚至决定了士人之间的相处方式和择友权衡。孔子曰：“可与共学，未可与适道；可与适道，未可与立；可与立，未可与权。”[④]“立”要求在知识和道义层面执着坚守，坚定信念与价值观，不为外界诱惑干扰。而“权”是最高境界，要求在复杂现实中灵活运用所学，在“立”之上设“权”，可见在坚守“道”的时候不能过分执着，须权衡利弊、变通处置，如孟子深知男女授受不亲但仍坚守内心的道义，对溺水的嫂子施以援手就体现了“权”。

1. 宏观层面

朱熹关于读书次第的思想具有极大的开创性。关于读书应当先读什么后读什么的问题，在朱熹的读书法中被分得详细且条理分明。他认为读书次序错了，便可能徒费心力，事倍功半。“学不可躐等，不可草率，徒费心力。

---

① ［宋］黎靖德编：《朱子语类》卷 11，北京：中华书局，1986 年，第 190 页。

② 杨天宇：《礼记译注》，上海：上海古籍出版社，2004 年，第 458 页。

③ 张燕婴译注：《论语》，北京：中华书局，2007 年，第 79 页。

④ 张燕婴译注：《论语》，北京：中华书局，2007 年，第 131 页。

须依次序，如法理会。一经通熟，他书亦易看。”① 归纳起来，主要有两条不同的线路：一条是宏观的，强调整个读书系统中的顺序。一条是微观的，主要针对具体的一本书应当如何读入手。

在朱子看来，读书的目的便是体认自家本就具有的道理，而这个道理便是天所赋予的“天命之性”，是“天理”。以明“理”为本的思想决定了他对于整个读书内容宏观的先后次序的理解，关于读书书目的顺序，朱子有一套成熟的体系，且影响深远。他以“先立大本”为宗旨，从读书明理的大义入手，认为要先读经，再读史，次读诸子百家，其间的顺序不能打乱，不可逾越。“故必先观《论》《孟》《大学》《中庸》，以考圣贤之意；读史，以考存亡治乱之迹；读诸子百家，以见其驳杂之病。其节目自有次序，不可逾越。”② 读经要先读《四书》，《四书》又要先读《论语》，再读《孟子》《大学》，最后读《中庸》。他认为：“凡读书，先读《语》《孟》，然后观史，则如明鉴在此，而妍丑不可逃。”③ 看了《论语》《孟子》，明白了义理，心里便有了评判的方法与尺度，再去看史书，就像照镜子一样，美丑自见。但是如果没有读明白四书就去看史书，心里没有一个权衡的尺度，就很容易困惑了。

他认为，虽然开卷有益，但是人的心力有限，不能凡书尽读，便只能读那些经过圣人之手的书，因为圣人所作的书更切合天理，因此要读六经。“书那有不可读者？只怕无许多心力读得。六经是三代以上之书，曾经圣人手，全是天理。三代以下文字有得失，然而天理却在这边自若也。要有主，觑得破，皆是学。”④ 要义理明白了，再去看史书。他说：“今人读书未多，义理未至融会处，若便去看史书，考古今治乱，理会制度典章，譬如作陂塘以溉田，须是陂塘中水已满，然后决之，则可以流注滋殖田中禾稼。若是陂

① ［宋］黎靖德编：《朱子语类》卷 11，北京：中华书局，1986 年，第 187 页。

② ［宋］黎靖德编：《朱子语类》卷 11，北京：中华书局，1986 年，第 188 页。

③ ［宋］黎靖德编：《朱子语类》卷 11，北京：中华书局，1986 年，第 195 页。

④ ［宋］黎靖德编：《朱子语类》卷 11，北京：中华书局，1986 年，第 190 页。

塘中水方有一勺之多，遽决之以溉田，则非徒无益于田，而一勺之水亦复无有矣。读书既多，义理已融会，胸中尺度一一已分明，而不看史书，考治乱，理会制度典章，则是犹陂塘之水已满，而不决以溉田。若是读书未多，义理未有融会处，而汲汲焉以看史为先务，是犹决陂塘一勺之水以溉田也，其涸也可立而待也。”①

朱子把明白义理与读史的关系比作“作陂塘以溉田”，需要等塘里的水满了之后才能“决之”，使其流出灌溉滋养庄稼，如果只有一点水就拿去灌溉庄稼，非但庄稼得不到滋养，连那一点水也没有了。相反，如果水满了还不去灌溉庄稼也是不行的。因此，义理未融会不能去读史，义理融会了也不能不去读史。

读史书要先读《史记》，再读《左传》，然后看西汉东汉及三国志，次看《通鉴》，有余力再看全史。有弟子问他读史之法。他说：“先读《史记》及《左氏》，却看西汉东汉及《三国志》。次看《通鉴》。……若欲看本朝事，当看长编。若精力不及，其次则当看国纪。国纪只有长编十分之二耳。”② 他认为，读史书应当观察大伦理、大机会、大治乱得失。

最后才是读子集类的书。他说：“理明后，便读申韩书，亦有得。”③ 对于经史以外的其他书，都可视为有余力之后的读物，虽然可能有所得，但终归是末节。

2. 微观路线

微观线路是指面对同一本书时的先后顺序，主要介绍了两种具体的读书方法。

第一是按部就班，依照顺序读。即一句一句地去理解体会，吃透了这一句，再看下一句，然后再玩味全章。其要义在于保持高度的专注力与严谨的顺序性。以研读《论语》《孟子》为例，必须专心地一部一部读，“须是看

---

① ［宋］黎靖德编：《朱子语类》卷 11，北京：中华书局，1986 年，第 195 页。

② ［宋］黎靖德编：《朱子语类》卷 11，北京：中华书局，1986 年，第 195 页。

③ ［宋］黎靖德编：《朱子语类》卷 11，北京：中华书局，1986 年，第 190 页。

《论语》，专只看《论语》；看《孟子》，专只看《孟子》”①，不可三心二意。同样地，对于一部书中的章、句、字也应该按此道理，即一章一章、一句一句、一字一字地去读。如果觉得还没有通透，再去看前辈的讲解，回头来读第二遍，直到切身体会到长进才好。“读书须是先看一件了，然后再看一件。”② 这样虽然慢，但是久而久之，熟了之后，自然就快了。“始初一书费十分工夫，后一书费八九分，后则费六七分，又后则费四五分矣。”③ 如果东看西看、杂乱无章，没有一个系统的方法，那么即便终年累月地读下去，也不会有透彻理解的那一天。只有用心专注且按照合理的次第逐步深入理解，才能真正掌握书中的知识与道理。“若所看不一，汎滥无统，虽卒岁穷年，无有透彻之期。某旧时文字，只是守此拙法，以至于今。思之，只有此法，更无他法。”④ 在他看来，这种方法虽然显得笨拙，但却是他紧守的唯一诀窍。

读书的进度和精度是并行的。朱熹说：“字求其训，句索其旨，未得乎前，不敢求乎后，未通乎此，不敢志乎彼。”⑤ 读至某一章时，要先将全部精力倾注于当前的句子，逐字剖析，求其训诂，探寻其确切含义，继而思索整句的主旨，只有达到通透理解的程度，才能继续下一句的研读，待到一字一句都清晰明了，就可以“将全章反覆紬绎玩味”了。如果按照此种方法，还觉得没有理解通透，可以参考前辈的见解，再次深入研读原文，反复琢磨玩味，直至真切地感受到自身学识的增长与心智的提升，这样才能确保研读的有效性。读书切不可贪多求快，心浮气躁，“看未到这里，心已在后面；才看到这里，便欲舍去了”⑥，这种心态下的阅读不过是走马观花，难以获得实质性的收获。我们应秉持耐心与恒心，虽然初始阶段可能进展缓慢，但

① ［宋］黎靖德编：《朱子语类》卷 11，北京：中华书局，1986 年，第 189 页。
② ［宋］黎靖德编：《朱子语类》卷 11，北京：中华书局，1986 年，第 186 页。
③ ［宋］黎靖德编：《朱子语类》卷 10，北京：中华书局，1986 年，第 167 页。
④ ［宋］黎靖德编：《朱子语类》卷 11，北京：中华书局，1986 年，第 189 页。
⑤ ［清］陈弘谋：《五种遗规》，南京：凤凰出版社，2016 年，第 32 页。
⑥ ［宋］黎靖德编：《朱子语类》卷 10，北京：中华书局，1986 年，第 166 页。

随着阅读经验的积累与知识的沉淀，后续的阅读速度自然会逐步提升，“始初一书费十分工夫，后一书费八九分，后则费六七分，又后则费四五分矣”。①

第二是先易后难。他认为，如果读书一开始就读艰深晦涩的内容，不仅难以理解，还可能会扰乱原本清晰的思维路径，导致原本简单的道理也变得模糊不清。他举了《学记》里“善问者如攻坚木，先其易者，后其节目”的例子来说明，认为“攻瑕，则坚者瑕；攻坚，则瑕者坚”②。在砍伐坚硬的木材时，如果先砍伐木材容易下手的地方，那么原本坚硬的部分也会显得脆弱；而如果一开始就直接砍坚硬的地方，就会以为相对脆弱的地方也会非常坚硬。

基于先易后难的原则，朱子还主张先把正文读熟，记住注解内容，对注解中解释的文意、事物等内容要像自己创作一样熟悉，这样才能反复玩味，达到深入理解。“学者观书，先须读得正文，记得注解，成诵精熟。注中训释文意、事物、名义，发明经指，相穿纽处，一一认得，如自己做出来底一般，方能玩味反覆，向上有透处。”③ 在这一过程中，注解先于文义，但文义重于注解。读书要始终牢记应从文本的文义本身出发，以文义为指引，注解只是辅助，切不可本末倒置，舍本逐末，在文义之外无端猜测。朱熹将文义和注解之间喻作主人和奴仆的关系，“圣经字若个主人，解者犹若奴仆”④。主张我们应通过奴仆的引导更好地认识主人，但不能将奴仆当作主人，毕竟原文才是根本。

除了文义重于注解外，朱熹还强调了经重于史。“史是皮外物事，没紧要”⑤，遇到疑问可以记录下来询问他人，不必过于纠结；而经书则关乎修

---

① ［宋］黎靖德编：《朱子语类》卷 10，北京：中华书局，1986 年，第 167 页。

② ［宋］黎靖德编：《朱子语类》卷 11，北京：中华书局，1986 年，第 183 页。

③ ［宋］黎靖德编：《朱子语类》卷 11，北京：中华书局，1986 年，第 191 页。

④ ［宋］黎靖德编：《朱子语类》卷 11，北京：中华书局，1986 年，第 193 页。

⑤ ［宋］黎靖德编：《朱子语类》卷 11，北京：中华书局，1986 年，第 189 页。

身立命的根本，若是对其有疑问就如同“切己病痛”，难以忘怀，必须深入探究，穷究其根源。朱熹还批判了一些分不清经史主次的学者，他们“贪多务得，要读周礼、诸史、本朝典故，一向尽要理会得许多没紧要底工夫，少刻身己都自恁地颠颠倒倒没顿放处”①。就像在不恰当的时间暴饮暴食，将各种杂物一并吃下，最终导致肠胃不适，难以消化。此外，朱熹还认为对于名数制度等内容，只需略知即可，不必过度深陷其中，以免因小失大，以妨学问。“经旨要子细看上下文义。名数制度之类，略知之便得，不必大段深泥，以妨学问。”②

宏观一条，强调循序；微观一条，重在渐进。循序渐进作为朱子读书法的一个基本思想，看似简单，却有着极为重要的作用，体现了朱子对学习规律的理解与尊重，是后来读者无法忽视的重要方法。

二、着紧用力、熟读精思：以勤学为方的读书窍门

朱子说：“书宜少看，要极熟。”③ 足见其读书方法中对专而精提倡远胜于对广而博的关注。“着紧用力”倡导的是专注投入、全力以赴的读书态度，是克服学习困难、突破知识瓶颈的有力武器；“熟读精思”强调的反复诵读与深度思考，有助于学习者将知识融会贯通，达到心与理一的境界。在朱子的描述中，这种方法虽然似一种“苦学”，但在茫茫书海中，却是提升效率、保证读书“为己”的一个窍门。

（一）着紧用力

朱子主张“书宜少看”，即“小作课程”。可以用朱子的原话概括为“宽著期限，紧著课程”或“小作课程，大施功力”来对应朱子读书法中“着紧

---

① ［宋］黎靖德编：《朱子语类》卷 11，北京：中华书局，1986 年，第 190 页。

② ［宋］黎靖德编：《朱子语类》卷 11，北京：中华书局，1986 年，第 190 页。

③ ［宋］黎靖德编：《朱子语类》卷 10，北京：中华书局，1986 年，第 165 页。

用力”一条。他说：“读书不可贪多，常使自家力量有余。”① 他总结了儿童记忆力比大人好的原因在于心专。他说：“小儿读书记得，大人多记不得者，只为小儿心专。一日授一百字，则只是一百字；二百字，则只是二百字。大人一日或看百板，不恁精专。”② 他反复强调，别人读书都看“一分之十”，实则只需要看“十分之一”，“如会读得二百字，只读得一百字”，“今日看得一板，且看半板”③。即要使自己的力量常有余，时间宽裕。朱子认为，如果读书“泛泛然念多”，只追求数量，不能深入理解，和不曾读是一样的。

虽然要少读、要宽裕，但是却并不意味着轻松，朱熹不惜以各种严苛的词汇来比喻读书的状态。他说：“看文字，须要入在里面，猛滚一番。要透彻，方能得脱离。若只略略地看过，恐终久不能得脱离，此心又自不能放下也。”④ 又说：“须是一棒一条痕！一掴一掌血！看人文字，要当如此，岂可忽略！”⑤ “看文字，须是如猛将用兵，直是鏖战一阵；如酷吏治狱，直是推勘到底，决是不恕他，方得。”⑥ “看文字，正如酷吏之用法深刻，都没人情，直要做到底。”⑦ “看文字如捉贼，须知道盗发处，自一文以上赃罪情节，都要勘出。”⑧ 从“掌血”“猛将用兵”“酷吏治狱”等种种表述来看，在朱子那里，读书并不是一件轻松愉快的事。孔子描述读书时“不亦说乎”的悠然自乐之情丝毫不见，他所传达的是一种紧张的、急迫的情绪。

（二）熟读精思

在朱子看来，“泛观博取，不若熟读而精思”⑨。虽然每日读书的量不能

---

① ［宋］黎靖德编：《朱子语类》卷10，北京：中华书局，1986年，第166页。
② ［宋］黎靖德编：《朱子语类》卷10，北京：中华书局，1986年，第165页。
③ ［宋］黎靖德编：《朱子语类》卷10，北京：中华书局，1986年，第166页。
④ ［宋］黎靖德编：《朱子语类》卷10，北京：中华书局，1986年，第163页。
⑤ ［宋］黎靖德编：《朱子语类》卷10，北京：中华书局，1986年，第164页。
⑥ ［宋］黎靖德编：《朱子语类》卷10，北京：中华书局，1986年，第164页。
⑦ ［宋］黎靖德编：《朱子语类》卷10，北京：中华书局，1986年，第164页。
⑧ ［宋］黎靖德编：《朱子语类》卷10，北京：中华书局，1986年，第164页。
⑨ ［宋］黎靖德编：《朱子语类》卷10，北京：中华书局，1986年，第168页。

多，但并不意味着可以松懈。朱子主张读书“要极熟”，即“大施功力”。把精力放在所读的那一两段上，“只逐段逐些子细理会”①，“方看得熟”，才能看得出古人想要表达的意思。如此一来，少读的目的实则是为了给“专”提供更多的时间和空间。如果每天读一百个字，就要“于百字中猛施工夫，理会子细，读诵教熟”②。这样，记性差的人也能记得，理解能力不强的人“亦理会得”。他引了《战国策·秦策三·范雎至秦》范雎对秦王说的话：“得寸，则王之寸也；得尺，则王之尺也。”来强调，自己通过专一精熟地读书和仔细理会所得到的每一点，都是实实在在的收获，如果“只羁羁读去”③，即便读了十遍，也是十遍毫不理解的内容。

“熟读精思”实则包含了“熟读”与“精思”两个重要的内涵，恰如夫子的学思之论。在朱子那里，“熟读”与“精思”，二者不可偏废其一，且彼此亦相互作用。他说：“大凡人读书，且当虚心一意，将正文熟读，不可便立见解。看正文了，却著深思熟读，便如己说，如此方是。”④“熟读”主要指读书的时候要反复诵读玩索，烂熟于心。“学者只是要熟，工夫纯一而已。读时熟，看时熟，玩味时熟。”⑤ 在朱子那里，“熟”似乎是没有上限的，越熟越好。他用“极熟”“烂熟”这样的词语来表达“熟”的重要性。读书精熟，可以帮助人明白义理。书读得熟了，道理自然就明了了。就像吃果子一样，需要嚼烂了细品，才能知道其中的滋味究竟如何。“读书，须是穷究道理彻底。如人之食，嚼得烂，方可咽下，然后有补。”⑥ 不要怕枯燥乏味，读书是循序渐进的过程：“学者读书，须是于无味处当致思焉。至于群疑并兴，寝食俱废，乃能骤进。”⑦ 读书需要反复玩索，到熟了才会活，才能有

① ［宋］黎靖德编：《朱子语类》卷 10，北京：中华书局，1986 年，第 165 页。
② ［宋］黎靖德编：《朱子语类》卷 10，北京：中华书局，1986 年，第 165 页。
③ ［宋］黎靖德编：《朱子语类》卷 10，北京：中华书局，1986 年，第 165 页。
④ ［宋］黎靖德编：《朱子语类》卷 11，北京：中华书局，1986 年，第 191 页。
⑤ ［宋］黎靖德编：《朱子语类》卷 11，北京：中华书局，1986 年，第 188 页。
⑥ ［宋］黎靖德编：《朱子语类》卷 10，北京：中华书局，1986 年，第 163 页。
⑦ ［宋］黎靖德编：《朱子语类》卷 10，北京：中华书局，1986 年，第 163 页。

受用的地方。如果只是生硬地去记，道理也就死了。由此可以见得，朱子所说的熟读和死记硬背是两码事。

在朱子看来，虚心熟读是产生疑问的前提。郭齐家先生对朱子读书法提出质疑，认为："六条'读书法'中有一个重大缺点，是没有谈读书之中要产生'疑惑'的问题。"并认为"加之朱熹又过分夸大了'读书穷理'的作用，这对于造成人们'两耳不闻窗外事，一心只读圣贤书'，把书本当做僵死的教条的不良学风，有着一定的影响"[①]。但是在朱子看来，书读得熟了，就会产生窒碍不通的地方。不通的地方自然是产生疑惑的点，正是需要细细思量的地方："熟读后，自有窒碍，不通处是自然有疑，方好较量。"[②] 当产生疑问的时候，要参照家的解读，直到完全弄明白为止："若有疑处，须是参诸家解熟看。看得有差互时，此一段终是不稳在心头，不要放过。"[③] 朱子还特别介绍了一种熟读的方法，即诵数。"读十遍时，与读一遍时终别；读百遍时，与读十遍又自不同也。"[④] 朱子举了荀子对诵数的说法："诵数以贯之，思索以通之。"[⑤] 并认为古人读书也是诵数的。

关于熟读与精思的关系，朱熹在多处做出了阐释，且经常将二者并提。他认为看书就需要先熟读，使书中的语言，都像出于自己的口中，然后再精思，使书中的意思都像出自自己的心中，这样之后，才能有得。"大抵观书先须熟读，使其言皆若出于吾之口；继以精思，使其意皆若出于吾之心，然后可以有得尔。然熟读精思既晓得后，又须疑不止如此，庶几有进。若以为止如此矣，则终不复有进也。"[⑥] 如他说："诵得熟，方能通晓。若诵不熟，

① 郭齐家：《中国教育的思想遗产：回望宋元明清》，北京：教育科学出版社，2012 年，第 67 页。

② ［宋］黎靖德编：《朱子语类》卷 11，北京：中华书局，1986 年，第 186 页。

③ ［宋］黎靖德编：《朱子语类》卷 11，北京：中华书局，1986 年，第 192 页。

④ ［宋］黎靖德编：《朱子语类》卷 10，北京：中华书局，1986 年，第 168 页。

⑤ ［宋］黎靖德编：《朱子语类》卷 10，北京：中华书局，1986 年，第 169 页。

⑥ ［宋］黎靖德编：《朱子语类》卷 10，北京：中华书局，1986 年，第 168 页。

亦无可得思索。”[①] 可见，在朱子那里，诵数至熟，是思索的前提之一。又说：“若读得熟，而又思得精，自然心与理一，永远不忘。”[②] 可见把熟读精思作为达到心与理一的方法。而“心与理一”几乎是朱学的最高境界。从这个角度来看，熟读精思，非但是一种简单的读书方法，更是朱子修身的功夫。

朱子“宽著期限，紧著课程”的读书方法简单务实，被后人所重视吸收。王阳明在《教约》中所说“凡授书不在徒多，但贵精熟，能二百字者，只可授以一百字，常使精神力量有余，则无厌苦之患，而有自得之美。”[③] 所表达的读书理念大概就是从朱子处传承而来。少看是达到“专”的方法和前提，“专”是少看的目的。二者相互作用，同行并用，才能达到精熟并真正理解书中的文义。“少看熟读，反覆体验，不必想像计获。只此三事，守之有常。”[④] 一张一弛，一宽一紧，其间的节奏与韵律，正是学者需静心深察之处。

三、虚心涵泳、切己体察：以切己为归的读书功夫

朱子讲：“读书无疑者，须教有疑；有疑者，却要无疑，到这里方是长进。”[⑤] 而“虚心涵泳”与“切己体察”正是实现这一长进的关键，也展现了朱子读书法中更为细腻且深入的层面。“虚心涵泳”注重的是读书时的心境与方式，强调以虚静之心沉浸于书中世界，品味文字背后的深意，避免主观臆断，从而开启发现疑惑、解决疑惑的大门；“切己体察”则强调将读书与自身实践紧密相连，以圣贤之言反求诸身，让知识在生活中落地生根。此

① ［宋］黎靖德编：《朱子语类》卷 10，北京：中华书局，1986 年，第 169 页。

② ［宋］黎靖德编：《朱子语类》卷 10，北京：中华书局，1986 年，第 170 页。

③ ［明］王阳明：《传习录》，北京：民主与建设出版社，2023 年，第 184 页。

④ ［宋］黎靖德编：《朱子语类》卷 10，北京：中华书局，1986 年，第 165 页。

⑤ ［宋］黎靖德编：《朱子语类》卷 11，北京：中华书局，1986 年，第 186 页。

一条将读书的目的回落到了个人身心性命的成长，使读书与修身不是二事。

（一）虚心平读

钱穆先生在指导学生的学习时，一再提到朱熹“虚心”的读书方法，并认为自己一生的学问，在这一点上得利颇多。虚心既是我们在读书遇到难处时帮助我们解决难题的方法之一，又可以帮助我们去除蔽见，获得新知，被钱穆先生认为是读书第一最要法门。朱熹自己也说：“虚心则见道理明。”① 虚心就是指看书的时候心要平，要定，要静。“使之如止水，如明镜”② 才能照见书中的道理，见得圣人的意思。“虚心”一法，虽被朱子简单地描述为“只是虚心平读去”，实则有着非常丰富的内涵。

首先，“虚心”要不先立己意。朱熹曾说“初看时便先断以己意”是“当今学者之病”③。若在读书未深入时就先入为主地树立观点，凭借自己的主观想法做出评判，那么就很难接受和吸收“前圣之说”。朱子意在批评一些人读书时过于主观自负，不能虚心接纳前人的智慧，这样很难从书中获取真正的知识和道理，求学之人必须引以为戒。那怎样才算读书到位？朱熹说：“且当虚心一意，将正文熟读，不可便立见解。看正文了，却著深思熟读，便如已说，如此方是。”④ 他强调读书要循序渐进，先虚心熟读，再着重思考，不能急于求成地形成自己的观点，直到把书中的内容熟悉到如同自己说出来的一般，才算真正理解书中的内涵。如果“看前人文字，未得其意，便容易立说”⑤，这样只会把自己的意思当作圣人的意思，其结果是“既不得正理，又枉费心力。”是很害事的，不如“虚心静看”，即保持虚心的态度，不带有过多的主观想法来研读，这样既能涵养修身又可究索知识，一举两得。朱熹强调要“以书观书，以物观物”⑥。尤其是在解经的时候，

---

① ［宋］黎靖德编：《朱子语类》卷 11，北京：中华书局，1986 年，第 179 页。

② ［宋］黎靖德编：《朱子语类》卷 11，北京：中华书局，1986 年，第 177 页。

③ ［宋］黎靖德编：《朱子语类》卷 11，北京：中华书局，1986 年，第 189 页。

④ ［宋］黎靖德编：《朱子语类》卷 11，北京：中华书局，1986 年，第 191 页。

⑤ ［宋］黎靖德编：《朱子语类》卷 11，北京：中华书局，1986 年，第 179 页。

⑥ ［宋］黎靖德编：《朱子语类》卷 11，北京：中华书局，1986 年，第 181 页。

只把书中的道理看作是它自己的是非，不能够有自己的意思。要全然虚心，以一颗平心对待。他认为，虚心读书，就好比听两个人的讼词，需要把两个人的话都听完才能够做判断。如果心里先有了孰对孰错的意见，则无法公正地断案，也看不到事情的真相了。

朱熹认为，读书如果有了一些见解，未必便是正确的，不能够执着，应该放在一边，再读更多的书，看到新的见解。看书先有了自己的想法，多数都是私意。比如粗略的人看书多数以勇敢强义为主，而柔顺的人看书又多以慈祥宽厚为主，书里什么都有，执着在自己一时的看法上，便遮蔽了自己的眼睛。要做到这一点，便要退步来看，“只虚此心将古人语言放前面，看他意思倒杀向何处去”①。人之通病在于往往只怀疑别人的观点正确与否，对自己的观点却盲目自信，不虚心。朱熹劝诫读书人“试以诘难他人者以自诘难，庶几自见得失”②，要提升自我反思和批判的精神，以客观、公正的态度审视自己和他人的想法，这样才能更好地认识自己，改正错误，提升自己的认知水平。朱熹还批评一些读书人对于“圣人言语”不虚心。他认为“圣人言语，皆天理自然，本坦易明白在那里”③，人们却没有秉持虚心的态度去深入理解其内涵，而是凭借自己的主观臆断去猜测，甚至将自己的片面理解或错误想法当作是圣人的本意，不虚心去领会，只在表面上揣测摸索。

其次，要“于静处收拾”。一个人即使很聪明，内心也必须“静”，这样才能充分发挥自己的思维去思考问题。“某初疑解《春秋》，干心静甚事，后来方晓。盖静则心虚，道理方看得出。”④ 朱熹用了自己解读《春秋》的切身经验来说明只有内心平静空灵无杂念，才能更好地理解经典的深刻道理。朱子强调“静”，一是指内心平静，二则指读书环境的静。他指出了“今人

---

① ［宋］黎靖德编：《朱子语类》卷 11，北京：中华书局，1986 年，第 180 页。

② ［宋］黎靖德编：《朱子语类》卷 11，北京：中华书局，1986 年，第 187 页。

③ ［宋］黎靖德编：《朱子语类》卷 11，北京：中华书局，1986 年，第 179 页。

④ ［宋］黎靖德编：《朱子语类》卷 11，北京：中华书局，1986 年，第 198 页。

看文字，多是以昏怠去看，所以不子细”[①] 的问题，认为当读书精神状态不佳、不够专注时，应先让自己在一个安静的环境中调整状态，集中精力，以虚心的态度去读书，这样才能理解书中的义理。

当然，虚心还包括读书不寻隐僻峣崎的地方，需要除去从前的看法才能看到新见等多重内涵，散见于《朱子读书法》的多处，其论说又多与涵咏并提，与其他五法交叉而论。

（二）涵咏玩索

“涵咏”也作“涵泳”。在《汉语大辞典》中，“涵”有“沉浸”之义；“咏”有“曼声长吟”之义。“涵咏”法实为沉浸于书中，反复玩索吟咏，贴心体会之义。朱子反复说“沉潜玩绎”“玩味反覆”等，其实都是涵咏的内容。《朱子语类》《性理》二中说：“此语或中或否，皆出臆度，要之未可遽论，且涵咏玩索，久之当自有见。”[②] 可见，要想判断一句话是否恰当，就要避免“臆度”，也就是达到“虚心”的状态，这就需要“涵咏玩索”，使二者缺一不可，相互作用，时间久了，自然可见义理。

朱熹提到涵咏玩索过程中须注重上下文意的重要性：“凡读书，须看上下文意是如何，不可泥著一字。”[③] 他认为读书时应当结合前后的语句去把握书中的道理，不可深陷于对某一个字的理解。朱熹还将涵咏玩索视为治疗读书时浮躁、不深入、急于求成之病的良药，他说：“今人读书，看未到这里，心已在后面；才看到这里，便欲舍去。如今，只是不求自家晓解。须是徘徊顾恋，如不欲舍去，方能体认得。”[④] 其中“徘徊顾恋”与“涵咏玩索”同义。朱熹还将读书喻为“观屋”，观屋时应深入其中，反复观察其中的“间架”“窗棂”。读书亦是此理，应当深入研读，反复品味，不能“气象匆

---

① ［宋］黎靖德编：《朱子语类》卷 11，北京：中华书局，1986 年，第 177 页。

② ［宋］黎靖德编：《朱子语类》卷 5，北京：中华书局，1986 年，第 98 页。

③ ［宋］黎靖德编：《朱子语类》卷 11，北京：中华书局，1986 年，第 192 页。

④ ［宋］黎靖德编：《朱子语类》卷 10，北京：中华书局，1986 年，第 166 页。

匆，常若有所迫逐”①。

在朱子那里，涵养本源是涵泳的目的，也是虚心的前提。因此，虚心和涵咏实则是周而复始螺旋上升的一个循环结构，二者有各自不同的着力之处，纯然两件事，却又相互包含，相互作用，不可分离。

（三）切己体察

首先，切记体察是读书的目的，切己更在读书之先。大凡看书，要看了又看，逐段、逐句、逐字理会，仍参诸解、传，说教通透，使道理与自家心相肯，方得。

切己体察的方法是要用圣贤之言反求自身。“学者当以圣贤之言反求诸身，一一体察。须是晓然无疑，积日既久，当自有见。”② 将圣贤言语和自己生命相关联，才是我们读书的意义所在，而这一点需要细细体察来实现。朱子举了为科举而读书和为作文而读书的例子，来说明读书当从自身的内在需求出发，不是“做外面看的”。在朱熹那里，即便是圣人的话也是不能盲目信从的，“不可用己意迁就圣贤之言”③，需要自己切身体会到圣人之言的是处，才能信。“不然，人说沙可做饭，我也说沙可做饭，如何可吃！”④

读书的时候，不能只在书本上求理义，还应该反身“以手自指”，结合自己的实际情况，去理解、推敲。有些时候单凭自己的能力无法领悟道理，而“圣人先说在那里”，那么就可以通过圣人的言语来帮助自己理解，但在这个过程中，仍需注意“借他言语来就身上推究”⑤，须对照自身的情况进行深入探究，这样才能真正有所收获。

其次，切己体察是修身的功夫。在朱熹那里，“切己体察”不但是读书的方法，是读书的目的，更是我们通过读书来滋养自己的生命的关键，是朱

① ［宋］黎靖德编：《朱子语类》卷 11，北京：中华书局，1986 年，第 173 页。
② ［宋］黎靖德编：《朱子语类》卷 11，北京：中华书局，1986 年，第 181 页。
③ ［宋］黎靖德编：《朱子语类》卷 11，北京：中华书局，1986 年，第 185 页。
④ ［宋］黎靖德编：《朱子语类》卷 11，北京：中华书局，1986 年，第 185 页。
⑤ ［宋］黎靖德编：《朱子语类》卷 11，北京：中华书局，1986 年，第 181 页。

门必不可缺的修身功夫。主要体现在两个方面，第一点是所穷究的道理要勿助勿忘，时时存念。朱子说："凡平日所讲贯穷究者"，要反省"常见得在心目间否"[①] ——此是说勿忘。又说："读书，须要切己体验，不可只作文字看，又不可助长。"[②] 朱子读书切己的要求恰与《孟子·公孙丑上》中"必有事焉而勿正，心勿忘，勿助长也"[③] 的修身方法相合。第二点是对待文字的态度。既不可拘泥，又不可不看。他说："如世上一等人说道不须就书册上理会，此固是不得。然一向只就书册上理会，不曾体认著自家身己，也不济事。"[④] 朱子既认为言语文字只是工具，切己用功最终的目的还在于"自得之于心"，只局限于文字本身，则容易随文逐义，如他反复强调"不可只专就纸上求理义""不可只作文字看"，又特别指出："然今不可便视为糟粕也，但当自期向到彼田地尔。"[⑤] 认为如果功夫没有到，是不能够轻易地把言语文字视为糟粕的。由此两点可以见得，在朱子切记体察的读书法中，其间起关键作用的是中庸原则。

最后，切己是提出疑惑和与朋友讲论的前提。"看文字，且自用工夫，先已切至，方可举所疑，与朋友讲论。"[⑥] 如果所读之书没有经过反归自身、切己省察的功夫，就无法切实体会到圣贤言语是否恰当，如何恰当，在何种情境下恰当，只是"孔子恁地说一番，孟子恁地说一番，子思又恁地说一番"[⑦]，都只是和自己没有实质关联的"悬空挂在那里"的道理而已。只有自己真的切于自身去体会，拿圣人的话和自身去合了，才能在这个过程中发现问题，提出疑惑，和朋友讲论时才能够有感而发，相互切磋。

切记体察一条可谓是继承了孔孟"学"和"省"的传统，进一步发扬了

---

① [宋] 黎靖德编：《朱子语类》卷 11，北京：中华书局，1986 年，第 176 页。

② [宋] 黎靖德编：《朱子语类》卷 11，北京：中华书局，1986 年，第 181 页。

③ 万丽华、蓝旭译注：《孟子》，北京：中华书局，2007 年，第 57 页。

④ [宋] 黎靖德编：《朱子语类》卷 11，北京：中华书局，1986 年，第 182 页。

⑤ [宋] 黎靖德编：《朱子语类》卷 11，北京：中华书局，1986 年，第 182 页。

⑥ [宋] 黎靖德编：《朱子语类》卷 11，北京：中华书局，1986 年，第 186 页。

⑦ [宋] 黎靖德编：《朱子语类》卷 11，北京：中华书局，1986 年，第 188 页。

儒家读书修身的目的和中庸的原则，指出了当时读书人“皆做外面看”的弊端，至今仍是学者不容忽视的一条重要原则。

小　结

朱子关于读书的见解是其学术思想主张的缩影，极具理学特色。其中的每一条都不是单独使用的，需结合其他五条才是朱子本意。他们虽然散乱于《朱子读书法》中，然实为彼此相互关联、相互包含的一个整体，难以割裂。归为六类，便于理解记忆，虽难尽其实，亦为学者不得已而为之。《语类》中，还详细介绍了如何读史书以及如何经史互发等其他读书方法，朱子的读书理念与方法亦散见于其他作品之中，是本文所未及。

显然，朱子读书法为我们提供了较为细致的读书指导，元代科举制对朱子的推崇更使得其思想对后世影响非同小可。但是在朱子的读书指导中，还有一些不如人意之处。如他说：“读书理会道理，只是将勤苦捱将去，不解得不成。”① 固然这种日久的积累可能会实现“向来枉费推移力，此日中流自在行”② 的神奇效果，但是这种苦学思想终究较孔子“乐”的精神稍逊一筹。虽然如此，对于大多数不能“乐之”的学子而言，苦读至“豁然开朗”，也是获得“乐”的必然途径。中间多少紧张的过程，最终归到个人身心成长的有得，必须是要有“乐”的体验方可。

不止如此，朱子对义理的过分强调，为“空疏”之风的愈盛埋下隐患。在朱子看来，读书的目的是明“理”，而“理”的内涵在朱子思想系统中的形而上角色是较为明确的。伴随着对抽象的“理”的追寻而在的，是对训诂名物等具体事物的贬抑。《语类》中记载了这样一个故事：朱子曾经见人谈论《诗经》，“问他《关雎》篇，于其训诂名物全未晓，便说：‘乐而不淫，哀而不伤。’某因说与他道：‘公而今说诗，只消这八字，更添思无邪三字，

① ［宋］黎靖德编：《朱子语类》卷 11，北京：中华书局，1986 年，第 190 页。

② 游光中：《历代诗词名句》，成都：四川辞书出版社，2023 年，第 442 页。

共成十一字，便是一部毛《诗》了。其他三百篇，皆成渣滓矣！’”① 这样的言论显然过于简单且偏理想主义了，而对精神世界的过于关注，必然会导致本就猖獗的“务虚”之风更加弥漫。

另一方面，朱子以四书替代五经地位，使得原本以经世致用为根本、以指导现实实践为目的的读书变成了以义理辨析为重点，以体认“天理”为目的读书。虽然这并非朱子的本意，但对“理”的关注远远高于对“事”的关注，便容易造成“行”落后于“思”。孔子说：“行有余力，则以学文。”② 子夏曰：“贤贤易色，事父母能竭其力，事君能致其身，与朋友交言而有信，虽曰未学，吾必谓之学矣！”③ 孔门思想重学，但是行更在学之先。虽然朱子在某种程度上也是重视修齐治平，是重视以“行”为目的的，但是他把实现“行”的路径偏重在了通过读书来实现。在先秦儒那里，“学”的内容和含义不但更为丰富，学的途径也是更为多样的。而朱子所谓的“学便是读”，“读便是学”，则把学习和读书混在一起，大大地缩减了“学”的含义和范围，使“学”的内容更加狭隘了。

但归根结底，朱子所提出的读书次第和“居敬持志”的思想，是在汗牛充栋的书海之中，以最高的效率、最短的时间实现个体身心性命的成长的方法。其所谓“着紧用力”“熟读精思”等看似“苦学”的读书方法，更是对普通士子而言看似笨拙的“捷径”。其所谓“虚心涵泳”“切己体察”的思想，又将读书始终扣链在个人道德身心的实质收获上，这件“第二”④ 的事最终为第一义的事服务，而读书也由此不再是一件外在的事。

---

① ［宋］黎靖德编：《朱子语类》卷 11，北京：中华书局，1986 年，第 191 页。

② 张燕婴译注：《论语》，北京：中华书局，2007 年，第 4 页。

③ 张燕婴译注：《论语》，北京：中华书局，2007 年，第 5 页。

④ ［宋］黎靖德编：《朱子语类》卷 10，北京：中华书局，1986 年，第 161 页。

近现代哲学思想研究

史料·范畴·方法*

——张岱年先生的中国哲学古典学

程志华**

（河北大学　哲学与社会学学院，河北　保定　071002）

摘　要：基于对中国哲学史的研究，张岱年先生建立了三个相关理论，分别是史料学、范畴论、方法论。三个部分各有不同侧重，前者侧重载体，中者侧重核心内容，后者侧重方法。三个部分均以中国哲学史研究为出发点，可以构成一门相对完整且相对独立的学问。“古典学”作为一门学问，包括西方的和中国的古典学。就“中国古典学”讲，张岱年先生所建立的这门相对完整且相对独立的学问可称为“中国哲学古典学”。“中国哲学古典学”作为“中国古典学”的分支，既是“中国古典学”的应用，亦是“中国古典学”的基础。在当前“中国古典学”的建构过程中，“中国哲学古典学”应该而且可以起到“奠基”作用。

关键词：张岱年；史料学；范畴论；方法论；中国哲学古典学

近年来，“古典学”在国内学界渐渐成为一个热词。尤其是 2024 年，

---

* 本文系国家社科基金重点项目“王船山哲学研究”（20FZXA004）阶段性成果。

** 程志华，男，哲学博士，河北大学哲学与社会学学院教授、博士生导师，国家“万人计划”哲学社会科学领军人才，研究领域为儒家哲学、比较哲学。

“中国古典学”列入普通高等学校本科专业目录（2024年），中国人民大学新增设“中国古典学”专业，令人瞩目的首届世界古典学大会在北京举行，而且还在雅典设立“中国古典文明研究院”，这些事件均快速提升了“古典学”这个概念的热度。冷静下来思考，这个热词的背后其实是一个非常严肃的学术课题——中国古典学的建立——中华文明的发展需要这样一门学问，人类文明的发展也期待这样一门学问。就此来讲，上述事件可视为官方态度的表达，但这门学问的建立终究还要通过学术研究来落实。

当下，在对这个热词的理解上，一种颇为流行的观点是，“古典学”是针对现代学科体系所带来弊端的反思而兴起的一种综合性学问，它强调的是学问的综合性，即它以古代语言、文化、政治、经济为主，但又超越它们之间的学科分际而建立的一门学问。在这样的观点引导下，在学术研究中很容易走入这样的误区——否定现代学科分际，盲目追求“古典”所本有的综合性。要避免这种盲目性，合理的实际的做法是基于现代学科体系，以多种现代学科为基础，建立不同学科视域下的“中国古典学”，然后融通、汇总为综合性的“中国古典学”。也就是说，若抛弃现代学科体系，“中国古典学”的建立或成为空中楼阁而流为空谈，或昙花一现而草草收场。

回顾学术史，张岱年先生于中国哲学史学科下对中国古典学已有系统研究。对其进行总结，不仅可助于“中国古典学”的这座大厦的建立，增加其应有的结构，而且这个结构是基础性的。

一、古典学、中国古典学、哲学古典学等概念的厘定

“古典学”作为一个概念，指对于某种文明具有奠基性价值的文化形式进行综合性研究的学问。这门学问虽以“古典”冠名，但它并非发端于“轴心时代”，而是出现于西方的近代。十九世纪以后，欧美主要大学都设立了古典学系。“古典学”这门学问在西方的出现，根本目的有二：一是从学术角度讲，综合渐渐细化的学科专业，纠正或弥补学科专业细化所带来的弊端。二是从文明角度讲，面对当下和未来人类发展所面临的诸种困境，追根

溯源地去寻求救治之道。

“古典学”这门学问有三个关键词：其一是“古”，为时间意义，指古代。其二为“典”，即“典范”，指典范性文明形式。其三是“学”，指“古典学”的性质是一门学问。就“典”讲，因为欧美文明的源头在古希腊罗马，故发端于西方的“古典学”主要以古希腊罗马文明为研究对象，并不包括“轴心时代”并生的其他文明。很显然，此意义下的“古典学”是狭义。若广义地讲，“轴心时代”的其他文明亦应包括在内，诸如古中国文明、古印度文明以及古埃及、古巴比伦文明等。既然如此，在广义“古典学”下，不仅应有狭义的西方的“古典学”，而且应有“中国古典学”等。就“古”讲，“轴心时代”的这些文明形态均是原发的、并生的，而且发生于“古典学”所指的古代。就“学”讲，它们均具有建立“古典学”的基础。就发端于西方的“古典学”看，它之所以成为一门学问，奠基于“史料”“语言”“思想”三个要素。此外，还需要有实证研究和理论研究的方法。相较而言，古中国文明完全满足这三个要素以及相应的研究方法，甚至比西方的“古典学”有过之而无不及。因此，建立“中国古典学”是可能的。概括地讲，所谓“中国古典学”，就是对于中华文明具有奠基性价值的文化形式进行综合性研究的学问。

如前所述，“古典学”作为一门学问，它是以“综合性”为特征的。尽管如此，综合性的“古典学”并不是绝对独立的一门学问，它的内容是分布在历史学、考古学、语言文学、政治学、艺术学甚至哲学等学科当中的。也就是说，“古典学”并不是空中楼阁式，而是由多种功能结构组成的一座大厦。当然，这座大厦必须有坚实的基础，这个基础就是哲学。在此意义下，“哲学古典学”作为“古典学”的分支甚至基础，不仅是必要的，而且是必需的。质言之，所谓“哲学古典学”，是对于人类文明具有奠基性的哲学进行综合性研究的学问。“哲学古典学”作为一门学问，它大致是由西方哲学、中国哲学、印度哲学共同支撑起来的。由此来讲，便应有“西方哲学古典学”“中国哲学古典学”“印度哲学古典学”等分支学问。这种推理不仅具有历史合理性，也具有逻辑合理性。

回顾历史，“古典学”在西方的出现，除了其学术目的之外，更表现出强烈的现实关怀目的。同样，在当代中国，“中国古典学”的自我期许也表达出强烈的现实关怀。这就是，人类文明发展到今天，在取得巨大成果的同时，也生发出诸多“疾病”。如何治疗这些疾病，以规划人类文明的当下和未来发展，回归本源是一个可选的路径。① 为什么呢？本源作为出发点，它规定了最终的目的和实现目的的方法，它具有“总体性”和“本源性”两个特征：所谓“总体性”，指“源”作为未分化前的状态，相对于任何“流”都具有“总体性”。《庄子·天下篇》关于“古人之大体，道术将为天下裂”② 的论述便揭明了这一点——“源”本是总体，各种“道术”只是部分；应努力超越部分，达致总体自身。所谓“本源性”，“源”在流变过程中所呈现的诸多现象、诸多理论都会对自身形成遮蔽，从而影响“源”自身的彰明。胡塞尔所谓现象学的方法（现象的还原、本质的还原、先验的还原），均是在这个意义上讲的——祛除这些遮蔽，恢复“源”的自身。

基于上述概念的厘清，仔细考察张岱年先生的中国哲学史研究，会发现他其实在中国哲学史研究过程中，亦建立了一套“中国哲学古典学”理论体系。

二、中国哲学古典学的概念、可能及主要问题

关于“中国哲学古典学”，张岱年先生有明确的自觉，尽管他使用的不是同一个概念。基于中国哲学史的研究，他提出了两个概念。一是“哲学史学”，所指即“哲学史”这门学问。他说：“‘哲学史’作为一门科学，也可称为‘哲学史学’，意指哲学史这门学问。”③ 二是“哲学史学史”，是关于“哲学史”的学问。他说：“‘哲学史’这门学问也有一个发展演变的过程，

① 参见程志华：《“追问根源”与“哲学困难”》，《社会科学研究》2018 年第 3 期。

② ［清］郭庆藩撰，王孝鱼点校：《庄子集释》，北京：中华书局，1961 年，第一〇六九页。

③ 《张岱年全集》第四卷，石家庄：河北人民出版社，1996 年（下同），第 129 页。

对于‘哲学史’这门学问的发展演变过程的研究，可以称为‘哲学史学史’。”① 两者的区别主要在于，“哲学史学”以“哲学史”为研究对象，而“哲学史学史”以“哲学史学”为研究对象。即，前者是后者的研究对象，后者是以前者为研究对象的学问。进而，“哲学史学史”即前述所谓“哲学古典学”，即对于人类文明具有奠基性的哲学进行综合性研究的学问，因为“古典学”为后人对古代典范性文明形式的研究，本身就具有“历史”的性质。若落实到“哲学古典学”来讲，对古代哲学史学史的研究就等于对古代哲学这种文明形式的研究；两者是一而二、二而一的关系。既然如此，对于中国哲学史学史的研究，便是中国的“哲学古典学”，即是“中国哲学古典学”。

由此来转化张岱年先生关于“哲学史学史”的概念，既是合乎史实的，也是合乎逻辑的。所谓“合乎史实”，在于张岱年所从事者主要是中国哲学史而非外国哲学史研究，故所论“哲学古典学”冠以“中国”自然具有史实合理性。所谓“合乎逻辑”，即前述所讲，“古典学”就整个人类文明讲，“中国古典学”则就中华文明讲，而对中华文明本有的奠基性文明形式“哲学”进行综合性研究者，便是“中国哲学古典学”。或者，“哲学古典学”就整个人类文明讲，若将其落到中国文明讲，自然就为“中国哲学古典学”。这些推论在逻辑上是讲得通的、合理的。

就张岱年先生的哲学史研究看，他不仅区分了上述两个相关概念，而且他的研究亦是分两条线索开展的：一条线索是通常所言的“中国哲学史研究”、他所谓的“哲学史学”，另一条线索则是他所谓的“哲学史学史”、我们所谓的“中国哲学古典学”。在此，我们将其第一条线索避而不谈，只谈他的第二条线索——“中国哲学古典学”。不过，需要说明的是，因为“哲学史学史”与“哲学史学”两个概念紧密相关，最终均以“哲学史”为研究内容；另外，毕竟张岱年先生并未明确使用“中国哲学古典学”概念，故他所论有时是透过“哲学史学”探讨反映“哲学史学史”问题的。

---

① 《张岱年全集》第四卷，第 129 页

在张岱年先生看来，“哲学史学”的任务，应以“批判继承”为基本原则。他说：“批判继承的基本原则是肯定历代思想中的精华，清除其中的糟粕。”① 当然，“批判”的内容为“糟粕”，“继承”的内容为“精华”。以此为基础，“哲学史学史”即“中国哲学古典学”的任务，则应以考察哲学学说当时的“实际效果”和之后的“历史价值”为主。他说：“哲学史的研究，正是要考察往古学说在历史上的实际效果，从而评论其历史的价值。”② 很显然，“中国哲学古典学”的任务，相对于“哲学史学”即哲学史的研究，要更宏观、抽象，当然也更基础、深刻。

基于“中国哲学古典学”概念和任务的厘定，张岱年先生进一步厘清了“哲学”“哲学史”“哲学古典学之可能”和“中国哲学古典学”主要内容这四个问题。就张岱年先生所论来看，这四个问题既是其“中国哲学古典学”的展开，亦是其“中国哲学古典学”的自有内涵。

关于“哲学”，张岱年以“智慧”来界定其性质。他说：“哲学是智慧的追求，智慧就是对于客观实际的正确认识。”③ 这里，“哲学”作为一门学问，由“智慧”和“追求”两个关键词体现：“智慧”是对象，“追求”是行为；“智慧”是结果，“追求”是过程。两者合在一起，便是“哲学”这门学问的定义。尽管作为学问的概念——“哲学”，它并不首先发端于中国，但“哲学”概念所指的内容即“哲学”这门学问却是中国所本有者。他说：“在古代，中国有所谓‘道术’或‘义理之学’，相当于西方所谓哲学，是研究宇宙人生以及人类认识的根本原理的学问。”④ 在张岱年先生看来，尽管中西哲学的内容不同，但并不能因此而否认中国存在“哲学”这种作为奠基性文明形式。具体来讲，毫无疑问，中国本有的“道术”“义理之学”就属于对“智慧”的“追求”即“哲学”。

---

① 《张岱年全集》第四卷，第 179 页。

② 《张岱年全集》第四卷，第 177 页。

③ 《张岱年全集》第四卷，第 112 页。

④ 《张岱年全集》第四卷，第 271 页。

人类对于“智慧”的“追求”是过程性的，而不是也不可能是一蹴而就的。故，“哲学”的这种过程性便形成了“哲学史”，即“哲学”的“史”。张岱年先生认为，“史”有两层含义：一层是“事实发展过程的本身”；一层是“对于事实发展过程的记载”。① 这样一种区分，张岱年先生所强调者在于，它们不仅分别具有相对独立性，而且各自具有“发展空间”。前者的“发展空间”在于，人类对于“事实发展过程”未必已经全部掌握；对于“事实发展过程的记载”未必已经完成，已有研究未必尽为合理；这样两个方面都提示我们，“史”不是“死”的，而是“活”的；“死”对应的是已掌握者和已完成者，“活”对应的是它们分别具有的“发展空间”。既然“史”如此，“哲学史”亦必然如此，它亦有两层含义：一层指“哲学发展过程本身”；一层指“对于哲学发展过程的记载”。② 无论中国哲学史，还是西方哲学史，都应从这样两层来理解，来研究。质言之，在从事哲学史研究时，既要注意“哲学发展过程本身”，亦要注意“对于哲学发展过程的记载”。否则，便是未尽到哲学史研究的“职分”。

张岱年先生认为，“古典学”研究的开展，有两个前提性问题必须重视，因为它们涉及“古典学”是否可能的问题。具体来讲，张岱年先生从“范畴”入手进行了分析：其一，任何一个哲学范畴都有一个“提出、演变、分化、会综的历史过程”。其二，即使对于同一个范畴，“不同的思想家、不同的学派”，也会“对之有不同的理解”。其三，“不同学派的思想家对于别家所用的概念范畴，常常不能虚心体会。”③ 这里，张岱年先生虽然是对“范畴”的分析，其实所要表达的意思远远超出“范畴”本身，而具有“哲学古典学”乃至整个“古典学”的普遍意义。因此，他以这三个方面的分析概括出两个知识论问题：第一，“人与人之间是否可以相喻呢?”④ 这里，“喻”

① 《张岱年全集》第四卷，第 128 页。

② 《张岱年全集》第四卷，第 128 页。

③ 《张岱年全集》第四卷，第 450 页。

④ 《张岱年全集》第四卷，第 450 页。

是“理解”义。故，这句话的意思是，人与人之间是否可以相互理解呢？第二，“古与今之间是否可以相通呢？”[①] 这里，“通”也是“理解”义。故，这句话的意思是，今人能否理解古人呢？显然，这是两个非常关键的知识论问题，也是“古典学”之可能的前提性问题——这两个问题不解决，所谓“古典学”便无从开展，甚至无从谈起。

关此，张岱年的回答是肯定的。他说：第一，“人与人之间还是可以在一定程度上相喻的。”第二，“古与今之间也是在一定程度上可以相通的。”[②] 那么，何以做出肯定的回答呢？张岱年先生未做学理的分析，而只是基于“事实”做了“反证”回答。关于第一个方面，他说：“如果人与人之间不能相喻，社会生活就成为不可能的了。”[③] 这句话属于“反证”——社会生活之所以可能，前提就在于人与人之间可以相互理解，否则就无所谓“社会生活”了。质言之，“社会的存在足以证明人与人之间可以相喻。”[④] 这句话则属于“事实”。关于第二个方面，他说：“如果古与今不能相通，人类历史就成为不可能的了。”[⑤] 这句话属于“反证”——人类之所以有历史，人类之所以有历史记载，就在于今人可以理解古人；否则，既不会有人类历史，也不会有历史记载。这句话属于“反证”。质言之，“历史研究的存在足以证明古与今之间可以相通”[⑥] 这句话则属于“事实”。

在解决了这两个前提性问题之后，张岱年先生分析了中国哲学史的主要内容和基本问题。在他看来，中国哲学史的主要内容与西方哲学史是不同的。具体来讲，西方哲学史以“逻辑”“形而上学”“伦理学”三个部分为主体。他说：西方哲学史主要包括三部分：“1. 逻辑——包括认识论。2. 形而上学——主要是讲关于存在，关于宇宙的问题。”“3. 伦理学——即关于

① 《张岱年全集》第四卷，第 450—451 页。

② 《张岱年全集》第四卷，第 451 页。

③ 《张岱年全集》第四卷，第 451 页。

④ 《张岱年全集》第四卷，第 451 页。

⑤ 《张岱年全集》第四卷，第 451 页。

⑥ 《张岱年全集》第四卷，第 451 页。

道德问题的研究。”① 与此不同，但又相关，中国哲学史的主体内容则为“自然观”“认识论”“伦理学”“古今观”四部分。他说：“一、自然观，亦可称为天道论；二、认识论，亦可称为方法论；三、伦理学，亦可称为道德论。此外还有历史观，亦可称为古今观。”② 这里，张岱年未言及西方哲学史的“古今观”，应为无意之疏漏，因为西方哲学史亦不乏此方面理论。由此来讲，中西哲学史的四方面主体内容是紧密相关的甚至是一一对应的，尽管其中哲学家的回答和学说并不相同。基于此，张岱年先生将“思维与存在的关系问题”视为整个哲学史的基本问题。他说：“精神与自然界的关系问题，思维与存在的关系问题，不但是西方哲学的基本问题，也是中国哲学的基本问题。不过中国古代哲学有自己的独特的概念名词，有自己的独特的表达方式。”③

如前所述，张岱年先生区分了“哲学史学”与“哲学史学史”；前者对应“哲学史”“中国哲学史”，后者对应“哲学古典学”“中国哲学古典学”。基于上述关于中国哲学史主要内容和基本问题的分析，张岱年先生提出了“中国哲学古典学”的三方面内容，并分别进行了具体理论建构。第一方面是“史料学”，指“中国哲学古典学”的载体；第二方面是“范畴论”，指“中国哲学古典学”的核心内容；第三方面是“方法论”，指“中国哲学古典学”的诠释方法。下面，我们就对这三个方面分别予以诠释。

三、史料学——中国哲学古典学的载体

何谓“史料学”呢？张岱年先生说：“‘史料学’是历史科学中的一个部门，是专门研究史料的一门科学。”④ “史料学”亦有两个关键词：其一是

---

① 《张岱年全集》第四卷，第 113 页。

② 《张岱年全集》第四卷，第 114 页。

③ 《张岱年全集》第四卷，第 120 页。

④ 《张岱年全集》第四卷，第 273 页。

“史料”，这是研究对象；其二是“科学”，这是学问性质。很显然，与“古典学”一样，“史料学”亦为广义的概念。尽管它是“历史科学”的一个部门，但它涵盖所有的学科领域。因此，因研究对象“史料”分属不同学科，故而有不同学科的史料学。

以中国哲学史史料为研究对象的“史料学”，就是“中国哲学史史料学”。

进而，张岱年先生具体探讨了“史料学”的任务。在他看来，“史料学”作为一门学问，有两项具体任务。

第一项任务，是对史料进行调查和探索，以确定合适的版本。“史料学的任务之一是对于有关史料进行广泛的调查和探索。”① 在张岱年先生看来，所谓“有关史料”，分为两种：“（一）是实物史料；（二）是文字史料。”② 就“中国哲学史史料学”讲，前者主要指甲骨、钟鼎等实物，后者主要指历史记载。不过，就“中国哲学史史料学”讲，“有关史料”主要是文字史料。进而，这些文字史料又分为“直接史料”和“间接史料”。所谓“直接史料”，指哲学家本人的著作；所谓“间接史料”，指他人对哲学家本人著作的叙述。“哲学史的史料，又可分为直接史料和间接史料。哲学家的著作是他的直接史料。别人对于他的叙述是间接史料。”③ 进而，对于这些史料的版本、注解进行鉴别，在众多版本当中挑选出合适的版本。

第二项任务，是对史料本身进行考订与鉴别，以确定史料的真伪。“史料学的任务之二是对于史料的考订与鉴别。这就要考察史料的确实年代，鉴别真伪。古书中有许多是伪书，题名为某人所著，其实是后人伪作的。”④ 与上一项任务不同的是，这项任务的主要目的是，在确定合适的版本之后，对史料内容的年代、真伪进行鉴别。例如，《邓析子》并非邓析所作，乃六

① 《张岱年全集》第四卷，第 273 页。

② 《张岱年全集》第四卷，第 273 页。

③ 《张岱年全集》第四卷，第 273—274 页。

④ 《张岱年全集》第四卷，第 274 页。

朝以后的人的著作。再如，《列子》也不是列御寇所作，为“伪书”。对此进行鉴别，均属于“史料学”的任务。具体来讲，属于“中国哲学史史料学”的任务。

关于这样两项任务，落实到“中国哲学史史料学”上，张岱年先生概括地说：“中国哲学史史料学，就是把有关中国哲学史的重要史料都列举出来，分别加以考订，确定其历史年代与史料价值。”①

基于此观点，张岱年先生所著《中国哲学史史料学》不仅将中国哲学史的重要史料都列举了出来，而且分别地加以考订，并确定了其历史年代和史料价值。《中国哲学史史料学》共分八章，第八章为近代哲学史料，可排除在“中国哲学古典学”之外。其余七章具体情况如下：

第一、二两章，先秦哲学史料。包括《尚书》《诗经》《春秋左氏传》《国语》《周易》《论语》《老子》《管子》《孙子》《墨子》《孟子》《申子》《慎子》《商君书》《庄子》《公孙龙子》《荀子》《韩非子》《吕氏春秋》等19部经典著作，还包括几部儒家经传及部分百家之学的史料。

第三章，两汉哲学史料。包括陆贾的《新语》、贾谊的《新书》《淮南子》、董仲舒的著作、《史记》、桓宽的《盐铁论》《黄帝内经素问》、扬雄和桓谭的著作、《纬书》《白虎通义》、王充的《论衡》及后汉中后期王符、荀悦等人的著作。

第四章，魏晋南北朝时代哲学史料。共包括20余人的著作，具体包括：其一，玄学相关著作。有玄学著作，包括何晏、王弼、阮籍、嵇康、向秀、郭象等的著作，亦有反玄学著作，包括杨泉的《物理论》、裴颁的《崇有论》、欧阳建的《言尽意论》等。其二，佛学相关著作。包括道安、支遁、僧肇等人的佛学著作，以及“独立思想家”反对佛教的著作——包括刘峻、刘昼等人的著作等。

第五章，隋唐哲学史料。具体包括：其一，傅奕、吕才、卢藏用、李华等人的无神论著作。其二，孔颖达、崔憬的易学著作。其三，天台宗、法相

① 《张岱年全集》第四卷，第274页。

宗、华严宗、禅宗等佛学著作。其四，成玄英、司马承祯、王玄览等人的道教著作。其五，韩愈、李翱等的反佛著作。其六，柳宗元、刘禹锡等唯物主义哲学家的著作。其七，唐末、五代皮日休、罗隐的著作等。

第六、七章，宋元明清哲学史料。此时期史料分“学术史著作”和“哲学论著”两部分。关于学术史著作，包括《近思录》《伊洛渊源录》《性理大全书》《圣学宗传》《理学宗传》《宋元学案》《明儒学案》等。关于哲学论著，包括：北宋前期哲学论著；周敦颐、张载、二程、朱熹、陆九渊著作；南宋功利学派著作；宋元之际著作；元明之际著作；王守仁、罗钦顺、王廷相著作；泰州学派、李贽著作；东林学派、刘宗周、方以智、黄宗羲、王夫之、顾炎武等学派和人的著作。

四、范畴论——中国哲学古典学的核心内容

如前所引，张岱年先生认为，“哲学是智慧的追求，智慧就是对于客观实际的正确认识”①。当然，“哲学研究之目标，是建立广大而一贯的理论体系”，不过，“哲学家之工作亦不必专以建立系统为务”，因为对于“专门问题之探索”的“概念范畴之剖析”，较之建立系统“更为重要”。之所以如此，在于“概念范畴之剖析”，乃对“根本问题而充分研究之”，它实乃哲学体系建立的基础。② 正因为如此，“哲学”的重要“功用”便是制定或改造范畴。“哲学的功用之一就在于制定或改造概念范畴，揭示自然界、人类社会以及人类思维的基本规律。”③ 具体来讲，“哲学家之主要工作，或在创立概念范畴，或在诠释概念范畴，或在厘清概念范畴，或提出若干重要概念范畴而特别表彰之，或统综一切概念范畴而厘定其相互关系”④。

① 《张岱年全集》第四卷，第 112 页。

② 《张岱年全集》第三卷，第 7 页。

③ 《张岱年全集》第四卷，第 172 页。

④ 《张岱年全集》第三卷，第 6 页。

那么，“范畴”何谓呢？张岱年先生对其进行了学术考察。他认为，“概念”“范畴”之名虽来自西方，但中国亦有相应的概念，只是叫法、名称不同而已。“所谓概念，所谓范畴，都是来自西方的翻译名词，在先秦时代，思想家称之为‘名’，宋代以后有的学者称之为‘字’。”① 也就是说，中国学术当本原有的“名”“字”就是“概念”“范畴”。不过，“名”“字”与“概念”“范畴”毕竟还是有所不同的——它们的表达角度不同。“‘名’和‘字’是从其表达形式来讲的；‘概念’‘范畴’是从其思想内容来讲的。”② 一为就“表达形式”讲，一为“思想内容”讲。由张岱年先生所论不难看出，他所强调的是中西学术包括中西哲学均有“范畴”。

进而，张岱年先生分疏了“名词”“概念”“范畴”三个相关概念，以凸显“范畴”在“哲学古典学”和“中国哲学古典学”当中的地位。所谓“名词”，“表示一个人或某一物”的“名称”。所谓“概念”，“表示普遍存在或表示事物类型的名词称为概念”。所谓“范畴”，“在概念之中，……表示存在的统一性、普遍联系和普遍准则的可以称为范畴”③。这三个概念既有“同一性”，又有差异性。概言之，三个概念都可以归入“名词”范围——由“名词”到“概念”再到“范畴”，外延是逐步缩小的关系，内涵则是逐步扩大的关系。也就是说，虽然都属于“名词”，但“概念”的规定性多于“名词”，“范畴”的规定性则多于“概念”。因此，张岱年先生还以“表示事物类别的思想格式”定义“概念”，而以“基本的普遍性的概念”，即“表示事物的基本类型的思想格式”来定义“范畴”。④ 既然如此，“范畴”可以“代表”概念、名词。

张岱年先生探讨“范畴”概念的目的是，“中国古代虽无范畴之称，但

① 《张岱年全集》第四卷，第 449 页。

② 《张岱年全集》第四卷，第 449 页。

③ 《张岱年全集》第四卷，第 455—456 页。

④ 《张岱年全集》第四卷，第 450 页。

中国古代哲学确实有一套自己的范畴”①。回顾哲学史，不难发现，中西哲学不仅是独立发生的，而且是独立发展的。因此，与西方哲学一样，中国哲学亦有一套独立的范畴。“世界上不同区域的一些民族，各有自己的哲学思想，其哲学思想各有独立的发生、发展的过程，因而也各有一套概念、范畴。这是研究哲学史必须注意的。中国古代哲学，……是独立发展的，因而有自己的哲学概念和范畴。”② 这里，“一套”，即“体系”。因此，这段话的意思是，中国哲学有自己的范畴体系。

关于中国哲学这个范畴体系，张岱年先生基于两个顺序的区分，从两个角度进行了分析，并创建了中国哲学的范畴总表。

所谓“两个顺序”，指哲学范畴之间的“历史顺序”和“逻辑顺序”。“哲学范畴的出现，有其历史的先后次序，这是哲学范畴的历史顺序。”“历史顺序”的肯綮是时间关系。“逻辑顺序”的肯綮则是逻辑关系，指范畴之间的区别、包涵、相反相成等关系。“依据范畴的逻辑关系而形成的序列，可称为哲学范畴的逻辑顺序。”③ 这两个顺序是建立范畴体系的前提性契入点。

关于“两个角度”，第一个角度是范畴的内容类别。即，依据范畴在内容上的不同而进行的分类。张岱年先生将“中国哲学古典学”范畴分为三类：一是自然哲学的范畴；二是人生哲学的范畴；三是知识论的范畴。前者以“天道”为内容，中者以“人道”为内容，后者以“为学之方”为内容。不过，这三类不可作绝对理解，因为它们不过是为了“叙述清晰起见”，而不得不进行的分类。事实上，它们之间常常是互相包含，很难绝对分开的。④ 第二个角度是范畴的范围层次。指依据范畴所代表的范围大小而进行的分类。张岱年先生说：“众多范畴相关，于是构成一定的体系。体系又有

① 《张岱年全集》第四卷，第 454 页。

② 《张岱年全集》第四卷，第 217—218 页。

③ 《张岱年全集》第四卷，第 454 页。

④ 《张岱年全集》第四卷，第 450 页。

不同的层次。有一家的范畴体系，有一个学派的范畴体系，有一个时代的范畴体系，有长期通贯的综合范畴体系。”[①] 在这个角度下，范畴分为四类：其一，一家的范畴体系，范围限于一个哲学家。其二，一个学派的范畴体系，范围限于一个哲学学派。其三，一个时代的范畴体系，指影响一个时代的范畴。其四，通贯的范畴体系，指贯穿于整个哲学史并长期流行和广泛使用的范畴体系。[②] 就这个层次的范畴体系讲，它们之间往往或为“从全至偏”的关系，或为“从简至赜”的关系。“范畴的逻辑层次可能有两种，一是从普遍到特殊，用中国传统的名词来说，即由‘共’至‘别’、由‘全’至‘偏’。二是从浅近到高深，用中国传统名词来说，即由浅入深、由‘简’至‘赜’。”[③] 从西方哲学史讲，亚里士多德和黑格尔都建立了一套“通贯的范畴体系”，而两套范畴体系间的逻辑关系是不同的：亚里士多德的体系是“由全至偏”，黑格尔的体系则是“由简至赜”。

以前述为基础，张岱年先生创建了中国古代哲学范畴总表。范畴总表依“单一范畴”和“对偶范畴”分列为两类：第一类，单一范畴总表。一是“最高范畴”，指“表示世界本原或最高实体的范畴”，包括“天”“道”“气”等共10个。二是“虚位范畴”，指“各家通用而可以加上不同规定的范畴”，包括“德”“善”“美”等共10个。三是“定名范畴”，指“具有确定内涵的范畴”，包括“命”“五行”“阴阳”等共58个。[④] 第二类，对偶范畴总表。一是“天道范畴”，指关于“天道”的范畴，包括“天人”“本末”“有无”等共22对。二是“人道范畴”，指关于“人道”的范畴，包括“道德”“仁义”“性习”等共17对。三是“知言范畴”，指关于知天知人的范畴，包括“学思”“名实”“知行”等共9对。[⑤] 除了列出的两类总表外，张岱年先生还

① 《张岱年全集》第四卷，第454页。

② 《张岱年全集》第四卷，第462页。

③ 《张岱年全集》第四卷，第462页。

④ 《张岱年全集》第四卷，第463—465页。

⑤ 《张岱年全集》第四卷，第464—465页。

在所著《中国古典哲学概念范畴要论》中探讨了多个相关范畴。很显然，依他的理解，这些范畴可以反映中国哲学史的基本内容。若依我们的说法，上述范畴体系便是“中国哲学古典学”的核心内容。

在创建了上述范畴表之后，张岱年先生特别强调，这个“不过是一个暂时的总结而已”，不能将其视为“一成不变”的，因为“概念范畴是随思想的发展而演变的，从来没有一成不变的模式”。[①] 不仅已往的范畴体系不是“一成不变”，而且范畴体系在当下和未来会随着时代发展而变化。因此，范畴体系就有了一个“继承与发展”的问题，而这个问题是张岱年先生所更为关切者。“有些传统范畴是必须继承沿用的，……有些范畴需要加以新的解释和评价。”[②] 从一定角度讲，创建上述范畴表为“继承”，而创建新范畴则为“发展”；“继承”与“发展”二者不是割裂的，而是互相关联、互助互长的关系。对于“继承与发展”，张岱年先生对中国哲学界充满了期许。“‘有循于旧名，有作于新名’，这项工作仍然是我们新中国的哲学工作者的光荣任务。”[③]

五、方法论——中国哲学古典学的方法论

在明确了“中国哲学古典学”的载体和核心内容后，接下来便须进入诠释环节了，否则所谓考察哲学学说当时的“实际效果”和之后的“历史价值”这一任务便无从实现。不过，谈到“诠释”，有两种现象是常见的，但又是错误的：一是“诠释过度”；二是“诠释不足”。张岱年先生说：“哲学的概念范畴，在历史的发展中，都有一个意义扩充或转化的演变过程。对于任何一个概念范畴，把我们所理解的意义加在古人身上，是不对的；由于古

① 《张岱年全集》第四卷，第 466 页。

② 《张岱年全集》第四卷，第 466 页。

③ 《张岱年全集》第四卷，第 471 页。

人所提出的概念范畴都有其时代的特定意义而拒绝接受历史遗产，也是不对的。”① 这里，前一个“不对”是“诠释过度”，后一个“不对”是“诠释不足”。要避免这两种错误，就需要采取正确的方法。关于方法，张岱年先生区分了两类。

第一类是整理史料的方法。具体来讲，这类方法又分为五个阶段或五个环节。

（一）史料的调查与鉴别。

关于“调查”，它又分为两步：第一步是“泛观博览”；第二步是“深入考察”。何谓“泛观博览”呢？“泛观博览，可从查阅图书目录开始，再次查阅历代史籍的论述，再次查总集类书，查古典注释。”② “深入考察”何指呢？“更重要的是深入考察，对于重要学术著作必须细心钻研，务求了解其中的精义邃旨，方能确定其理论价值。”③ 关于“鉴别”，主要指史料的“辨伪”与“证真”。“辨伪”指对“依托之书”和“伪书”进行辨别，及对于“一家之言”和“一人之言”进行辨别。“证真”指对于“辨伪”错误的改正，即对判定为“伪书”者而实乃“真书”的证明。如，陆贾的《新语》曾被判定为“伪书”，而余嘉锡则以充足的理由证明其乃陆贾原著。④ 在“调查”和“鉴别”之后，还有一个环节是“辑佚”与“集语”。所谓“辑佚”，指把已经散佚的古书，通过其他书籍引用文句的搜集编排，以反映原书的梗概。所谓“集语”，指把其他人称述某位思想家的资料汇集起来，以反映这位思想家的言论。⑤

（二）校勘。

“校勘”是校对、勘正两个含义的合称。张岱年先生认为，“校勘”的主

---

① 《张岱年全集》第四卷，第 173 页。

② 《张岱年全集》第四卷，第 183—184 页。

③ 《张岱年全集》第四卷，第 186 页。

④ 《张岱年全集》第四卷，第 186—187 页。

⑤ 《张岱年全集》第四卷，第 188 页。

要方法包括四种：第一种："对校法"，"即用多本互校，要寻求善本、古本、原本，考察传本源流"。例如，《老子》的王弼本、河上公本、傅奕本、帛书本之间的互校。第二种："内校法"，指"据本书前后文句校"。例如，对《荀子·天论》"皆知其所以成，莫知其无形，夫是之谓天"句，杨倞和王念孙认为末句当为"夫是之谓天功"，脱"功"字，证据是"天功二字下文凡三见"。第三种："参校法"，指据他书引文校。例如，清代学者校勘时，常引用明初的《永乐大典》作参考。第四种："误文举例"，指对古书中"错简"和"误文"加以说明并予以例证。"古书中有各种错误，一是错简，即竹简绳子断了，次序紊乱了，一乱就是几句次序颠倒。二是误文，即错字；还有衍文，即多余的字；脱文，即漏掉的字。"① 进而，"校勘"还要特别注意三个问题：一是"底本"的选择，这是校勘成败的前提。二是改字一定要慎重，不可轻易改动。否则，会"以错改对"。三是注意"异读"非"异文"。例如，关于《论语·述而》"加我数年，五十以学易"句，陆德明《释文》："鲁读易为亦，今从古。"这里讲的是读音，而不是写法。"易"与"亦"为"异读"，而不是"异文"，故不可将"易"字改为"亦"字。②

（三）训诂。

"训诂"，由"训"和"诂"两义合成。所谓"训"，指解释词的意义。所谓"诂"，指用通行的语言解释古代语言。中国古代经学发达，而经学的主要方法是"训诂"，故而形成专门的训诂之学。基于对传统训诂之学的分析，张岱年先生主张，训诂要三个方面的基本原则：第一，"广征博考，寻求古训通义"。既要依据《尔雅》《说文解字》等工具书，亦要考察重要的古代注解。第二，"注意本篇文义，力求贯通"。即，不仅要考察重要的古代注解，而且要考虑本篇的上下文义和全书的基本思想。第三，"注意旁证和反证，避免主观臆断"。"孤证"不足以定案，若轻下判断往往会引发错误。

① 《张岱年全集》第四卷，第190—192页。

② 《张岱年全集》第四卷，第193页。

"旁证"和"反证"可以避免"孤证"所带来的错误风险。① 进而，张岱年先生还训诂经常出现的错误予以例证。其一，望文生义之误。《左传》桓公六年："夫民，神之主也。"所谓"神之主"，意谓神所寄托之处。若望文生义，将"主"释为"主宰"，认为此句说"民是神的主宰"，那就完全错了。第二，臆断曲解之误。《论语·里仁》："吾道一以贯之。"若将此句理解为"一以行之"或以"一"为行事之教，这是错误的，属于曲解。实际上，"贯者通也"，基于此的解释是正确的。第三，"随意通假之误"。《论语·学而》："有朋自远方来。"有人以"有""友"同音通假，将"有朋"解为"友朋"，"这是故作奇解，陷于虚谬"。第四，"孤立考察之误"。《荀子·不苟》："百王之道，后王是也。"以往有以"当今之王"注"后王"者，后来则有人依此"孤证"言"后王"乃"当时的王"，甚至认为是秦王。实际上，在荀子，"先王"指尧、舜，"后王"指文、武。前者乃"没有通观全书，可谓孤立考察之误"。②

（四）史事的考证。

关于历史事实的考证方法主要有四个方面。第一，"广泛搜集有关史料"。第二，"要鉴别史料的真伪"。例如，不可把《庄子·盗跖》孔子见盗跖的故事当作历史事实，因为那是道家的寓言。第三，"解决史料的矛盾"。如，《史记·孟子荀卿列传》说孟子先见齐宣王，然后见梁惠王。《孟子》则记载孟子先见梁惠王，后见齐宣王。"经清代学者考证，《孟子》书记载是正确的。"第四，"严守史料所证明的限度"。即，史料的证明力也是有限度的，若无视这个限度、超过这个限度，就会引发错误。例如，《孟子·告子下》有慎滑鳌，钱穆《先秦诸子系年》认为慎到即慎滑鳌。钱穆所论乃没有根据的牵强附会。张岱年先生的意思是，"信则传信，疑则传疑"，"阙疑"应该作为考据的重要原则。③ 除了上述四个方面外，还要注意考察每一个时代不

① 《张岱年全集》第四卷，第196—197页。

② 《张岱年全集》第四卷，第197—199页。

③ 《张岱年全集》第四卷，第202—205页。

同学派的关系。其一，要对“一个时代的哲学思想的全面情况”有一“总的认识”。其二，还要对这个时代各学派的“异同离合及先后有关系”有了解。其三，要正确把握思想家之间的关系，不可“虚构”关系。①

（五）史料的诠次。

所谓“诠次”，指对史料的先后主次等关系的确定。“这项工作可称为‘史料的诠次’。诠次即审择材料并确定其次序。”“诠次”具体分为两个步骤：第一，史料的区分与会综。“这项工作的一个重要原则‘分析与综合的统一’，既要分，又要合，把不同问题的资料区分开了，把同类问题的资料会综起来；既要做到条分缕析，又要能够融会贯通。”第二，厘定史料的次序。所谓“次序”，一是时间上的先后次序；二是理论体系的逻辑结构的层次。②

第二类是对于哲学思想的理论分析方法。具体来讲，它分为范畴的分析、哲学命题的分析、哲学体系的分析三个环节。

（一）关于范畴的分析。

首先，要厘清“名词”“概念”“观念”“范畴”之间的关系，不可混淆。其一，“名词”与“概念”的关系是：“名词表示概念。概念是事物本质的反映。”其二，“概念”与“观念”的关系是：“观念与概念有所区别。观念不一定是概念。有些观念是概念，有些观念不是概念。观念是由观察事物而有的思想，不一定是表示事物的类，而可以表示某一个事物。”其三，“概念”与“范畴”的关系是：“范畴是基本概念，是关于世界事物的基本类型的概念。”③ 厘清四者关系本身不是目的，目的在于重点考察概念和范畴，尤其是范畴。其次，对概念、范畴的考察，要注意区分“普遍”“特殊”“个别”三个层次。前者指具有普遍性者，中者指表示一定范围或某类事物者，后者

① 《张岱年全集》第四卷，第205页。

② 《张岱年全集》第四卷，第206页。

③ 《张岱年全集》第四卷，第149页。

指表示某一事物者。[①] 这三类概念、范畴即《墨经》所讲的“达名”“类名”“私名”。再次，要注意概念、范畴的演变。[②] 概念、范畴不是一蹴而就的，而是不断演变的。这种演变，不仅体现在“内涵”上，而且亦可体现在“外延”上。“一些概念出现在某一时代，有一定的内涵和外延。随着时代的推移，概念的内涵、外延发生演变。”[③] 这里，所谓“演变”，不仅指旧概念的淘汰、新概念的出现，亦指相同概念内涵、外延的变化。对于后者，尤需要加以注意。

（二）如何分析哲学命题。

哲学命题是基于范畴而下的判断，它是哲学思想的表达形式。首先，张岱年先生认为，哲学命题具有普遍意义与特殊意义之分。所谓“普遍意义”，指它“反映了某一客观的普遍规律”；所谓“特殊意义”，指“命题是某些特殊事例的总结，是这些特殊事例的概括”。[④] 其次，他对哲学命题的多层意义进行了分析。在他看来，“哲学的普遍意义，往往也不止一层”。也就是说，一个哲学命题，往往包括多种、多层意义。“中国古代有些命题，具有宇宙观、认识论、道德论的多层意义。中国古代哲学有一个特点，即宇宙观、方法论、道德论的统一。”[⑤] 例如，“道在器中”这个命题，一层意义是“规律不能离开事物存在”；再一层意义是“普遍寓于特殊之中”。再如，“格物致知”这个命题，既有认识论意义，又有伦理学意义；既是一种求知方法，又是一种修养方法。因此，对于这多种、多层意义应加以注意，不可忽视其中任何一种、一层。

（三）如何考察分析哲学体系。

哲学体系是对范畴、命题内容的系统表达。在考察哲学体系时，有四个

---

① 《张岱年全集》第四卷，第 150 页。

② 参考程志华：《哲学概念：进化与变异》，《河南师范大学学报》（哲学社会科学版）2018 年第 2 期。

③ 《张岱年全集》第四卷，第 152 页。

④ 《张岱年全集》第四卷，第 154 页。

⑤ 《张岱年全集》第四卷，第 155 页。

关键问题要注意：其一，注意哲学家所要解决的主要问题。“要联系他所处的历史时代，考察他要解决什么实际问题和理论问题。”这是对哲学家问题意识的把握。其二，考察哲学理论的基本倾向，确定其基本性质。“要注意考察每一思想家对于哲学基本问题的解答。一个思想家对于哲学基本问题的解答决定了他的理论的基本性质。”这里，主要指哲学家的基本思想倾向。其三，考察哲学体系的逻辑结构。哲学体系的逻辑结构主要反映在范畴与范畴之间、命题与命题之间。“每一哲学体系包含很多的命题，包含很多的概念范畴。这些命题之间有一定的逻辑联系；这些概念范畴之间有一定的层次。命题与命题的联系，概念与概念之间的层次，总起来，也可以称为这个哲学体系的逻辑结构。”其四，好学深思，心知其意。这是“理解哲学学说的真谛与所达到的深度”的关键。①

六、结语

综前所述，张岱年先生基于对中国哲学史的研究，建立了三个相关内容的理论，它们分别是中国哲学史的史料学、中国哲学史的范畴论、中国哲学史的方法论。这三个部分各有不同的内容侧重：前者侧重中国哲学史的载体，中者侧重中国哲学史的核心内容，后者则侧重中国哲学史的方法论。三个部分均以中国哲学史研究为出发点，构成了一门相对完整且相对独立的学问。“古典学”作为一门学问讲，包括“西方古典学”“中国古典学”。就“中国古典学”讲，张岱年先生所建立的这门相对完整且相对独立的学问可称为“中国哲学古典学”。其实，张岱年先生本人对此已有自觉。他区分了“哲学史学”与“哲学史学史”，而“哲学史学史”就是我们所谓的“中国哲学古典学”。“中国哲学古典学”作为“中国古典学”的分支，它既是“中国古典学”的应用，亦是“中国古典学”的基础。它作为“哲学古典学”的分支，既对以往人类文明的基础进行审视，亦可对人类文明的未来发展提供方

① 《张岱年全集》第四卷，第156—162页。

案。总之，在当前“中国古典学”的建构过程中，“中国哲学古典学”应该而且可以起到“奠基”作用。当然，“中国哲学古典学”并不是已经完成了的，在“后张岱年时代”，它还有继续发展的任务。我们对张岱年先生“中国哲学古典学”进行疏解，不仅可助于发挥这种“奠基”作用，而且可以助于它自身的继续发展。

“创造的综合”：张岱年哲学方法论探微

赵　蕾*

（河北大学　哲学与社会学学院，河北　保定　071002）

摘　要：张岱年特别注重中国未来的文化建设，并提出要做一种“创造的综合”。他借用“对理”与“拔夺”的概念来说明文化的可析取性，并借此将“创造的综合”与“中学为体，西学为用”相互区别。张岱年以为，现代中国需要的哲学必须是唯物的、理想的、对理的和批评的。也就是秉持与生活实际相联的客观主义立场，把握事物变动发展过程中的矛盾与联系，有缜密论证和明确指验。在《哲学上一个可能的综合》中，张岱年总结中国哲学发展新路径，即把唯物、理想、解析，综合于一。中国新哲学在方法论层面要融合逻辑分析法和唯物辩证法，同时要以中国传统儒家哲学为基础。在中国哲学的历史传统中，以王夫之、颜元、戴震为代表的气学或事学，可当作中国新哲学的生长点。同时，张岱年也认同中国传统哲学中本体论、认识论、道德论相统一的思想特征，并提出“体验、解析、会通”相结合的哲学方法论，由此完成在哲学方法论中的综合创造。

关键词：创造的综合；唯物；解析；体验；会通

中国哲学总在进行着综合创新式发展，大体而言，传统哲学中的综合创

---

* 赵蕾，哲学博士，河北大学哲学与社会学学院讲师，研究方向为秦汉哲学、近现代哲学。

新可以分成三个阶段：春秋战国时期以孔孟仁学为代表的第一次综合创新，西汉时期以黄老道家和董仲舒新儒学为代表的第二次综合创新，魏晋南北朝以来以佛教的中国化和理学的建立为代表的第三次综合创新。张岱年也在进行融合中西文化资源的工作，他觉得想要建设社会主义新文化就需要做两项基本工作，一方面要对历史传统进行总结，对中国文化的优点和缺点有明确认识；另一方面也要对西方文化做具体分析，再结合我国国情将东西方文化的优点结合起来，由此创造出一种更高的文化。“综合创新论”是张岱年自己撰写的名词，他说：“新中国文化的建设的基本方针应是综合中西文化之长而创建新的中国文化，这个观点，针对‘东方文化优越论’与‘全盘西化论’，可以称为‘综合创新论’。”①

一、张岱年对中西文化体用问题的辨析和对新哲学特征的探索

张岱年曾在《关于中国本位的文化建设》中发表自己对于中国未来新文化的看法，提出要做一种“创造的综合”，这里所讲“创造的综合”既非全盘接收西方文化，也非重新恢复传统文化，又跟“中学为体，西学为用”不同。它既要保持中国传统特色，又要与世界文化相适应，并要着力建设新的中国文化，使其成为新的世界文化的一部分。也就是我们常说的“文化的创造主义”，即不抄袭、不因袭，而要重新创造。但中国本位的文化建设面临着很多问题，比如说如何界定中国文化的自身特色，如何把握世界文化的潮流趋势等。想要了解中国文化，势必要与西方文化相对照，张岱年列举出西方文化的四个特点，即力的崇拜、科学、工业、民主政治。② 西方文化注重知识与工艺，强调对外物和外在关系的改造。与此相对，中国文化特色也可以用四点来总结，即中庸的行为态度、人伦之注重、农业、士大夫统治。③

① 张岱年：《张岱年全集》卷七，石家庄：河北人民出版社，1996 年（下同），第 14 页。

② 张岱年：《张岱年全集》卷一，第 231 页。

③ 张岱年：《张岱年全集》卷一，第 231 页。

对中庸、人伦的注重源于中国社会长期以来以自然经济、家庭家族本位、君主专制为基础，但这些都属于中国文化过去阶段的特点。

同时，张岱年也对文化哲学的体用问题做出讨论，我们由此可对“创造的综合”做进一步理解。张岱年之所以要在创造以外又讲综合，原因在于创造不能无所依据，我们可以将东西方文化的既有成果作为发展的基础，并且不只融汇东西方文化的长处，还需要在此基础上加以新的发展。沈昌晔曾对“创造的综合”提出质疑，他把这种“创造的综合”界定成半因袭、半抄袭，因为他觉得文化是不可分的，要接受就须全盘接受。与此相反，张岱年以为文化是可析取的，这也是“创造的综合”与“中学为体，西学为用”的不同之处。对此，张岱年特别引入“对理”与“拔夺”的概念，想要减少在文化交融尤其向西方学习的过程中容易产生的“流弊易染，精微难学”的缺欠。他说：“想了解创造的综合之真义，还须了解‘对理’。‘对理’中有所谓否定之否定，新事物之出现，及‘拔夺’作用。创造的综合即对旧事物加以‘拔夺’而生成的新事物。一面否定了旧事物，一面又保持旧事物中之好的东西，且不惟保持之，而且提高之，举扬之；同时更有所新创，以新的姿容出现。凡创造的综合，都不只综合，而是否定了旧事物后出现的新整体。创造的综合决非半因袭半抄袭而成的混合。”① 我们可以简单地把“对理”理解成“辩证”“否定之否定”的意思，把“拔夺”理解成“萃取”“提炼”的意思，所有创造的综合都不只是简单的结合，而是对旧文化进行否定之否定，汲取中西方传统中的优秀成分，并融进符合社会实践的新元素，以此进行新文化的创造。

清末，洋务派提出“中学为体，西学为用”的观点，张岱年把这句话解释成以封建主义的思想体系为体、以近代西方的科学技术为用，中学与西学的关系类似指导原则与具体措施的关系。但清末以来的历史事实已经证明，封建主义的思想体系与近代西方的科学技术是不能互通的，所以后来在中国真正发生作用的是与中国革命实际相结合的马克思主义。与“中学为体，西

① 张岱年：《张岱年全集》卷一，第257页。

学为用”相对，张岱年曾提到过“今中为体，古洋为用”的说法。“今中为体”，就是结合革命实践发展社会主义思想体系，同时批判继承中国固有传统文化，使得中国未来的文化建设既有传统特色又能与时俱进。“古洋为用”，就是在科学技术方面尽力学习西方，同时在艺术方面兼采民族形式。

文化发展必然要遵循批判继承、革旧创新的规律。中国传统文化中的等级观念、专制思想、奴隶道德等，都是鄙陋的传统，应该被严肃清除。而唯物主义的无神论传统、辩证思维传统却属于中国文化中的独到内容，尤其在人伦关系方面，传统儒家思想中关于人的自觉能动性的说法，以及人际关系和谐的思想更是可贵，以致有学者认为中国文化属于伦理型文化，并觉得这种伦理型文化因为过于注重群己和谐，所以容易损害独立人格。对此张岱年强调，中国文化尤其儒家思想虽然重视人伦，同时也强调人格的尊严。孔子讲“杀身成仁”，孟子讲“舍生取义”，其含义之一即是保持自己的人格尊严，达到“真正的人”的自觉。并且，中国古代知识分子表现出的刚健有为、自强不息的优良传统，也应当得到继承和发扬。张岱年在回应沈昌晔对中国文化质疑的时候明确说道：“创造力实由健全的有创造性的人民发挥出。所有健全的国民，康强聪敏，有魄力有胆量，无奴性无惰性，肯下苦工夫，有创造精神，有坚定的信仰的人，就是创造新文化的原动力！这些人的信仰，能激发精神鼓舞勇气的信仰，就是创造原动力！”①

与中国文化的过去阶段相对，现在中国所需要的哲学须满足四项条件，即“能融会中国先哲思想之精粹与西洋哲学之优长以为一大系统；能激励鼓舞国人的精神，给国人一种力量；能创发一个新的一贯大原则，并能建立新方法；能与现代科学知识相应合”②。张岱年始终相信，有力的哲学更能够激发民族的潜能，“中国以前思想，蔽于静而不知动，蔽于家而不知群，蔽于中庸而不知力；今后思想，应注重力、群、动，注重克服环境而利用之，

① 张岱年：《张岱年全集》卷一，第 259 页。

② 张岱年：《张岱年全集》卷一，第 238 页。

注重自作主宰改造环境之理想”①。中国传统思想更重“正德”的一面，强调个体与整体的和谐，今后应该发掘中西传统重视“利生”的一面，同时要取中国传统哲学的精粹并发展光大，且能够革正克服其中弊病，批评吸收西洋哲学并努力奋进，迎头赶上。同时，张岱年也特别注重中国文化的性格特征，它曾将中国思想发展分成特色鲜明的两阶段，即以弘毅、刚动为特征的三代到先秦时期，以柔静、谦和为特征的秦汉到明清时期。而未来的中国哲学必将经历否定之否定，再次呈现弘毅、刚动的思想面貌，这是中国哲学“未来的新合”。

在《哲学的前途》文章中，张岱年对西方哲学流派做出简单梳理，并将其归结成五种类型：社会主义的哲学思想、自然科学家的哲学思想、唯心玄学的哲学思想、主观主义的哲学思想、布尔乔亚代言人的哲学思想。张岱年坦言，哲学固然能够影响社会实际，但哲学最终是受社会实际支配的。同时他也相信，将来的世界必定是社会主义的，而社会主义与科学是不可分割的，所以要重点发展社会主义者的哲学思想与自然科学家的哲学思想。因此，将来的哲学应当具备三项特点：唯物的或客观主义的、辩证的或反综的、批评的或解析的。也就是秉持与生活实际相联的客观主义立场，把握事物变动发展过程中的矛盾与联系，有缜密论证和明确指验的哲学。这种新哲学可以说是新唯物论与科学的哲学的结合，“科学的哲学的好处在精细，却有怀疑论的倾向；新唯物论的好处在丰实，却有独断的色彩。这二派的综合便可得到最可信的新哲学”②。现代中国需要的哲学必须是唯物的、理想的、对理的和批评的。

二、新旧唯物论的差别与中国新哲学的生长点

哲学就是证体的学问，现代新儒家在对本体的探讨过程中，把本体归结

① 张岱年：《张岱年全集》卷一，第 239 页。

② 张岱年：《张岱年全集》卷一，第 74 页。

到实有、存在、生命价值等不同层面，形成诸如新唯识论、道德形上学、究极本体论等理路，就思想传承而言接续宋明新儒家的历史传统。而张岱年的新哲学呈现出与中国传统哲学体系全然不同的面貌。自罗素访华以来，分析哲学和数理逻辑开始在中国学术界产生重要影响，同时唯物辩证法也逐渐传到中国。以金岳霖、冯友兰、张岱年等为代表的中国哲学家在会通中西哲学资源的基础上开始建立中国自身的哲学体系。张岱年的兄长张申府最早在国内提倡“解析的唯物论”，认为未来哲学的建立方向就是维也纳学派和辩证唯物论的结合，也就是以辩证唯物论为世界观、以逻辑分析法为方法论的哲学，同时也要与中国传统儒家哲学相联系。张申府曾在 1932 年《大公报·世界思潮》编余中提到将罗素、列宁、孔子三流合一的想法，对此张岱年解释道：“吾以为将来中国之新哲学……必以罗素之逻辑解析方法与列宁之唯物辩证法为方法之主……必与以往儒家哲学有多少相承之关系。”① 即中国新哲学在方法论层面要融合逻辑分析法和唯物辩证法，并以中国传统儒家哲学为基础。可以说，“三流合一”便是张申府构想的建立中国新哲学的方法，也启发着张岱年不断探讨中外哲学综合的问题。这也被认为是张岱年提出的“将唯物、理想、解析，综合于一”的思想雏形。

后来，在《哲学上一个可能的综合》中，张岱年明确指出中国哲学发展新路径，即把唯物、理想、解析，综合于一。或者说，把唯物论、唯心论、分析哲学综合起来。“创造的综合”就是对唯物论、理想主义、解析哲学的一种综合。张岱年吸收怀特海有机、创造的概念，他的唯物论充满浓厚的生生、变化的色彩。张岱年所著《天人五论》中的“事理论”特别注重三方面的内容：历程与事物、理或物则、一本多级。即把宇宙视为流转变迁的大历程，“起起不已，过过不已，事事相续”。物质是宇宙中最根本的存在，生生是宇宙中最根本的原则。宇宙以物质为本源，生命、意识等都由此派生，所谓“物源心流”便是此意。这种新唯物论继承旧唯物论的客观实在的观念，同时扬弃旧唯物论以物质为实体的观念，而是接受怀特海的生机主义的过程

---

① 张岱年：《张岱年全集》卷一，第 133 页。

哲学，也吸收中国哲学尤其《易经》中大化流行的思想。在《关于新唯物论》文章中，张岱年也曾仔细分别新唯物论与旧唯物论的不同处。首先，新唯物论中的唯物，并非物质实体的意思，而是自然先于心知的意思，也就是说新唯物论更带有客观主义立场。其次，新唯物论更注重物和生的区别，物为一本，而生、心为数级，不会将生还原成物，也不会以物解生。在知识论层面，既肯定感相在知识形成中的重要性，也承认先于感相的外界实在。现象世界即是实在，并非在现象以外别有实在。在此，张岱年特别提到郭象"自生""独化"的哲学概念，将其归结为中国哲学中的非本体派。

"唯物、理想、解析之综合，实乃新唯物论发展之必然的途径。"① 综合必须有所倚重，张岱年这里所讲的综合，倚重于唯物，是一种唯物的综合。同时，新唯物论也综合许多矛盾的概念，既讲唯物又讲人的力量，既讲变易又讲必然。张岱年希望新哲学能做生活的指导，克服天然、达成理想。新唯物论有两个出发点：知行合一、人群社会。所以它是实践的哲学，也是群本位的哲学。对此，张岱年特意谈到"本"与"至"的区别，"物为本，心为至，居其间者为生"②，也就在讲，心受物的制约但能反作用于物，同样人受境的制约也能够变化境，这就凸显出实践的重要性，也能反映出新哲学理想主义的特征。

在中国传统哲学的儒、道、墨、法等诸多学派当中，儒家最终成为对中国传统有持久影响的哲学，尤其宋明新儒学的形成，对中国哲学的现代形态有着直接影响。张岱年把宋代以来的哲学大致分成程朱派，陆王派，王夫之、颜元、戴震一派。其中，程朱派主理学，陆王派主心学，王、颜、戴一派可称为气学或事学。这三大学派中，王夫之、颜元、戴震的气学或事学由于具有鲜明的唯物论倾向，因而最值得在构建"现在中国所需要的哲学"时所重视。在《中国哲学大纲》中，张岱年通过对中国传统哲学中的宇宙论、人生论、致知论三部分的阐发，突出强调王夫之、颜元、戴震一派的贡献与

---

① 张岱年：《张岱年全集》卷一，第262页。

② 张岱年：《张岱年全集》卷一，第268页。

意义。尤其在方法论方面，他讲道：“宋代以后的哲学方法，可大别为三。一，邵子张子程叔子及朱子，以对物的直觉为方法。……二，程伯子陆象山王阳明，宗述孟子。专以反观内省为方法。三，王船山颜习斋戴东原反对直觉。船山重观察与辨析，而亦重实践。习斋最重实践，而亦尚观察。东原则专重辨析。”① 在中国哲学的历史传统中，一直存在着“理本论”“心本论”“气本论”三种倾向，宋代以后形成“理学”“心学”“气学”三种流派。其中，理学和心学都在某种程度带有唯心主义的思想特征，只有气学承接着中国古代唯物主义传统。所以张岱年明确讲到“气本论是唯物论的中国形式，实为中国古典哲学中的优秀传统”②，在实践哲学、群本位哲学的重要性日益凸显的当下，更应该受到重视。

张岱年曾提起写作《中国哲学史大纲》的主观意图，即要做到深、准、全、新。其中所谓“新”即“着重阐扬中国旧哲学中含有辩证唯物论的朴素倾向，大力表彰张王颜戴哲学的意义”。他曾受到梁启超《中国近三百年学术史》的启发，力主将明清之际王夫之、颜元、戴震等早期启蒙思想家的哲学传统当作中国新哲学的生长点。“中国近三百年来的哲学思想之趋向，更有很多可注意的。这三百年中最伟大卓越的思想家，是王船山、颜习斋、戴东原。在宇宙论都讲唯气或唯器；在知识论及方法论，都重经验及知识之物的基础；在人生论，都讲践形，有为。所谓践形，即充分发展人的形体，这种观念是注重动、生、人本的。我们可以说，这三百年来的哲学思想，实以唯物为主潮。我觉得，现代中国治哲学者，应继续王、颜、戴未竟之绪而更加扩展。王、颜、戴的哲学，都不甚成熟，但他们所走的道路是很对的。新的中国哲学，应顺着这三百年来的趋向而前进。”③ 在此，张岱年明确地指出王夫之、颜元、戴震一派的哲学传统对于中国新哲学的意义，“要而论之，

① 张岱年：《张岱年全集》卷二，第 613 页。
② 张岱年：《张岱年全集》卷七，第 394 页。
③ 张岱年：《张岱年全集》卷一，第 273 页。

反理学与心学的事学，是足为将来新哲学之先驱的”①。

三、辩证解析与哲学慧观

张岱年在其学述当中，将他提到的“唯物、理想与解析综合于一”的中国哲学发展新路径归结成两方面的综合，“一方面在方法上将唯物辩证法与形式逻辑的分析方法综合起来，另一方面是将现代唯物论哲学与中国古代哲学的优良传统结合起来”②。他晚年仍然强调“我属意于中国所需要的新哲学，即以辩证唯物论为根本，兼有现代逻辑解析哲学方法，而又发扬中国固有哲学优良传统的新哲学”③。

解析是西方哲学的典型特征，“解析”即“辨意谓，析事实”，既包括对概念的分析，又包括对经验的分析。张岱年想要创建一种以客观事实为基础并能解释实践经验的新哲学，所以他接受维也纳学派的逻辑分析方法，却也批评维也纳学派不谈事实的思想倾向。同时他非常重视逻辑分析方法在哲学领域中的运用，并认为逻辑学是一切学术的基本方法。他曾讲道：“解析法之要义在辨意谓，析事实：汰除混淆，削减含忽，而以清楚确定为目的。治哲学之基本工夫，实在于解析，厘别不同的意谓，剖分复杂的事实。哲学有所说，必须自知其所说之确定意谓，欲自知其所说之确定意谓，则必有假于解析。”④ 这里所说的解析可以分为名言的解析和经验的解析。名言的解析包括：名之意谓的解析、命题的解析、问题的解析和论证的解析。经验的解析包括：经验所含要素之辨别、诸要素间关系之察识、一现象与其他现象之异同的辨别。解析法积极求事理，可以说是二十世纪以来在哲学领域中最占优势的方法。

① 张岱年：《张岱年全集》卷二，第 620 页。

② 张岱年：《张岱年学述》，杭州：浙江人民出版社，1999 年，第 43 页。

③ 张岱年：《张岱年学述》，杭州：浙江人民出版社，1999 年，第 84 页。

④ 张岱年：《张岱年全集》卷一，第 269 页。

一般来说，解析包括物理解析和逻辑解析，所谓逻辑解析并非把整体事物拆散，而是把不同的意谓分别开、把混淆的语言弄清楚。辩证法也是一种解析法，可以称为辩证的解析，即考查事物和理论的对立统一关系。同时，逻辑解析也不否弃哲学慧观，相反，逻辑解析之所以没有结论往往是没有哲学慧观所致。张岱年借用罗素《人的外界知识》中的话来讲：“当用方法所能作的一切事情都已做完，便达到了一个阶段，在此只有直接的哲学慧观能奏效。此时所缺乏者乃是逻辑想象之某种新的努力，以前不曾想过的可能之把握。……真正的可能，一般说来，一经想到，便会很迅速的以吸收表面上相冲突的许多事实之可惊的力量证明自己。”① 表面看来，解析与慧观在思维方法上属于对立关系，但想象、预见等带有直觉性色彩的方法在解析方法穷尽以后更能带来新的洞察力。

张岱年依照英国现代哲学家 C. D. Broad 的观点将哲学分成两种：批评的哲学和玄想的哲学。其中批评的哲学旨在对具体哲学问题进行辨析，玄想的哲学则通过整全的直观进行思想创造。张岱年在反省旧唯物论的过程中，注意到哲学与宗教、哲学与玄学、哲学与科学间的关系问题，基于对这些问题的思考逐步形成对新唯物论的系统理解。他能够熟练运用逻辑分析方法来探究中国哲学的概念内涵。例如，他曾指出“两一”概念所包含的五项内涵，即对待之必然、对待之合一关系、对待之相转而生、对待合一与变化、对待与合一之关系。但逻辑分析方法在根本上是反对玄想或形而上学的。“所得不怕小，惟求其精确可证实。不求大，惟避玄空无参验。”② 逻辑解析追求可证实的结果，而非超言绝象的本体。

对此，张岱年曾提出“大逻辑观”，旨在将西方形式逻辑、中国古代名辩逻辑和马克思主义辩证法结合起来。西方逻辑属于一元性的、理想语言的、对象化的、纯演绎性的逻辑。而中国古代逻辑，除通常所讲正名、立辞、论辩以外，还有很多特殊语言下的逻辑，它是多元性的、非对象化的、

---

① 张岱年：《张岱年全集》卷一，第 180 页。

② 张岱年：《张岱年全集》卷一，第 178 页。

非演绎中心的逻辑，体现出一种具体性的思维方式。它关注的并非实在世界的种种样态，而是基于实践理性而建立的行动逻辑或语用逻辑。逻辑解析属于一种剖析具体事物的技术，解析对象在概念、命题、意谓，它是一种运思方向。在某种程度上讲，辩证法属于慧观，所谓慧观即总体性观照的意思，它是一种认识事物的立场和态度。张岱年充分肯定哲学慧观在知识发展中的重要性："所谓'哲学的慧观'，在解析上实大有重要。逻辑解析最后之得结果，大概大部分是依靠慧观的。逻辑解析而至于无归宿，无结论，即由无慧观所致……没有哲学慧观，虽有精密缜细的解析，也难于有结论。慧观与解析乃是不可离的。"①

本体是不可感知、不可思议的，张岱年也充分认识到"理智者了别之能，直觉者通贯之悟；理智重辨分，直觉能总观。直觉能启发新见，而条理系统由于理智"②，我们可以把慧观理解成"直接冥会实体，或谓入于实体中而觉之，不假耳目，不假推论，而直会实体之真相"③。在此，张岱年充分肯定直觉方法在把握本体中的重要作用。张岱年认为，直觉有两种：普通人的直觉和神秘家的直觉。普通人的直觉不能成为一种独立的哲学方法，张岱年还是受到西方传统哲学的影响，自然地认为方法应当是逻辑的、思辨的、系统的，普通人的直觉不具备这样的特征。"人类之有直觉，人类之有神秘体验，皆系事实。其在新观点之启发、新见解之提示，亦有其贡献。然就普通人之直觉而论，至多止是方法中之一段而已，不足成为一独立的方法。"④ 就神秘家的直觉而言，可分成物的直觉和内省的直觉，因其在思虑之外所以也不能成为哲学方法。"神秘家之直觉，则不务观察，废弃思虑，而惟期冥会。实不过养成一种内心幻景而竟执为唯一真实而已。"⑤ 所以，

① 张岱年：《张岱年全集》卷一，第179—180页。

② 张岱年：《张岱年全集》卷一，第368页。

③ 张岱年：《张岱年全集》卷三，第29页。

④ 张岱年：《张岱年全集》卷三，第62页。

⑤ 张岱年：《张岱年全集》卷三，第63页。

无论物的直觉还是内省的直觉都不能成为独立的哲学方法。一种方法想要成为哲学方法需要满足两项标准：能够把握哲学所要把握的对象；必须是一种思维方法，即逻辑的、思辨的、系统的。如果仅讨论直觉，那所思所言容易变得暧昧神秘、无法把握。“所谓入于物中而知之，实则并无事实，不过幻想而已。所谓以直觉认识本体，或冥会真知，实不过将自己之感受说为实体之真相而已。且即令能入于物中，其所觉者，是否即物之真相或物之全相，亦殊不易肯定。”① 总的来讲，张岱年虽然看到直觉在知识发展中的作用，但他否认将直觉当做把握形上智慧的可靠方法。认同直觉法的哲学家强调感觉，但感觉在把握本体方面同样存在困难，所以张岱年尝试用体验、解析、会通相结合的方法论去取代直觉法的功能。

不过，直觉方法在体认本体方面仍然不可被忽视。依靠感觉经验可以获得对特殊事物的知识，而对整个宇宙的普遍知识的获得则来源于心的直觉。这种直觉以道德修养或者说尽性工夫为基础。张岱年在《中国哲学大纲》中将中国传统哲学所用的方法概括成六种：验行、体道、析物、体物或穷理、尽心、两一或辩证。其中，体道与尽心都是直觉的方法。就道家来讲，老子“涤除玄览”便属于直接冥会宇宙本根的直觉法。庄子“离形去知，同于大通”就属于直觉境界。欲求真知，需要除去好恶爱憎的情感，忘掉生死得失的区别，达到真人的境界，才能体认绝对的道。通过思来求明是不可能的，无思无虑即纯任直觉，才能得到最高知识。就儒家来讲，孔子所谓“一以贯之”便是后来直觉法的渊源。孟子讲反省内求，“尽其心者，知其性也，知其性则知天矣”，即由心的内省来领会宇宙根本原理。荀子讲“虚壹而静”有些类似道家，想要追求一种超越对待的无所偏倚的纯粹客观的心境。邵雍“观物”即透于物中与物合一。张载的“存神”即基于道德修养的直觉。这些都看到直觉方法在获得最高知识中的重要性。

① 张岱年：《张岱年全集》卷三，第30页。

四、本体论、认识论与道德论的统一

张岱年讲道，中国传统哲学有四项基本特征，其中最重要的便是“本体论、认识论与道德论的统一”。这种统一体现在两方面，一是强调宇宙最高本体便是道德基本准则，二是强调求知方法与修养方法一致。自古以来，中国哲学便以“天”“道”“理”等为最高概念，宋代学者更把宇宙本体与道德原则统一起来。宇宙的最高实体是理，而理的内容就是仁、义、礼、智。同时，中国传统哲学注重“闻道”，宋儒明确讲出“涵养须用敬，进学在致知”①。所谓“穷理”既要知道客观事物的基本规律，又要知道人伦道德的基本准则，以便达到“众物之表里精粗无不到，而吾心之全体大用无不明”② 的境界。由此，本体论与道德论的统一，以及修养论与方法论的统一共同构成中国传统哲学的重要特征：“本体论、认识论与道德论的统一”。③

在哲学方法论方面，张岱年的贡献在于把辩证法和解析法结合起来，同时对罗素式的直觉法也有肯定。但在《天人五论》以后，他不仅坚决排斥直觉法，还把辩证法排除在哲学独有的方法论之外，并提出“体验、解析、会通”相结合的哲学方法论，完成在哲学方法论中的综合创造。张岱年指出：“哲学于运用逻辑之际，可谓三特殊方法：一为体验，二为解析，三为会通。”④ 他看到直觉在把握本体方面的重要性，但否认把直觉方法当作一种哲学方法，而尝试用体验、解析、会通相结合的方法论去取代直觉法的功能。

体验与实践相互联系，作为一种重要的生活方法，能够达到与存在统

① ［宋］朱熹、吕祖谦：《近思录集解》，叶采集解，程水龙校注，北京：中华书局，2017 年，第 67 页。

② ［宋］朱熹：《四书章句集注》，北京：中华书局，2011 年，第 124 页。

③ 张岱年：《张岱年全集》卷五，第 498 页。

④ 张岱年：《张岱年全集》卷三，第 64 页。

一。"体验即知行一致的工夫，为随知随行知行相顾之方法。"① 体验是哲学的首要方法，只有依靠体验才能解释并指导人的生活实践。人也是实在之流的一部分，只有在实践当中与外物交涉，才能够了解实在之究竟。所谓体验就是在有身体实际活动参与的实践经验中考察对象。"兹所谓体验，谓以身验之，或验之于身。体即身体，验即察验。就身体之所经历而考察之，谓之体验。"② 体验，或者说践履，属于中国哲学的传统特色。中国哲学尤其注重将传统的文化理念落实到现实的人格生命当中，这种落实便需要以身体道的阶层以活生生的、肉身性的方式来实现。"士不可以不弘毅，任重而道远，仁以为己任"便是此意。在此，张岱年把体验概念从中国传统哲学的理解中抽离出来，并将其解释成"以身体实际活动考察"，也就与新唯物论的实践观点联系在一起。张岱年在理论体系方面的目标即创建"能解释一切经验而无漏，并可预先解释一般的未来经验"③ 的哲学系统。这里所说的经验即生活经验，生活经验中最重要的即实践经验。要使哲学体系能够解释生活经验，就不能离开对实践活动的考察，而在实践中考察对象，就是张岱年所谓体验。

颜李之学之所以能成为新哲学的生长点，就在于颜李之学注重实事实物、实用实功、实习实行，排斥"空寂静悟、书册讲诵"，呈现出与汉唐训诂之学和宋明性理之学全然不同的面貌。张岱年将其主要内容概括成三方面，即三事（正德、利用、厚生）、六府（金、木、水、火、土、谷）、三物（六德，智、仁、圣、义、忠、和；六行，孝、友、睦、婣、任、恤；六艺，礼、乐、射、御、书、数）。可能在宋明学者那里，颜李学派所讲的这些内容太粗，宋儒更喜欢谈玄析理，殊不知由粗而精正符合儒家下学上达的宗旨。在功夫论层面，颜李学派重事物、重习行，相信良好的生活和崇高的境界都要在日常生活的动态实践中达成，反对宋儒主静的功夫："宋儒内外精

---

① 张岱年：《张岱年全集》卷三，第 66 页。

② 张岱年：《张岱年全集》卷三，第 65 页。

③ 张岱年：《张岱年全集》卷三，第 7 页。

粗，皆与圣学相反：养心，必养为无用之心，致虚守寂；修身，必修为无用之身，徐言缓步；为学，必为无用之学，闭门诵读。不去其病尽，不能入道也。”① 而“圣学践形以尽性，耳聪目明，践耳目之形也；手恭足重，践手足之形也；身修心睿，践身心之形也。践形，而仁义礼智之性尽之矣”②。

会通，即融会和通观，“解析为于同见异，剖一为多。会通则系于异观同，合众为一”③。会通更接近老庄哲学“以道观之”的概念，张岱年也将其称作“缩观法”，即在致知进路上把握永恒性、统全性的特征，“视物为大宙之无穷的变化大流之一瞬”，“视物为大宇之无穷的扩展之一端”。④ 张岱年认为，辩证法是最适合哲学的方法，它通过考察事物的全貌进而发展事物变化发展规律，而辩证法之所以能成为最适合哲学的方法，就是因为它能够达到对宇宙流行和社会发展历程的全面理解，并能在认识层面破除成见、达到会通。辩证法的联系和变化的观点以及对事物运动变化规律的概括可以用中国哲学中“反复”“两一”的范畴来概括。“两一”就是对立统一的意思，事物之间既相互独立又相互影响，联系并非融结，而是对待而合的意思。同时，哲学方法与哲学修养也是相即不离的关系。张岱年在谈到哲学修养时说：“哲学方法之运用，更以若干必须的精神修养为基础。有此种精神修养，然后从事哲学之研究，方可有所得。如无此种修养，则虽博览强记，仅助其记诵；虽广说博辩，止成为戏论。此种修养，可为方法运用之初基。”⑤ 修养工夫有三方面：一是存诚，二是善疑，三是能辟。⑥ “知之为知之，不知为不知”就是“存诚”的意思，又因深受实践哲学的影响，张岱年将“存诚”赋予注重征验、不做无妄之说的含义。“善疑”“能辟”即破除习见，敢于进行前提反思，进而开启新思路，建立新范畴。

---

① ［清］戴望：《颜氏学记》，石家庄：河北教育出版社，2009 年，第 1527 页。

② ［清］戴望：《颜氏学记》，石家庄：河北教育出版社，2009 年，第 1525—1526 页。

③ 张岱年：《张岱年全集》卷三，第 68 页。

④ 张岱年：《张岱年全集》卷三，第 69 页。

⑤ 张岱年：《张岱年全集》卷三，第 69 页。

⑥ 张岱年：《张岱年全集》卷三，第 69 页。

中国传统哲学一直有着自然论与理想论结合的倾向，它肯定现象即实在，所以从不追求出世的理想，相信能在日常生活中达成至理境界。理想主义更是中国哲学的特长，历史中不乏对理想人格、理想社会的描述和憧憬。“综合唯物与理想，实正合于中国哲学之根本倾向。”张岱年在30年代就提出理生合一、与群为一、义命合一、动的天人合一这“生活理想之四原则”。首先是理生合一，所谓生即生命、生活，所谓理即道德、规律。在人生论方面，西方哲学注重生，中国哲学注重理，像董仲舒“正其义不谋其利，明其道不计其功”、程颐“饿死事小，失节事大”便充分体现中国传统哲学重理的态度。但理并不是桎梏生的手段，两者并非截然对立的关系，理和生之间也可以达成“生之和谐”的境界。“己欲立而立人，己欲达而达人”便是这样的境界。实践理义、充实生活，两者相即不离。理、生合一在现实生活中表现为与群合一。中国传统哲学中常见“天人合一”“万物一体”的命题，但在实际生活中，与个体相融的应当是人群、社会、国家。“群即是我，我即是群，为群忘我。”① 这样便不再有与群相对的小我，群的利益即是我的利益、群的生命即是我的生命，在群体生活中也能得到最大的快乐。义命合一，义即理想的当然，命即现实的必然，义命合一也就是处理好理想与现实间的关系，通过自身努力，认识并解决客观情境中的内在矛盾，促使理想变成现实。动的天人合一，与静的天人合一相对。所谓“静的天人合一”多指通过身心修养而达成的与天为一的神秘境界，而“动的天人合一”旨在实践行动来改造天然，使得天人之间达成一种实际的协调，这就需要戡天、乐天的精神。张岱年也曾把“和谐”列为辩证法的基本范畴，“如无冲突则旧物不毁”“如无和谐则新物不成”，不仅物质世界要遵循辩证法中“一乖一和”的发展原则，生活世界也要“充生以达理”，实现“兼和”的理想境界。

总的来讲，张岱年的“文化综合创新论”主张建设以“创造”为核心的中国新哲学和新文化，对中西文化的交融和中国文化的发展起着重要的指导

① 张岱年：《张岱年全集》卷一，第390页。

作用。在哲学方法论方面，他运用逻辑解析法、唯物辩证法阐释中国传统哲学中的概念、范畴，同时注重发挥中国传统哲学理想主义的特长，由此，将西方现代哲学与中国古代哲学结合起来。

张申府对罗素哲学的接受与转化*

黄兆慧**

（湖南科技大学　马克思主义学院，湖南　湘潭　411100）

摘　要： 张申府通过接受和转化罗素哲学，深度参与了中国近现代哲学的古今中西之争。在历史观上，张申府受罗素文明观和唯物史观的影响，提出建设“第三文化”“革命文化”的主张；在知识论上，张申府受罗素“中立一元论”“感觉材料论”的影响，提出了“具体相对论”的哲学思想；在逻辑方法论上，张申府受罗素的逻辑分析方法的影响，大力推崇“逻辑解析”，将逻辑分析方法视为从事哲学研究的主要方法。从历史观、知识论、逻辑方法论等方面而言，张申府对推动中国哲学由传统向近现代的转型都具有建设性。

关键词： 第三文化；具体相对论；逻辑解析；转化

众所周知，中国近现代哲学的古今中西之争面临的首要任务，就是如何学习和吸收西方哲学，完成中国哲学由传统向近现代的变革与转型。其具体“主要是围绕着四个问题展开的：历史观、认识论、思维方式和逻辑方法论、

---

* 基金项目：教育部人文社科基金青年项目“罗素哲学在近现代中国的接受研究”（21YJC720003）；国家社会科学基金青年项目“罗素哲学与中国近现代哲学的关系研究”（22CZX038）。

** 黄兆慧，哲学博士，湖南科技大学马克思主义学院副教授，研究方向为中国近现代哲学。

理想社会与理想人格”①。张申府通过对罗素哲学的接受与转化，在古今中西之争的问题上做出了积极尝试。关于张申府对罗素哲学的继承与吸收的研究，目前已有诸多成果。李维武认为张申府从“解析”与“唯物”相互结合、西学与中学彼此融通、逻辑与诗共同存在这三重维度出发，将不同的哲学传统、多样的哲学形态以及丰富的哲学资源进行融会贯通，实现中国哲学的现代转型。② 许宁论证了张申府对罗素哲学的学思历程、学理阐释和学术建构。③ 郑毅阐释了张申府对罗素哲学的推介、辩护以及中国式收摄。④ 他们都从张申府与罗素共同讨论的哲学问题出发，讨论了张申府在继承和吸收罗素哲学基础上建构起的“三流合一”的哲学命题，推进了张申府与罗素哲学关系的研究。这里在古今中西之争的视域下，以历史观、知识论、逻辑方法论等中国近现代哲学的主要问题为视域，探讨张申府对罗素哲学的接受与转化，由此呈现中国近现代哲学家对中国哲学由传统向近现代的变革与转型所作的努力。

一、“第三文化”：张申府在历史观上对罗素哲学的接受与转化

近代中国一开始就面临着“中国向何处去”的问题，要变革和改造旧有的社会形态和制度设施，以此来回答古今中西之争，因此历史观问题在中国近现代哲学中就特别突出。在历史观上，张申府受到唯物史观和罗素文明观的影响，批判了“全盘西化论”和文化保守主义，提出建设“第三文化”“革命文化”。

“第三文化”是为超越保守的东方文化和激进的西方文化而寻求的第三

① 陈卫平：《中国近代哲学的转型：变革与继承的统一》，《安徽师范大学学报》（人文社会科学版）2012 年第 5 期。

② 李维武：《张申府实现哲学之“通”的三重维度及其启示》，《衡水学院学报》2024 年第 6 期。

③ 许宁：《张申府对罗素哲学的阐释与建构》，《衡水学院学报》2021 年第 2 期。

④ 郑毅：《张申府对罗素哲学的推介、辩护与收摄》，《衡水学院学报》2023 年第 6 期。

条文化道路。为什么要提出建设“第三文化”？这是张申府为“中国向何处去”的时代问题作的一次积极尝试。因为“保守东方旧化说不可行。移植西洋旧化说不可行。机械地融合东西两化说也同一地不可行”[①]。当时的东方文化死气沉沉、穷途末路，西方文明则杀气勃勃、病入膏肓。按照中国旧有文化发展中国不可行，“全盘西化”在中国也行不通，“中体西用”最终以失败而告终。1922年，罗素在离开中国一年之后出版了《中国问题》一书，它系统论述了罗素对中国问题的思考，其中谈到了“中国前途”问题。罗素认为中国需要学习西方科学以自强，但不可学习西方的人生观。罗素说：“如果中国人采纳西方人的人生观，那么，当他们有能力抵御外辱之时就会走上帝国主义的道路。”[②] 张申府吸收了罗素观点，他认为中国如果全盘照搬西方走上帝国主义道路，那么中国必然也会变成一个帝国主义者，最后造成的局面就是东西方相互残杀。张申府认为：“欲雪全人类之耻，只有建设第三文化，只有从根本使帝国主义绝迹。”[③] 罗素希望中国不要步帝国主义的后尘，而是走一条自己的路。他说：“我们的文明的显著长处在于科学的方法；中国文明的长处则在于对人生归宿的合理解释。人们一定希望看到两者逐渐结合在一起。”[④] 中国人应该坚守自己的人生观，再结合西方科学的方法，来发展自己的教育和工业，以此实现自强。张申府认同罗素的看法，他认为在精神层面中国最缺乏的就是逻辑思想和自然科学的方法，应该“把西洋文明最大的贡献，科学法，拿来，切实加以培养，切实加以施用，切实加以体现，切实加以发扬，就是了”[⑤]。但是，并不是将逻辑思想和科学方法简单移植到中国，而是在融合东西方文化基础上造就一种新的理想文化形态。张申府强调：“今日欲超出两旧文化而建一种第三文化，乃在顺‘物质’

① 张申府：《第三文化之建设》，《张申府文集》第一卷，石家庄：河北人民出版社，2005年（下同），第63—64页。

② ［英］罗素：《中国问题》，秦悦译，北京：学林出版社，1996年（下同），第198页。

③ 张申府：《第三文化之建设》，《张申府文集》第一卷，第63页。

④ ［英］罗素：《中国问题》，第153页。

⑤ 张申府：《第三文化之建设》，《张申府文集》第一卷，第63页。

之可能，先就物质的基础，而引之趋合于理想。”① 这里提出建设“第三文化”，除了吸收罗素哲学外，还受到唯物史观的影响。“第三文化”的基础是物质生产力，而这是唯物史观的基石。“第三文化”就是在发展物质生产力的基础上，建设一种融合儒家理想和西方科学方法的文化新形态。

受罗素哲学和唯物史观的影响，张申府将“第三文化”进一步深化为“革命文化”。张申府说：“所谓革命，照马克思的说法，是有两层的。一为夺取政权，二为改造社会。即是，先推翻旧统治阶级，以此建设新社会制度。”② “革命文化”就是推翻旧统治，建设新型的文化形态，这种新型文化有什么特征呢？张申府吸收马克思主义与罗素哲学的观点，把“革命文化”的特征总结为四个方面：一是“动的”“向前的”文化。因为以往中国物质生产力长期处在停滞状态，导致以往中国旧文化是一种静的、保守的文化，随着革命时代的到来，社会物质生产力产生了巨大变化，社会的经济结构和制度也会相应地发生变化，立足于生产力和经济基础之上的文化也相应地发生变化，因此“革命文化”是一种“动的”“向前的”“创造的”文化，而不是死气沉沉保守的静的文化。张申府关于“革命文化”的这个特点，明显继承自唯物史观。而且提倡“动的”“向前的”文化，也是对梁漱溟在《东西文化及其哲学》中将中国文化归纳为静的、持中的、调和的文化的一种批评。二是“客观的”文化。张申府说：“所谓革命的文化，也必是客观的，是切实的，是随事实为转移的，是如实的应付事实的。再换言之，也就是科学的。”③ 张申府关于“革命文化”的第二个特点，是对罗素哲学的吸收。罗素的新实在论的真理观主张符合论，即保证信念或命题为真就必须与事实相符合。他说：“证明信念之成为真确的，乃是事实。”④ “革命文化”作为

---

① 张申府：《第三文化之建设》，《张申府文集》第一卷，第 63 页。

② 张申府：《革命文化是什么》，《张申府文集》第一卷，第 96 页。

③ 张申府：《革命文化是什么》，《张申府文集》第一卷，第 97 页。

④ ［英］罗素：《哲学问题》，何兆武译，《罗素文集》第 2 卷，北京：商务印书馆，2012 年，第 129 页。

一种精神存在，要保持它的客观性，那么它就必然与事实相符合，随着事实的转移而变化。三是“民众的”文化。因为当时革命对象是推翻封建主义和帝国主义，革命的主体是广大工农民众，因此“革命文化必当以工农民众的观点而出发”①，它才能被广大的工农民众所普遍接受。这是继承了马克思主义群众史观的理论。张申府还提出，“民众的”文化也是一种“直接的”文化。这种“直接的”文化就是罗素所说的“循求据生物学讲来，非生存所必须的目的”②，也即是，文化可以由广大工农民众在日常生活中直接创造出来，而不需要只凭借少数精英群体。四是“世界的”文化。广大工农民众革命的目标是使世界成为一个统一的整体，因此“革命文化”也必然是“世界的”，它超越了民族国家的界限，成为全人类的文化形态。

从建设“第三文化”到“革命文化”，张申府吸收了唯物史观和罗素哲学的相关理论，试图从历史观角度回答“中国向何处去”的时代中心问题。“第三文化”“革命文化”是对中国传统旧文化和资本主义工业文明的双重超越，同时它也有别于新文化运动中的“新文化”。在张申府看来，“新文化”的内容就是照搬西方资本主义的工业文明。张申府从马克思主义对资本主义的批判和罗素对西方工业文明的失望中，提出中国不应该走西方资本主义、帝国主义的老路，而是应立足于物质生产力的基础，建设“第三文化”“革命文化”。

二、“具体相对论”：张申府在知识论上对罗素哲学的接受与转化

中国近现代哲学继承古代哲学的传统，仍以心物（知行）之辩为中心探讨知识论问题，但他们有一个根本性的差异：中国近现代哲学注重吸收西方近代哲学以来的知识论传统，使知识论成为独立的哲学论域。受罗素哲学的影响，张申府对知识论问题作过详细深入的探讨。

---

① 张申府：《革命文化是什么》，《张申府文集》第一卷，第 97 页。

② 张申府：《文明或文化》，《张申府文集》第二卷，第 93 页。

在知识论的真理观问题上，张申府提出了富有原创性的“具体相对论”的哲学思想。他明确提到了“具体相对论”的归属以及理论渊源：

> 我这个见解，说它的隶属，它也属于知识论的。更确切的说，它属于真理论。
>
> 我这个见解，说它的渊源，它的最直接的渊源就是罗素的数理逻辑上的类型说。与罗素鼓吹最力的逻辑解析法，当然大有关系。现代哲学里的所谓维也纳派与英国的剑桥派，主张虽有不同，但同以解析为哲学方法，对我的见解也同有影响。显然，现代物理学上的安斯坦的相对论，以及马克思主义里的辩证唯物论，也是我的见解的启发者。但是我这个见解也还有一个渊源。那就是中国哲学，特别是孔子的真传统和庄子的一些话。①

从张申府的论述中可见，“具体相对论”是回答知识论中的真理观问题，其直接的理论渊源就是罗素哲学的类型论，它同时也受到维也纳学派、剑桥学派、爱因斯坦相对论、辩证唯物论以及中国哲学的影响。“具体相对论”的主要思想，就是指知识是否为真并不是绝对的，不能从孤立的、抽象的、模糊的角度判断知识的是非，而应该从知识的类型、层次、界限、缘由、适用性等等各方面加以考察。用张申府的一句话概括即是：“真理（即对不对）最后的判定者总是具体的。”② 罗素类型论本是为解决涉及矛盾现象的数学问题和逻辑悖论而提出的方法理论。罗素类型论的基本原则是：“牵涉某一类型的所有的任何表达式（如果它指称任一事物）一定指称具有比它牵涉的某一类型的所有更高类型的某些事物。在牵涉某一类型的所有地方，存在一个属于那个类型的表面变项。因此，任何含有表面变项的表达式都具有比那

---

① 张申府：《我的哲学的中心点——具体相对论》，《张申府文集》第二卷，第341页。

② 张申府：《逻辑与政治》，《张申府文集》第一卷，第573页。

个变项更高的类型。”① 罗素类型论不仅考虑对象的类型层次，还要考虑定义这些对象的方式等差异带来的层次区别。例如对于命题函数，根据其涉及的对象以及量化的范围等因素，又划分出不同的阶（Order），同一类型内部还会有不同阶的细分。张申府将罗素类型论援引到“具体相对论”中，以“分类，立届，穷原竞委，核实具体”② 作为“具体相对论”的原则。

上文提及，“具体相对论”除了受到罗素类型论的影响，也受到维也纳学派、辩证唯物论、中国哲学等各家的影响。张申府说：“意义解释，于字义（字谊或字的意谓）外，还要靠句法，并要看与生活（实践，行动）与社会与历史的相关关系。”③ 厘清概念的活动、分析句法的含义、确定命题的意义，就是维也纳学派提倡的主要方法；将认识内容纳入到人的实践活动、社会历史进行检验，是辩证唯物论的实践观。中国哲学中的“明分以辨类”（《韩非子》）“各得其宜”（《荀子》）“知东西之相反而不可以相无，则功分定矣”（《庄子》）等等，都是张申府用来诠释“具体相对论”的命题，这也构成了“具体相对论”的理论资源。

除了真理观问题，张申府也探讨过知识的来源问题。他说：“知识或得自言语，或得自感觉，或经验，或实践，或体，虽然其间不无大小精粗之不同。”④ 知识来源于语言、感觉、经验、实践以及体等不同的方面，虽然这些方面对知识的影响不同。对知识的来源问题，张申府至少有罗素、马克思主义以及中国哲学的理论渊源。首先，不论是在逻辑原子论时期还是转向中立一元论后，罗素始终认为人类的知识来源于感觉材料。罗素说：“关于感觉材料，我们知道，当它们是材料时，它们就存在着，而且这是我们关于外在殊相的一切知识的认识论基础。”⑤ 张申府认为知识来源于感觉，很大程

① ［英］罗素：《逻辑与知识》，苑莉均译，张家龙校，《罗素文集》第 10 卷，第 129 页。

② 张申府：《具体相对论》，《张申府文集》第二卷，第 322 页。

③ 张申府：《我的哲学的中心点——具体相对论》，《张申府文集》第二卷，第 342 页。

④ 张申府：《家常话》，《张申府文集》第三卷，第 292 页。

⑤ ［英］罗素：《神秘主义与逻辑及其他论文》，贾可春译，北京：商务印书馆，2017 年，第 142 页。

度上是受到了罗素的影响。其次，知识来源于实践，这是辩证唯物论的实践观的主要内容。辩证唯物论认为，知识从根本上来源于实践。张申府这里显然吸收了辩证唯物论的实践观。再次，知识来源于体，这是典型的中国哲学观点。体即是体悟、体认。张申府认为："知要求真。真之一义就是亲切。不体何以能亲切?"① 通过体悟来获得真切的知识。但在张申府看来，通过感觉、实践、体悟所获得的知识都是私人的而不是公共的，虽然通过这些方式获得的知识是真的，但也只是相对于其私人而言的真，对于其他人来说还不能确定为真。要使知识成为公共的，还需借助于概念语言。概念语言是公共的，它是在社会历史中形成的，可以在人类之间进行交流传播，而不像感觉经验、实践、体悟是纯粹私人的，从概念语言得来的知识具有公共性。但从概念语言而来的知识的真，也具有统计或概率问题。"因为言语文字的意思常随时随境而迁变的，总不免是统计的，概然的。"② 从统计或概率问题上讨论概念语言而来的知识的真，这是受到罗素哲学的影响。罗素在《物的分析》《哲学大纲》都提到过概率问题，并且专门写过《正面还是反面》（Heads or Toils）一文讨论概率问题，张申府将它后半部分翻译成《概然与概率》。罗素认为概率不属于命题本身的问题，而是属于命题函数，也就是说罗素是在逻辑方面讨论概率。张申府把它进一步引申到概念语言中，认为来自概念语言的知识的真理性问题与概率相关。③

张申府提出，他自己的哲学是一种"大客观主义"，这种"大客观主义"既强调客观性，又强调主观作用，这是他的"哲学本体论"④。张申府的"大客观主义"继承自罗素的"中立一元论"。如所周知，"中立一元论"是罗素为解决认识主体与认识客体之间的鸿沟而提出的一种哲学创造。金岳霖认为罗素的"中立一元论"的建构是失败的，因为罗素仍然是从主体出发去

---

① 张申府：《家常话》，《张申府文集》第三卷，第 292 页。

② 张申府：《家常话》，《张申府文集》第三卷，第 293 页。

③ 参见罗素：《概然与概率》，张申府译，《张申府文集》第四卷，第 348—355 页。

④ 李维武：《张申府实现哲学之"通"的三重维度及其启示》，《衡水学院学报》2024 年第 6 期。

推论或构造客体，金岳霖由此提出了“所与”理论。在金岳霖之前，张申府就提出了“大客观主义”来解决主客间的鸿沟问题，他主张“大客观主义”要跳出主客、主即是客。

“大客观主义”不仅是一种哲学本体论，同时也关涉知识论。张申府说：“我的大客观主义的另一个意思，是关于知识的。知识以知觉开始。我乃认为以知觉开始的知识不是主观的，也不是客观的，它乃是主观与客观间的一种关系。”① 把以知觉开始的知识当作主客之间形成的一种关系，这是吸收了罗素的外在关系说。罗素提出：“所谓信念或判断并不是什么别的，只不过是把一个心灵和心灵以外的不同事物联系起来的这种信念关系或判断关系罢了。”② 罗素这里的信念或判断的关系是实在的，并且由信念或判断的关系构造人类的知识。张申府认为以知觉开始的知识是主观和客观之间的关系，这是罗素外在关系说的翻版。考察知识论问题，不仅要对知识本身进行必要的逻辑分析和归类，同时还要“审察与其相关者的关联”③。进一步而言，没有主体（能）和客体（所），就无所谓知识：“无‘能所’不得为知识。是则既成知识，便不只一个‘能’而已。知识归根是无知。这是罗素的意思。”④ 张申府沿着罗素外在关系说来论证“大客观主义”，这是对罗素哲学的接受与转化。

三、“逻辑解析”：张申府在逻辑方法论上对罗素哲学的接受与转化

中国近现代哲学家普遍认为中国未产生科学的原因之一，是缺乏作为近代科学方法的基础的形式逻辑，而中国传统哲学以注释经典为主的经学方法，严重禁锢了人们的思想，阻碍了近代科学的产生。因此，批判传统的思

---

① 张申府：《我自己的哲学》，《张申府文集》第二卷，第 336 页。

② ［英］罗素：《哲学问题》，何兆武译，《罗素文集》第 2 卷，第 126 页。

③ 张申府：《续所思》，《张申府文集》第三卷，第 160 页。

④ 张申府：《续所思》，《张申府文集》第三卷，第 161 页。

维方式和研究模式，学习西方科学的逻辑方法论，成为中国近现代哲学研究的重要组成部分，也成为回答古今中西之争的内在要求。

在逻辑方法论上，张申府主要继承了罗素的逻辑分析方法。作为在中国宣传罗素哲学的先驱，张申府从1920年代开始就服膺于罗素哲学。他在晚年《我对罗素的敬仰与了解》一文中说："我赞佩罗素，敬仰罗素，最主要的是他在哲学上的伟大贡献——数理逻辑。"① 张申府翻译过罗素的许多著作，对罗素的思想有全面的了解，但他最看重数理逻辑和逻辑分析方法。他始终强调，数理逻辑称得上最接近科学的哲学，逻辑分析方法是研究哲学的科学方法。罗素认为："逻辑是哲学的本质。"② 从事哲学研究，就是进行逻辑分析，逻辑分析方法是他在哲学研究中"最强、最坚定的成见"③。在罗素看来，要打破传统形而上学的束缚使哲学成为一门科学，就必须使用逻辑分析方法对以往的哲学问题进行分析，而只有将运用这种方法后的结果展示给世人，人们才能真正理解它的意义。虽然罗素从未对逻辑分析方法下过定义，但在他1910年以后的几乎所有哲学著作中都可见此方法的运用。《我们关于外间世界的知识》一书，就是他运用逻辑分析方法的典范之作。

张申府提倡的主要哲学方法——"逻辑解析"，就是来自罗素的逻辑分析方法。在西方哲学发展历程中，从笛卡尔、斯宾诺莎、休谟、康德、马克思直到罗素，凡是一种新哲学必定有与之相应的新方法。张申府提出的"具体相对论"首先也表示一种方法。他说："我自己的哲学也是偏向于方法方面。"④ 这种方法就是"逻辑解析"，并且"与罗素鼓吹最力的逻辑解析法，当然有大关系"⑤。张申府在其诸多论著中都提到过他对罗素逻辑分析方法的继承和运用，这也成为他的哲学的主要特点。从把逻辑分析当作哲学的角

① 张申府：《我对罗素的敬仰与了解》，《张申府文集》第三卷，第515页。

② ［英］罗素：《我们关于外间世界的知识——哲学上科学方法应用的一个领域》，陈启伟译，上海：上海世纪出版集团、上海译文出版社，2008年，第21页。

③ ［英］罗素：《我的哲学的发展》，温锡增译，《罗素文集》第12卷，第131页。

④ 张申府：《我自己的哲学》，《张申府文集》第二卷，第334页。

⑤ 张申府：《我的哲学的中心点——具体相对论》，《张申府文集》第二卷，第341页。

度而言，罗素在其名著《西方哲学史》的最后一章“逻辑分析哲学”中，提出哲学的主要任务就是进行逻辑分析①。张申府继承了罗素的这种观点，他在《论什么是哲学》中，提出了他对哲学的五种界说，其中之一就是：“哲学就是逻辑解析。”② 哲学就是对日常生活的语言进行细致精深的分析，厘清语言中的错误，避免无谓之争。罗素没有对逻辑分析方法进行过定义，而张申府总结了逻辑分析方法的三种含义：“（一）厘字义，清辞谓，爬梳句法，条贯系统；（二）辨别类型，展示型式；表著类滋，函变，章显关系，结构，句子；（三）即实立说，以构代推；准节省律，剔除虚废——着实，责实，核实，归于分收具体。”③ 对逻辑分析的三种界定，都是罗素在多部哲学著作中使用的逻辑分析方法所包含的意义。例如，厘清概念、分析句法、类型分层、用构造代替推论、坚持实在论立场，等等。

张申府认为，“逻辑解析”的对象大致分为三类：一是概念；二是句子或命题；三是思想体系。对概念的逻辑分析就是厘清概念的确切含义，对句子或命题的逻辑分析就是找出句子或命题蕴含的意义，对思想体系的逻辑分析就是寻找思想体系的逻辑脉络、显示其立论的根据。将这些对象进行逻辑分析，最后总能够还原为“每人的直接经验”④。张申府所说的“直接经验”，就来源于罗素的感觉材料理论。罗素认为：“感觉材料只能是物理世界的终极成份。”⑤ 无论是在推论还是在构造中，感觉材料始终是罗素建构实在世界的“终极成份”。在罗素这里，感觉材料是经过逻辑分析的方式获得的。张申府继承了罗素的这一逻辑思路。他说：“逻辑解析就是由逻辑而到经验，法似抽象，而其实，找的是具体。”⑥ 这里的“具体”即“直接经验”，也就是罗素的“感觉材料”，是罗素认为的“最硬”、最实在的原材料。

---

① 参见罗素《西方哲学史》，马元德译，《罗素文集》第 8 卷，第 457—466 页。

② 张申府：《论什么是哲学》，《张申府文集》第二卷，第 356 页。

③ 张申府：《我的哲学的中心点——具体相对论》，《张申府文集》第二卷，第 345 页。

④ 张申府：《解析的解析》，《张申府文集》第二卷，第 208 页。

⑤ ［英］罗素：《神秘主义与逻辑及其他论文》，第 138 页。

⑥ 张申府：《解析的解析》，《张申府文集》第二卷，第 208 页。

哲学的作用之一是发扬理性，张申府认为“逻辑解析”是发扬理性的极致，因此也可称之为科学方法。“哲学解析乃是理性的极致，在根本上，是与科学法一致的。”① 罗素在《论哲学中的科学方法》一文中，对逻辑分析方法作为科学方法作过详细地说明。罗素认为：“在哲学中采纳科学的方法将迫使我们放弃解决传统哲学中许多更有野心且符合人类兴趣的问题的希望。”② 也就是说，使用逻辑分析方法对日常语言进行逻辑分析，就会迫使我们放弃传统形而上学中的含混不清的命题，使哲学走向科学的道路。张申府赞同罗素的观点，他认为：“罗素便是最哲学而又最科学的科学哲学家。”③ 逻辑分析就是要对语言文字进行分析，“把语言文字弄清楚，岂是玩的字面把戏，至少也会有助于世界事理的普遍阐发”④。使世界事理得到普遍阐发，也就实现了“通”，这是张申府哲学思想的重要目的和追求，即“哲学的目的在于通。就是专门哲学的要把言语弄清楚，也是为的通”⑤。哲学的“通”是通过运用逻辑分析方法而实现的。

四、结语

从历史观、知识论和逻辑方法论等三个方面阐述张申府对罗素哲学的接受与转化，呈现了张申府与罗素之间较为细致的关联。在历史观上，张申府提出建设“第三文化”“革命文化”，这是受到唯物史观以及罗素对中西文明讨论的影响，试图建设一种超越东方保守主义与西方激进主义的第三种文明新形态。在知识论上，张申府提出具有原创性的“具体相对论”，其直接的理论渊源就是罗素哲学的类型论。张申府虽然主要从哲学本体论的角度对

① 张申府：《解析的解析》，《张申府文集》第二卷，第 208 页。

② ［英］罗素：《神秘主义与逻辑及其他论文》，第 120 页。

③ 张申府：《所思》，《张申府文集》第三卷，第 106 页。

④ 张申府：《解析的解析》，《张申府文集》第二卷，第 209 页。

⑤ 张申府：《战时哲学的必要》，《张申府文集》第二卷，第 226 页。

"大客观主义"进行诠释，但它也蕴含了知识论方面的意义。"大客观主义"试图超越主客二分的界限，这是受到罗素哲学"中立一元论"的深刻影响。在逻辑方法论上，张申府继承了罗素的逻辑分析方法。他认为对不同的对象进行逻辑分析，其最终总是能够还原为个人的"直接经验"，而这个直接经验就是罗素哲学的基础"感觉材料"。当然，在上述三个方面中，不仅仅是罗素哲学对张申府产生了影响，马克思主义、中国传统哲学、维也纳学派等也成为张申府哲学思想的重要理论来源。张申府提出过要将孔子、罗素、列宁的哲学熔铸为一体，创造一种"三流合一"的哲学命题，最后建构"通"的哲学体系。从现有文献来看，张申府只是做了初步的尝试工作，对其哲学思想中的诸多问题并未展开讨论，如"具体相对论""大客观主义"等仅在几篇文章中提出了一些哲学观点和构想，但我们不能忽视其哲学思想的原创性和深刻性。从某种意义上说，张申府是中国近现代哲学中较早融合不同哲学传统，试图建构哲学体系的思想家。

罗素对张申府的影响是全面性的，除去上述三个方面，罗素的婚姻观、自由观、教育观、社会改造理论，等等，都成为张申府哲学思想的议题。这里主要从历史观、知识论和逻辑方法论等三个方面讨论张申府的哲学思想与罗素哲学之间的关联，论述罗素哲学对中国近现代哲学家施与的影响，从一个侧面反映中国近现代哲学家是如何借助西方哲学资源来回答古今中西之争的。

以“在”论“有”、会通儒耶*

——“形上生命哲学”的本体论探析

吴　倩**

（天津师范大学　政治与行政学院，天津　300387）

摘　要： 罗光会通中国儒家哲学之“生命”与西方士林哲学之“存有”来建构“形上生命哲学”的本体论。西方形上学注重对“有”的静态分析，以“有”的基本要素为“性”与“在”，疏于把“观念的有”和“具体的实体”相结合。中国形上学注重结合“具体的实体”讲本体之“有”，认为“有”是实际、具体的“在”，“在”是“生生”、生命。“形上生命哲学”肯定万物为“存有”，“存有”为“生命”，并进一步阐明“生命”是内在由“能”到“成”的继续变易。“生命”的本质是“创生力”，“创生力”推动变易以形成实体，亦推动实体的继续变易。“形上生命哲学”一方面接受了儒家的世间万物有“生命性”、内在“自动自成”的观点，另一方面又认为万物的生命力在最初源头上需要创造主。罗光追问“生命力”的最初来源问题，意在融合儒家思想与天主教信仰，实质是把士林哲学的问题意识嫁接在

* 本文为国家社科基金重点项目“从宋明儒家乡治实践看国家与社会的互动”（23AZZ012）的阶段性成果。

** 吴倩，天津师范大学政治与行政学院教授，研究方向为儒家哲学、现代新儒学、宋明儒家乡治实践。

中国哲学思考之中。

关键词：罗光；形上生命哲学；生命；创生力；士林哲学

罗光毕生钻研中国儒家哲学与西方士林哲学义理，力图在会通中西的基础上奠定基督信仰本土化的理论基础，探索儒家哲学在现代发展的可能道路。他在晚年归纳自己一生的所学所思，提出了“形上生命哲学”体系。① “形上生命哲学”的主要理论目标是对“生命”概念进行哲学阐释，并以此为核心建立“生命本体论”。

一、会通西方之“存有”与儒家之“生命”

罗光认为，中西方每个哲学体系切入终极本体的方式不同。“形上生命哲学”在借鉴和会通中西方形上学思考的基础上，主张由“生命”的进路探讨本体论。“形上生命哲学”以“生命”概念为核心，在根本精神上赞同中国哲学的观点。它肯定宇宙是一个生命的整体，天地之间是一道生命的洪流，世间一切人和事物基于生命力而贯通，“不是以哲学讲生命，而是以生命讲哲学”。“生命的哲学，贯通了全部哲学的思想，结成一生活的系统，不是‘隔岸观火’的研究哲学的对象，而是我在哲学的对象内生活。这就是中西哲学的结合，万物为‘存有’，‘存有’为‘生命’”②。

---

① 罗光的“形上生命哲学”体系从提出到完善历时16年，出版了六个“生命哲学”版本才最终定论。1985年元旦，罗光在75岁高龄出版第一本建构哲学体系的著作——《生命哲学》，此后16年间，“生命哲学”体系经历了修订版、订定版、续编、再续编、《形上生命哲学》这五次大的修改，于2001年定型为“形上生命哲学”体系。在第一、二、三、四、五版中，罗光把自己的哲学体系称为“生命哲学”体系，而在第六版把“生命哲学”更名为“形上生命哲学”，以突出整个哲学体系以形上学思考为重心、以“生命本体论”为基础的特点。前五个《生命哲学》版本收于《罗光全书》第一、二册（台北：学生书局，1996），第六版《形上生命哲学》（台北：学生书局，2001）为单行本，在《罗光全书》出版五年后出版，故未收入《罗光全书》。

② 罗光：《生命哲学（订定版）》，《罗光全书》第二册，台北：学生书局，1996年（下同），序第XIV—XV页。

具体来说，中西方形上学均追求宇宙万物的根本理由。西方传统形上学的主流对宇宙万物采取层层分析和抽象的研究方法，从“一个人”抽象到“人”，从“人”而到“生物”，从“生物”而到“物”，从“物”而到“有”，因此以“有”（being）这个观念作为万物的根本。西方哲学对“有”加以静态的分析，认为“有”的要素为“性”与“在”，得出“有”的根本原则为矛盾律、同一律等逻辑规律，由“有”本身的实在、完整、和谐得出本体之“有”的基本性质——真、善、美。罗光指出，西方形上学这种对“有”的静态分析有助于明了本体之“有”的性质和规律，但没有进一步去讲“有”在实际上究竟是什么，“有”究竟为什么而有。在他看来，形上学研究“有”这一宇宙万物的最终理由，不能仅止于观念世界的抽象的“有”，而应当进一步看到，“有”在实际上应当是“在”（Existence）、是“有者”。他曾多次讲到，对本体的研究“不能只停在抽象上，应该就具体的实体去讲”①，也就是说，作为哲学研究对象的本体之“有”不应该仅止于一个抽象的观念，而必须对应于具体真实的现实之“有”。在罗光的本体观中，“本体是个观念，但不是虚构的观念，而是在事实上有根据的观念。”② “有是实体，不是单独的纯观念。……抽象观念是代表具体的整体，没有整体的印象，就没有抽象的观念，因此抽象的本体观念必要有一具体的实体。”③ 因此以罗光的实在论立场来衡量传统西方形上学的观念论，认为其存在着过于注重观念之“有”而疏于把“观念的有”和“具体的实体”相结合的缺失。

在罗光看来，中国传统的形上学恰恰注重结合“具体的实体”来讲本体之“有”。他认为这是从“在”（existence）的方面来研究本体之“有”，是基于中国哲学的“体用合一”智慧探究本体，体现出中国形上学最典型的优长之处。罗光指出，在中国传统的形上学中，哲学家们着重探讨了“‘有’究竟是什么”，以及“‘现实之在’究竟如何在”的问题。在这个意义上，中

---

① 罗光：《形上生命哲学》，台北：学生书局，2001（下同），第102页。

② 罗光：《生命哲学（订定版）》，第Ⅲ页。

③ 罗光：《形上生命哲学》，第104—105页。

国的形上学对于西方本体论传统所疏忽的问题，恰恰进行了很好的解答。中国形上学注重由具体存在（“在”）的方面去研究“有”，从宇宙万物中去“仰观俯察”天道、天理。具言之，具体的“有”（即“有”之“在”）就是不断继续地万物之“生生”，这种具体的“生生”之“在”其实就是本体的“有”，两者展现为“即体即用、体用一如”的关系。并且，万物也不是经历了一次“生生”之后就固定不变了，而是继续不断地持续进行着“生生之动”，如果中断了“生生之动”，可以说物体就不再存在，从本体论上说也就不“有”了。所以宇宙万物的现实存在与本体之“有”息息相关，可以说中国哲学认为具体之“生”即是本体之“有”。罗光赞同中国形上学的这种智慧，认为这可以使西方传统形上学所偏重的本体之“有”的抽象观念有一个实际的根据，形上学在对本体进行抽象分析之外，应当借鉴中国哲学“体用合一”的智慧，由实际的、具体的“生生”之“在”来研究形上本体论。

具体分析有之“在”的方式，或者说宇宙间“生生”变易的基本原则，罗光根据《周易》哲学阐明了以下三点：“互辅互成”“中庸”“互相联系、天然和谐”。这三点作为中国哲学所阐明的“有”之“在”的基本原则，深受罗光的赞许，他将其称为“本体方面的原则”，或是“形而上之道”，认为宇宙变易就是遵循着这些原则而继续不停，形成一道生命的洪流，长流不息。罗光在此强调，《周易》颇有洞见地探索出由“在”的方面研究“有”的理论进路，并且明确提出了宇宙变易在于“生生”、存有之“在”即是“生命”的观点，揭明了传统儒家通过“生命”来研究本体之“有”的生命哲学基本理路。

在此基础上，“形上生命哲学”更进一步，认为这个理路不应当止于“生命”概念的提出和“有”之存在方式的描述，而应进一步结合东西方哲学的相关成果，对“生命”概念加以更严格的界定和更明确的哲学阐释，进而以此为核心建构起富于中国哲学自身特色的本体论系统。基于这种目标，“形上生命哲学”提出了“生命本体论”，以彰显中国哲学本体思考的基本特征，参与世界哲学的探讨，回应世界范围内一些普遍性的本体论难题。

二、“形上生命哲学”的生命本体论

罗光曾经结合中西方形上学的不同特质，阐明“形上生命哲学”在本体论探讨上的可能贡献。“西洋哲学讲论‘有’，‘有’是一个实体，可以说是‘有者’。但是‘有’为什么有呢？‘有’究竟是什么？西洋哲学认为不必讲，也不能够讲。中国哲学却就是讲‘有’是什么，‘有’是‘变易’。‘有’为什么有呢？因为‘在’。‘在’是什么？‘在’是‘变易’。‘变易’是什么？是‘生生’。中国哲学提出来‘生生’，说‘生生’是生命，但没有讲生命是什么。我说明‘生命’是内在的由‘能’到‘成’。‘有者’就是‘在者’，‘有’是因为‘在’。‘在’则是继续的变易，继续的变易成于物体以内，所以是‘生命’。”①

基于上述思考，罗光“形上生命哲学”的主要理论任务在于：对“生命”概念的哲学阐明并以此为核心建立本体论体系。

（一）“生命本体”的基本义涵

罗光哲学体系的“生命”概念，是借鉴中西方哲学传统中关于变易、“生生”、生命的理论思考而提出的。

在西方传统哲学中，变易的一般意义是指一个实体在存在上或存在的形态上发生了变化，从一个形态转变为另一个形态。这一动作包含了以下三个不可缺少的因素：一、起点；二、终点；三、动因。变易的起点是“潜能”，终点是“现实”，“动因”则是推动潜能以达到现实的因素，因为潜能自己不能发动变易，而需要有另一个力去推动它。此外，这三个要素还需要有一个共同的基础，就是必须在已经存在的实体上进行，否则变易也不可能实现。

中世纪士林哲学家托马斯·阿奎那对“生命”概念进行过系统研究，他认为，生命是物体的一种特性，是使物体能够“自动自成”的根本因素。

---

① 罗光：《生命哲学（订定版）》，第 IX—X 页。

“自动”指的是一个存在的物体，自己由内部发动自己的活动，或者说物体本身是自己活动的动力因；“自成”指的是物体的活动是为了按照自己的本性去发展自己，通过发展使自己的本性得到成全。

中国哲学的《周易》传统明确点出“生生之谓易”（《周易·系辞上》），认为宇宙变易的目的在于化生生命。宇宙作为一个不断变易的整体，其变易主要是“气”的变易，“气”的变易可以说是“自动自成”的变易，以自身为变易的动力因，变易以求自身的成全，因此宇宙为一个整体的大生命。整体的生命由阴阳两力的变化而成，阴阳变化不断产生新的物体，又在新物体中继续其变化，这种变化是物体内在的变化，为的是实现物体自身的发育，因此这个物体便是一个生命体。

宋代理学家张载通过对《周易》的阐释认为，气为宇宙变易的起点，且为变易的本体，其变易神妙莫测、永不停息。气之本体为太极，具有生命力，能够自化，而自化是生命的表现，这说明太极具有生命，因此气是一个具有生命的活体。这个活体通过阴阳两力而变易，变易而生成宇宙万物，所以说气不是虚无，不是幻见，而为实有，为整个宇宙的大生命。

罗光就是受到以上几种思考“生命”的理论传统的启发，而得出“形上生命哲学”之“生命”概念的。他曾经坦言：“我所讲的生命，首先是中国哲学所讲的内在的变易；其次变易则是由‘能到成’的行。”① 由此可见，罗光所讲的“生命”概念，首先借鉴的是儒家“易学”传统所强调的“生生”“自化”的观点，其次是西方士林哲学通过“潜能—现实”原理对于“生命”和变易的阐释。

简单来说，生命哲学的“生命”指的就是变易之一种，是基于实体自身内在的动力因，不断发生“内在的活动”以实现、完成自己本性的变易。汪惠娟教授曾经撰文阐释乃师哲学中的“生命”概念，把它概括为“实有的内

① 罗光：《生命哲学（订定版）》，第100页。

在变易”，指的是“实体由内部自动而使其自身更成全的活动”。①

生命的成因在于变易，变易活动主要包括起点、终点和变易的过程三个要素。罗光借鉴士林哲学的观点，认为“生命”便是从作为起点之“潜能”到作为终点之“现实”的变化过程，“潜能”（罗光在著作中有时将其简称为“能”）作为变易的起点，包含“理”（形式）与“质”（质料），是积极的可能性，是变易活动的根本要素；“现实”（罗光在著作中有时将其简称为“成”）是完成，是可能性的实现，是通过变易而达到的自身本性的实现、成全。“能”与“成”在本质上是相同的，“成”不过是“能”的实现；从现实存在上来讲，“能”则先于“成”。

生命之所以堪称生命，最重要的特点就在于“自动”“自成”。“自动”指的是实体自己发动变易，自己是自己变易活动的动力因，或者说使实体自身的本性由潜能变动到现实的动力来自实体内部；“自成”指的是实体的变易不是盲目的、没有目标的，而是以实现自己的本性、使实体更加成全为目标，因为有限的实体自身都是尚不成全的存在，唯有通过不断的变易活动才可以使自身的“潜能”成为“现实”，促进自己本性的实现，最终成为成全的实体。因此生命的意义，“乃是指实体由内部自动而使其自身更成全的活动”。

由“能”而到“成”的变易过程被罗光称为“行”，罗光认为“生命”是“继续的行”“不断地行”。换句话说，生命的变化过程不是发生一次就停止，使物体成为固定不变的存在，而是继续不断地发生着由“潜能”到“现实”的变易，物体的存在也就不是一成不变或一蹴而就的存在，而是不断实现出自身的潜能，越来越充分地发展着自己的本性。因此，生命不是静止的，而是健动不息的，罗光因此总结道：“宇宙万有的存在，是由能到成的继续的行。”②

---

① 汪惠娟：《罗光总主教生命哲学之形上学——存有、生命、创生力》，中国台湾《哲学与文化》1991年第1期。

② 罗光：《形上生命哲学》，第100页。

(二)“生命”本体的两大要素

罗光进一步阐发了“生命”本体的基本要素。

他借鉴了西方士林哲学以“有”本体的两大基本要素为“性”(亦称为“本性”“本质”)与“在”(亦称为“存在”)的观点,认为“生命”的两个基本要素为“性”与“在”。“性”指的是事物之成为它自身的基本特征,类似于西方哲学所讲的“形式”和中国哲学所讲的“理”;“在”是指生命、实体是“实际存在”的,是一种真实的“实有体”。士林哲学认为“存在”这一特征是“有”本体的最根本观念,“存在”先于“本质”。罗光赞同士林哲学的这种观点,认为生命在其最根本意义上是一种“在”,“性”“本质”虽然规定着事物的各种特征,但如果没有真实的“存在”这一要素,则只能永远成为一种潜在的可能性,难以被真实地实现出来,进而使整个“存有”的真实意义难以落实。

罗光强调,“形上生命哲学”的“生命”概念在借鉴士林哲学之“两大要素”的同时,亦展现出与士林哲学的重要差别。士林哲学所讲的“性”与“在”是通过对“有”本体进行抽象的分析而得出的,进而在理论分析的基础上强调“在”对于“性”“本质”的优先性,讲明“有”本体的根本因素为“在”。“形上生命哲学”所讲的“生命”不是这种抽象的分析所得出的“在”,而是一种具体的真实的“在”,是现实存在的生命、实体、事事物物。在此意义上,“形上生命哲学”的“生命之在”所代表的本体思考方式与士林哲学传统有着根本的不同。士林哲学所讲的“在”只是在理论上抽象地探讨事物的“能存在”这一性质,把这种“能存在”的性质称为“在”,认为一个事物的形上学意义就是它的本质属性再加上“能存在”这一性质,并不去思考“事物如何具体存在”的现实问题。在罗光看来,士林哲学这种由“本性”加上“能存在”这两个要素思考“存有”本体的方式,虽然不像观念论传统那样偏重于强调“本性”“形式”就是“存有”本体,但仍然是一种抽象的本体思考。“存有”本体的真实意义不能通过强调这种抽象之“在”来体现,而应当进行一种关联于现实的本体思考,使本体之“有”的意义由实际的“在”、真实的生命来体现。

（三）“生命”的实质是“创生力”

在“生命”之基本义涵与两大要素基础上，我们可以进一步思考：这种作为世界之本体的“生命”究竟是什么呢？“形上生命哲学”认为，生命既然是一种不断变易的“在”，那么它在根本上应当是一种力。罗光指出，生命的实质就是“创生力”“生命力”，这种展现出“存有”本体的根本意涵的“生命”，其实质是一种力，“生命”就是“创生力”。作为整个世界之本体的“生命”，一方面是变易不息的“生生之动”，另一方面是一个具体的实体、“生命”，这两者在实际上是“一而二、二而一”的，而维系“生命”这两大要义的根本因素就是“生命之力”。在一种根源性的“生命之力”的推动下，整个世界变易不息以生成和发展实体，实体作为“生生”的动体又继续进行变易。罗光曾经多次讲到，“生命”在本质上是宇宙万物的一种内在的力，推动变易以形成实体，亦推动实体的继续变易，这种生命力运行不息、贯穿万物，使宇宙成为生命的洪流。

罗光“生命哲学”之“创生力”概念的提出，主要借鉴了以下三种哲学传统的理论智慧：一是以《周易》为基础的儒家“生生”哲学所提出的万物生生、健动的观点；二是西方以亚里士多德、托马斯·阿奎那为代表的古典哲学传统关于世界变易之动力因的探讨；三是天主教教义关于“天主创造世界”的“创造神力”观念的启示。

用这种“创生力为世界之根本”的观点审视中西方哲学，罗光曾经指出：“中西哲学讲宇宙万物，很慎重的讲‘性’，讲‘质’和‘理’，然后又讲‘在’，但都是抽象的观念。对于具体上一个最重要的问题，则都放过不讲。西洋哲学以‘性’和‘在’相结合而成一实体，却不讲‘性’怎么能和‘在’相结合，大家以为‘在’是具体性，‘性’有了‘在’，便实际存在了，但是西洋哲学所讲的‘在’为抽象观念，抽象观念的‘在’如何能使‘性’成为具体的存在乃是一个重要问题。中国哲学朱熹以‘理’和‘气’相结合而成物，朱熹也没有讲‘理’怎么和‘气’相结合，这个中西哲学的问题，乃是‘力’的问题。”① 这个“力的问题”成为罗光“生命哲学”体系关注的重要问题，他就把这个推动“性”与“在”、“理”与“气”相结合的动力命名为“生命之力”，也称为“创生力”。

三、“形上生命哲学”之反思与评价

“形上生命哲学”会通儒家传统与士林哲学，对“生命”本体进行哲学阐释，建构了自己的哲学体系。我们对于“形上生命哲学”本体论的反思，集中在作为动力因的创生力问题上。

应当说，罗光追问创生力问题，这确实抓住了中西方哲学的一个关键。更恰当的说法或许是，罗光在中国式的生命哲学思路的启发下，出于由具体现实之“在”讨论“存有”的实在论立场，感受到以抽象思辨理路讨论本体论问题的缺失，进而以注重具体实在的“生命哲学”思维方式向两者进行了发问。罗光基于实在论立场的“生命哲学”提出了现代中国本体论建构的洞见。无独有偶，同样的洞见在现代新儒家那里也成为理论关注的重点。最具代表性的就是牟宗三所探讨的理之“活动性”“创生性”问题。当然，两者对这一问题的解决方式并不相同。

那么，如何衡量罗光对此问题的解答呢？我们认为他的思想一定意义上囿限于士林哲学的框架之中，对于中西方哲学存在不同程度的误解。更为关键的是，罗光把自己与抽象思辨的本体论在哲学立场上的差异归约为具体观点上的论争，反而使自身的实在论立场淹没于这些问题的争辩中而未能鲜明地突显出来。

就西方哲学传统而言，以“性”和“在”的两范畴对于“有”的研究本身就是一种抽象的研究方法。“性”代表“有”的本质特征和其他附属性质，“在”代表“有”的“能存在”这一性质，以这两者结合来研究“有”是对于本体所进行的抽象分析，是一种思辨哲学的理路。由于思辨哲学的本体之

① 罗光：《形上生命哲学》，第51页。

“有”并未被理解为一定是“实际之有”，因而按照其本身的逻辑，并不会必然地发生“如何使‘性’具体存在”的问题，或者说这个问题不应是思辨分析的本体论关注的核心问题。因为从“性”和“在”两方面对“有”本体的研究只是对于现实世界从理论上进行抽象地分析探讨，因而不需负责回答“如何形成具体事物”的问题。而只有基于实在论立场的哲学系统，以“有”为实际之“有”、具体实在之“有”，才会把“如何使‘有’成为具体的存在”作为关键问题。罗光对于西方传统哲学的提问就是由此立场而发的，在这个意义上，与其说这种发问是在某个重要论题上的观点差异，不如更根本地说是两者哲学立场的不同。

就中国哲学传统而言，如果说“生命哲学”与西方哲学之间是立场的差异，那么“生命哲学”对中国哲学的质疑更主要是一种理解的偏差。在罗光看来，以儒家为代表的中国哲学的本体论理路的主流是由实际之“在”的角度来研究“有”本体，这种观点主要是出自中国哲学中的气学一派。罗光就是根据气学传统的基本观点来批判以朱熹为代表的理学传统之观念论立场的。就事物的实际之“在”而言，罗光认为朱熹所讲的“理”大致相当于亚里士多德的“形式因”，代表的只是单独的形式，“气”则代表单纯的材料，大致相当于亚里士多德的质料因，因而理和气的结合必然还需要一个动力因的推动，方能形成具体事物。这样看来，以朱熹为代表的理学传统由于在本体论上只注重理则、规律，而不注重真实具体的现实事物、生命之“在”，因而并不强调一个“动力因”的问题，可以说是没有抓住使事事物物得以形成的根本因素，也就难以展现“存有”本体的真正义涵。也就是说，宋明理学中注重规律、天理的观念论传统对于世间万物和“存有”本体的思考是不成功的。相对于以朱熹为代表的理学一派，罗光更加赞同中国哲学中以张载、王船山为代表的“气学”传统的观点。

对此问题，我们可以进一步注意以下两个方面：一方面，罗光对朱熹为代表的理学的理解是不尽准确的。学界关于宋明儒学的相关研究已表明，即便是朱熹所讲的“理”也是具有“创生性”的[1]，因此可以说“具有创生性的形式”是中国哲学所讲的“理”概念区别于西方亚里士多德传统所讲的“形式”概念的基本特征。换句话说，中国哲学之“理”，是自己包含着动力因（西方传统哲学所用的概念）、创生力（“形上生命哲学”所用的概念）、活动性（现代新儒家所用的概念）的，自己可以提供结合“理”与“气”、构成具体事物的推动力，而不需要向外寻找一个动力因。在这一点上，我们可以说罗光生命哲学对于朱熹哲学之“理”本身的创生性注意不够充分。另一方面，如果我们比较罗光和现代新儒家的代表牟宗三对于朱熹理学的批判，可以看出两者都是着重于理之“活动性”“创生性”问题。尽管他们在理之“创生性”的最终来源问题上观点各异，但却都是以“欠缺活动性”这一点作为朱熹的理论系统的主要缺陷，可以说在“活动性”问题上达成了一定程度的共识。

在这个“创生力”所代表的动力因问题上，生命哲学所做出的回答不同于西方传统哲学的观念论或是朱熹理学的思考方式，而是以亚里士多德的实在论、目的论哲学结合天主教信仰进行思考，最终以士林哲学作为理论典范，对于“力的问题”做出了以下回答。

在他看来，生命是事物由“能”到“成”的持续发展，而“凡是‘能’，都需要动因才会由‘能’而到‘成’”。使具体事物存在的“能”被罗光称为“存在能”，这是任何事物得以成为它自身的最根本的潜能。发动“存在能”、使事物存在的动因包括“最初动力因”和“继续存在的动力因”两类，生命哲学采纳亚里士多德的观点认为，“本体的‘存在能’最初由‘能’而到‘成’，是由另一实体（上帝）发动……本体存在之后，继续由‘能’到‘成’之行，则由本体自己发动，‘自己是动因’便是这种变易称为生命的理由”。总结来说，任何一个实体的“开始存在”和“继续存在”，都是由“存

---

① 陈来先生比较详细地分析了朱熹关于“理生气”的说法，指出对这一说法的解释无论是“气从理中产生”还是“理使气从虚空中产生”都没有根本上的差别，说明了“理”的创生性（参见氏著《朱子哲学研究》，上海：华东师范大学出版社，2000 年，第 91—92 页）。

在能”经过“动力因”的发动而到“成”的，所有事物追溯到共同的源头，可以看出他们开始存在的动力是来自于另一实体（上帝）；而事事物物的继续存在，动力则来自实体自身。这两种动力在总体上都可以说是生命力、创生力，因此一切生命都是由创生力发动和维持的，“宇宙间的一切动力，都来自创生力”。①

具体分析两种动力发动的起点，则可看出两者显著的不同：“开始存在”的动力起点是另一实体，世间万物形成了一个连续的因果链条，追溯到最初的“第一推动力”就只能是在此世事物之外的创造主上帝；“继续存在”的动力起点是实体自身，也就是说事事物物的“存在能”一旦被发动，便开始自己发动、自我成全，自己成为自己存在的动力因，成为一个个生命体。因此，除了第一动力因来自超越世界的创造主之外，世间万物作为自动自成的生命，它们生生和发展自身的推动力都是来自世界本身。生命就是创生力，创生力维系着整个世界的生命历程，使之成为一道生命的洪流。

应当说，罗光在这个“生命之力”的问题上，体现出尝试融合儒家思想与自身的天主教信仰的期待。他一方面接受了儒家所讲的世间万物具有“生命性”因而内在地具有一种“生命之力”的观点，认为生命能够“自动自成”，生命本身的内在动力推动着“生生”之变易的运行不息；另一方面为了接纳天主教的上帝信仰，又认为这推动一切生命的生命力在最初的源头上需要一个创造主上帝，只有上帝最初那决定性的“一推”，才使得世界的生命洪流得以不断运转。从这个意义上说，上帝又成为世界一切事物的总根源，“生命哲学”正是通过这一点来论证上帝信仰的必要性的。

对于整个世界之生命力的最初源头——上帝，罗光在“生命哲学”体系中时时不忘加以强调。“宇宙万物为相对的实体，相对的实体有自己存在的开始，在开始以前不存在，不存在者不能使自己存在，所以必须由绝对自有的实体使它存在，宇宙便有创造主天主。”② 以及，“整个宇宙万物的存在，

① 以上参见罗光：《生命哲学（订定版）》，第104—105页。

② 罗光：《生命哲学（订定版）》，序言第IV页。

最终要依靠亚里斯多德所说的最后或最高的动力因，这最高的动因为不含着能而纯净是成的绝对实体，他用自己的力，从无中创造了宇宙。他的创造力必要贯通宇宙万物，不仅为使宇宙万物彼此间具有发动力，互相连贯且为使万有存在，继续存在。天主教的信仰说，创造力乃是天主圣神”①。这些论述体现出罗光的生命哲学体系坚持认同于天主教信仰的特点，也正是在这个意义上，他的生命哲学被许多基督教学者称为一种“理性神学”。

跳出罗光的哲学体系来做评价，我们认为，儒家哲学对“生命力”在宇宙之初从何而来的问题采取了“存而不论”的态度。比如朱熹所代表的理学传统认为宇宙最初有理，但不再对理的来源进行进一步的追问，或者说他们并不把理的源头问题作为自己思考的重点；张载、王夫之为代表的气学传统认为整个世界为一气所成，但也不着重去探讨气在世界产生之初的来源问题。罗光的哲学思想受到西方哲学思维方式的影响，在此问题上不是如中国哲学一样“存而不论”，而是对于宇宙的起源、最初的生命力的起源问题进行进一步的寻根究底。应该说他的探究主要是认同于中世纪士林哲学的理论逻辑，也与他自己所信仰的天主教教义相一致。在本文看来，这种思考对于中国哲学自身传统来说是一种较为陌生的理路，可以说是把士林哲学的问题意识嫁接在中国哲学的思考之中而产生的一种现代中国哲学的观点。

并且，由于儒家与天主教对“生命之力”的问题的思考在根本上存在着较大张力，因而罗光所期待的在学理上融通儒家与士林哲学、天主教信仰的理论任务显得步履艰难，生命哲学的阐述也常常表现出徘徊于儒学与基督信仰之间的状态。比如，天主教的教义认为，上帝不只是在源头上创造世界，而且是一直持续地参与维持世界的运行。罗光出于对教义的信仰，也常常讲生命力、创生力一刻也不能脱离创造力，就好比电流不能脱离电源。二者一旦分开，生命力就无法创生和运化。按照这种说法，我们可以推知即便最初的“存在能”被发动以后，事物的自动、自成仍然在根本上是基于天主的“创造神力”。那么这种所谓的“生命”显然不是“自力”，而是“他力”，更

① 罗光：《形上生命哲学》，第 103 页。

接近于天主教、士林哲学的观点。但是，罗光同时又对儒家所讲的“生命为自动自化”的观念深表赞同，并以此作为整个生命哲学本体论的核心。他强调唯有事物在“潜能”被发动以后能够自动、自成，才堪称真正的“生命”。换句话说，上帝一旦在最初把动力因赋予生命力后，生命力便成为世界万物之内的自动自成的动力，而不再需要上帝的“继续创造”。显而易见，上述两种观点是不可能同时成立的。我们看到，在生命哲学体系的最后一个修订本——《形上生命哲学》中，罗光仍然在继续思考这个问题，并且坦率指出自己此前一直在这两种观点之间徘徊。最后出于信仰的关系，他在这本“晚年定论”中选取了上帝既进行“最初创造”，也负责“继续创造”的观点。但是，此书没有再给出学理上的论证，也没有进一步思考这种观念与生命哲学的本体论系统之间可能出现的矛盾。应该说，生命哲学体系从学理上有所论证、并与生命哲学本体论一贯下来的应当是上帝作为“第一推动力”，进而世间万物“自动、自成”的观点。

综上而言，在“形上生命哲学”的“生命本体论”中，基本的形上学理路体现出由“在”的角度来研究“有”本体的实在论立场，在这层意义上，生命是“有”之“在”（“生命”概念的形上义涵）；本体之“有”的现实形态是真实的、具体的、不断变易的生命，在这层意义上，生命是不断继续的“生生”之变易、是由潜能到现实的持续发展（“生命”概念的具体义涵）；整个世界的“生生”在实质上由一种根源的动力因来推动和维持，在这层意义上，生命的根本是创生力、生命力，这种力在最初来自造物主上帝（“生命”概念的宗教义涵）。“生命本体”的形上义涵、具体义涵、宗教义涵构成了“形上生命哲学”本体论的基本框架。这一本体论的理论特色展开为以下四点：

首先，“生命哲学”认同和吸收了儒家本体论，认为世间万有在根本上都是“生命”，由生命之“在”的进路研究“存有”问题。

其次，“生命哲学”借鉴了西方士林哲学以“潜能—现实”原理阐释变易的思想，并融会儒家关于生命之自化、变易的观点，以阐明“生命哲学”之“生命”概念的义涵。

再次，在生命个体的动力因问题上，罗光改造了士林哲学认为“一切物体的动力因都来自物体外部，因而都是由他物推动”的观点，主张就单个物体来说，每个生命体都是自动自成的。创生力不是外在于万物的另一种力量，而是就在万物之中。

最后，在整个世界之创生力的来源、宇宙万物的最初动力因上，罗光认同士林哲学和天主教教义的说法，认为创生力不是自己产生的，而是在最初由上帝创造，是分享了上帝的“创造神力”才出现的。